So wie du mir

Er ist unzuverlässig, gewalttätig und ein chronischer Säufer. Sie ist eine anständige Frau, die sich jedoch nicht gegen ihn durchsetzen kann. Ihr Sohn gerät unter den Einfluss seines zwielichtigen Onkels. Er entwickelt sich zu einem aggressiven Raufbold. Sein einziger Freund ist ein in sich verschlossener Bursche. Nachts sind Holzfrevler im Wald des Gutsherrn am Werk. Es ist eine zu allem entschlossene Bande. Ein Aufseher wird erschlagen. Der Mord kann nicht aufgeklärt werden. Und auch ein jüdischer Kaufmann wird kurz darauf tot im Wald aufgefunden. Der Verdacht fällt auf den aggressiven Raufbold. Doch der flüchtet und bleibt unauffindbar, und ebenso sein stiller Freund.

„Die Judenbuche" ist eine Geschichte aus dem 18. Jahrhundert. Sie spielt im „gebirgten Westfalen" und kann ganz unterschiedlich gelesen und gedeutet werden. Es ist eine Familien- und eine Kriminalgeschichte. Es geht um Glanz und Elend, Recht und Gerechtigkeit, um Schuld und Sühne. Geschrieben hat dieses „Sittengemälde" die aus dem altwestfälischen, katholischen Adel stammende Annette von Droste-Hülshoff, 1797 geboren, 1848 in Meersburg am Bodensee gestorben. Aufgrund ihrer Vielschichtigkeit steht „Die Judenbuche" seit Generationen als zu interpretierende Schullektüre auf dem Lehrplan. Sie endet mit dem Satz, der in hebräischer Schrift im Stamm dieser Buche eingraviert ist: „Wenn du dich diesem Ort nahest, so wird es dir ergehen, wie du mir getan hast".

„So wie du mir" ist eine Sammlung von Geschichten heutiger Autorinnen und Autoren, die einzelne Aspekte oder Konstellationen der „Judenbuche" aufgegriffen haben und über familiäre Dramen, Aufbruch, Flucht und Rückkehr zum Ort eines Verbrechens schreiben. Es sind Variationen über einen historischen Stoff, der nicht allein aufgrund seiner Kernaussage nach wie vor aktuell ist. Die unterschiedlichen Sichtweisen auf Vergangenes und Gegenwärtiges ergeben in ihrer Gesamtheit ein assoziatives Mosaik – eine aufschlussreiche und auch spannende Lesereise.

Günther Butkus / Frank Göhre (Hg.)

So wie du mir

19 Variationen über
DIE JUDENBUCHE
von Annette von Droste-Hülshoff

Mit der vollständig abgedruckten
„Judenbuche" von Droste-Hülshoff

und einem Nachwort
von Walter Gödden

PENDRAGON

Inhalt

*3 ... erinnerte er unwillkürlich an jemand,
der in einem Zauberspiegel das Bild seiner Zukunft
mit verstörter Aufmerksamkeit betrachtet.*

*4 ... überhaupt hatte die Erinnerung an seinen Vater
eine mit Grausen gemischte Zärtlichkeit in ihm
zurückgelassen ...*

5   *... ich bin eine einsame Frau;*
    mein Kind ist nicht, wie einer,
    über den Vaterhand regiert hat.

Die Personen der „Judenbuche"

Friedrich Mergel
prahlt mit einer Silberuhr und wird des Mordes verdächtigt

Margret Mergel
seine Mutter, glaubt stark zu sein und wird ein Pflegefall

Hermann Mergel
sein Vater, trinkt zu viel und so oft, bis es ihn eiskalt erwischt

Simon Semmler
Margrets Bruder, ein zwielichtiger Kerl,
der mehr als eine Schandtat auf dem Gewissen hat

Johannes Niemand
Simons unehelicher Sohn,
der Friedrich wie aus dem Gesicht geschnitten ist

Förster Brandis
wird im Wald mit einer Axt erschlagen

Aaron
ein Jude, wird ebenfalls ermordet

Annette von Droste-Hülshoff
Die Judenbuche

Ein Sittengemälde aus dem gebirgigten Westfalen

> *Wo ist die Hand so zart, dass ohne Irren*
> *Sie sondern mag beschränkten Hirnes Wirren,*
> *So fest, dass ohne Zittern sie den Stein*
> *Mag schleudern auf ein arm verkümmert Sein?*
> *Wer wagt es, eitlen Blutes Drang zu messen,*
> *Zu wägen jedes Wort, das unvergessen*
> *In junge Brust die zähen Wurzeln trieb,*
> *Des Vorurteils geheimen Seelendieb?*
> *Du Glücklicher, geboren und gehegt*
> *Im lichten Raum, von frommer Hand gepflegt,*
> *Leg hin die Waagschal', nimmer dir erlaubt!*
> *Lass ruhn den Stein – er trifft dein eignes Haupt! –*

Friedrich Mergel, geboren 1738, war der einzige Sohn eines so genannten Halbmeiers oder Grundeigentümers geringerer Klasse im Dorfe B., das, so schlecht gebaut und rauchig es sein mag, doch das Auge jedes Reisenden fesselt durch die überaus malerische Schönheit seiner Lage in der grünen Waldschlucht eines bedeutenden und geschichtlich merkwürdigen Gebirges. Das Ländchen, dem es angehörte, war damals einer jener abgeschlossenen Erdwinkel ohne Fabriken und Handel, ohne Heerstraßen, wo noch ein fremdes Gesicht Aufsehen erregte, und eine Reise von dreißig Meilen selbst den Vornehmeren zum Ulysses seiner Gegend machte – kurz, ein Fleck, wie es deren sonst so viele in Deutschland gab, mit all den Mängeln und Tugenden, all der Originalität und Beschränktheit, wie sie nur in solchen Zuständen gedeihen. Unter höchst einfachen und häufig unzulänglichen Gesetzen waren die Begriffe der Einwohner von Recht und Unrecht einigermaßen in Verwirrung geraten, oder vielmehr, es hatte sich neben dem gesetzlichen ein zweites Recht gebildet, ein Recht der öffentlichen Meinung, der Gewohnheit und der durch Vernachlässigung entstandenen Verjährung. Die Gutsbesitzer, denen die niedere Gerichtsbarkeit zustand, straften und belohnten nach ihrer in den meisten Fällen redlichen Einsicht; der Untergebene tat, was ihm ausführbar und mit einem etwas weiten Gewissen verträglich schien, und nur dem Verlierenden fiel es zuweilen ein, in alten staubichten Urkunden nachzuschlagen. – Es ist schwer, jene Zeit unparteiisch ins Auge zu fassen; sie ist seit ihrem Verschwinden entweder hochmütig getadelt oder albern gelobt worden, da den, der sie erlebte, zu viel teure Erinnerungen blenden und der Spätergeborene sie nicht begreift. So viel darf man indessen behaupten, dass die Form schwächer, der Kern fester, Vergehen häufiger, Gewissenlosigkeit seltener waren. Denn wer nach seiner Überzeugung handelt, und sei sie noch so mangelhaft, kann nie ganz zugrunde gehen, wogegen nichts seelentötender wirkt, als gegen das innere Rechtsgefühl das äußere Recht in Anspruch nehmen.

Ein Menschenschlag, unruhiger und unternehmender als alle seine Nachbarn, ließ in dem kleinen Staate, von dem wir reden, manches weit greller hervortreten als anderswo unter gleichen Umständen. Holz- und Jagdfrevel waren an der Tagesordnung, und bei den häufig vorfallenden Schlägereien hatte sich jeder selbst seines zerschlagenen Kopfes zu trösten. Da jedoch große und ergiebige Waldungen den Hauptreichtum des Landes ausmachten, ward allerdings scharf über die Forsten gewacht, aber weniger auf gesetzlichem Wege, als in stets erneuten Versuchen, Gewalt und List mit gleichen Waffen zu überbieten.

Das Dorf B. galt für die hochmütigste, schlauste und kühnste Gemeinde des ganzen Fürstentums. Seine Lage inmitten tiefer und stolzer Waldeinsamkeit mochte schon früh den angeborenen Starrsinn der Gemüter nähren; die Nähe eines Flusses, der in die See mündete und bedeckte Fahrzeuge trug, groß genug, um Schiffbauholz bequem und sicher außer Land zu führen, trug sehr dazu bei, die natürliche Kühnheit der Holzfrevler zu ermutigen, und der Umstand, dass alles umher von Förstern wimmelte, konnte hier nur aufregend wirken, da bei den häufig vorkommenden Scharmützeln der Vorteil meist auf Seiten der Bauern blieb. Dreißig, vierzig Wagen zogen zugleich aus in den schönen Mondnächten mit ungefähr doppelt so viel Mannschaft jedes Alters, vom halbwüchsigen Knaben bis zum siebzigjährigen Ortsvorsteher, der als erfahrener Leitbock den Zug mit gleich stolzem Bewusstsein anführte, als er seinen Sitz in der Gerichtsstube einnahm. Die Zurückgebliebenen horchten sorglos dem allmählichen Verhallen des Knarrens und Stoßens der Räder in den Hohlwegen und schliefen sacht weiter. Ein gelegentlicher Schuss, ein schwacher Schrei ließen wohl einmal eine junge Frau oder Braut auffahren; kein anderer achtete darauf. Beim ersten Morgengrau kehrte der Zug ebenso schweigend heim, die Gesichter glühend wie Erz, hier und dort einer mit verbundenem Kopf, was weiter nicht in Betracht kam, und nach ein paar Stunden war die Umgegend voll von dem Missgeschick eines oder mehrerer Forstbeamten, die aus dem Walde getragen wurden, zerschlagen, mit Schnupftabak geblendet und für einige Zeit unfähig, ihrem Berufe nachzukommen.

In diesen Umgebungen ward Friedrich Mergel geboren, in einem Hause, das durch die stolze Zugabe eines Rauchfangs und minder kleiner Glasscheiben die Ansprüche seines Erbauers, so wie durch seine gegenwärtige Verkommenheit die kümmerlichen Umstände des jetzigen Besitzers bezeugte. Das frühere Geländer um Hof und Garten war einem vernachlässigten Zaune gewichen, das Dach schadhaft, fremdes Vieh weidete auf den Triften, fremdes Korn wuchs auf dem Acker zunächst am Hofe, und der Garten enthielt, außer ein paar holzichten Rosenstöcken aus besserer Zeit, mehr Unkraut als Kraut. Freilich hatten Unglücksfälle manches hiervon herbeigeführt; doch war auch viel Unordnung und böse Wirtschaft im Spiel. Friedrichs Vater, der alte Hermann Mergel, war in seinem Junggesellenstande ein so genannter ordentlicher Säufer, d. h. einer, der nur an Sonn- und Festtagen in der Rinne lag und die Woche hindurch so manierlich war wie ein anderer. So war denn auch seine Bewerbung um ein recht hübsches und wohlhabendes Mädchen ihm nicht erschwert. Auf der Hochzeit ging's lustig zu. Mergel war gar nicht zu arg betrunken, und die Eltern der Braut gingen abends vergnügt heim; aber am nächsten Sonntage sah man die junge Frau schreiend und blutrünstig durchs Dorf zu den Ihrigen rennen, alle ihre guten Kleider und neues Hausgerät im Stich lassend. Das war freilich ein großer Skandal und Ärger für Mergel, der allerdings Trostes bedurfte. So war denn auch am Nachmittage keine Scheibe an seinem Hause mehr ganz, und man sah ihn noch bis spät in die Nacht vor der Türschwelle liegen, einen abgebrochenen Flaschenhals von Zeit zu Zeit zum Munde führend und sich Gesicht und Hände jämmerlich zerschneidend. Die junge Frau blieb bei ihren Eltern, wo sie bald verkümmerte und starb. Ob nun den Mergel Reue quälte oder Scham, genug, er schien der Trostmittel immer bedürftiger und fing bald an, den gänzlich verkommenen Subjekten zugezählt zu werden.

Die Wirtschaft verfiel; fremde Mägde brachten Schimpf und Schaden; so verging Jahr auf Jahr. Mergel war und blieb ein verlegener und zuletzt ziemlich armseliger Witwer, bis er mit einem Male wieder als Bräutigam auftrat. War die Sache an und für sich unerwartet, so trug die Persönlichkeit der Braut noch dazu bei, die Verwunderung zu erhöhen. Margret Semmler war eine brave, anständige Person, so in den Vierzigen, in ihrer Jugend eine Dorfschönheit und noch jetzt als sehr klug und wirtlich geachtet, dabei nicht unvermögend; und so musste es jedem unbegreiflich sein, was sie zu diesem Schritte getrieben. Wir glauben den Grund eben in dieser ihrer selbstbewussten Vollkommenheit zu finden. Am Abend vor der Hochzeit soll sie gesagt haben: „Eine Frau, die von ihrem Manne übel behandelt wird, ist dumm oder taugt nicht: wenn's mir schlecht geht, so sagt, es liege an mir." Der Erfolg zeigte leider, dass sie ihre Kräfte überschätzt hatte. Anfangs imponierte sie ihrem Manne; er kam nicht nach Haus oder kroch in die Scheune, wenn er sich übernommen hatte; aber das Joch war zu drückend, um lange getragen zu werden, und bald sah man ihn oft genug quer über die Gasse ins Haus taumeln, hörte drinnen sein wüstes Lärmen und sah Margret eilends Tür und Fenster schließen. An einem solchen Tage – keinem Sonntage mehr – sah man sie abends aus dem Hause stürzen, ohne Haube und Halstuch, das Haar wild um den Kopf hängend, sich im Garten neben ein Krautbeet niederwerfen und die Erde mit den Händen aufwühlen, dann ängstlich um sich schauen, rasch ein Bündel Kräuter brechen und damit langsam wieder dem Hause zugehen, aber nicht hinein, sondern in die Scheune. Es hieß, an diesem Tage habe Mergel zuerst Hand an sie gelegt, obwohl das Bekenntnis nie über ihre Lippen kam.

Das zweite Jahr dieser unglücklichen Ehe ward mit einem Sohne, man kann nicht sagen erfreut, denn Margret soll sehr geweint haben, als man ihr das Kind reichte. Dennoch, obwohl unter einem Herzen voll Gram getragen, war Friedrich ein gesundes, hübsches Kind, das in der frischen Luft kräftig gedieh. Der Vater hatte ihn sehr lieb, kam nie nach Hause, ohne ihm ein Stückchen Wecken oder dergleichen mitzubringen, und man meinte sogar, er sei seit der Geburt des Knaben ordentlicher geworden; wenigstens ward der Lärmen im Hause geringer.

Friedrich stand in seinem neunten Jahre. Es war um das Fest der Heiligen Drei Könige, eine harte, stürmische Winternacht. Hermann war zu einer Hochzeit gegangen und hatte sich schon beizeiten auf den Weg gemacht, da das Brauthaus Dreiviertelmeilen entfernt lag. Obgleich er versprochen hatte, abends wiederzukommen, rechnete Frau Mergel doch umso weniger darauf, da sich nach Sonnenuntergang dichtes Schneegestöber eingestellt hatte. Gegen zehn Uhr schürte sie die Asche am Herde zusammen und machte sich zum Schlafengehen bereit. Friedrich stand neben ihr, schon halb entkleidet, und horchte auf das Geheul des Windes und das Klappen der Bodenfenster.

„Mutter, kommt der Vater heute nicht?", fragte er. – „Nein, Kind, morgen." – „Aber warum nicht, Mutter? er hat's doch versprochen." – „Ach Gott, wenn der alles hielte, was er verspricht! Mach, mach voran, dass du fertig wirst."

Sie hatten sich kaum niedergelegt, so erhob sich eine Windsbraut, als ob sie das Haus mitnehmen wollte. Die Bettstatt bebte und im Schornstein rasselte es wie ein Kobold. – „Mutter – es pocht draußen!" – „Still, Fritzchen, das ist das lockere Brett im Giebel, das der Wind jagt." – „Nein, Mutter, an der Tür!" – „Sie schließt nicht; die Klinke ist zerbrochen. Gott, schlaf doch! bring mich nicht um das armselige bisschen Nachtruhe." – „Aber wenn nun der Vater kommt?" – Die Mutter drehte sich heftig im Bett um. – „Den hält der Teufel fest genug!" – „Wo ist der Teufel, Mutter?" – „Wart, du Unrast! er steht vor der Tür und will dich holen, wenn du nicht ruhig bist!"

Friedrich ward still; er horchte noch ein Weilchen und schlief dann ein. Nach einigen Stunden erwachte er. Der Wind hatte sich gewendet und zischte jetzt wie eine Schlange durch die Fensterritze an seinem Ohr. Seine Schulter war erstarrt; er kroch tief unters Deckbett und lag aus Furcht ganz still. Nach einer Weile bemerkte er, dass die Mutter auch nicht schlief. Er hörte sie weinen und mitunter: „Gegrüßt seist du, Maria!" und: „bitte für uns arme Sünder!" Die Kügelchen des Rosenkranzes glitten an seinem Gesicht hin. – Ein unwillkürlicher Seufzer entfuhr ihm. – „Friedrich, bist du wach?" – „Ja, Mutter." – „Kind, bete ein wenig – du kannst ja schon das halbe Vaterunser – dass Gott uns bewahre vor Wasser- und Feuersnot."

Friedrich dachte an den Teufel, wie der wohl aussehen möge. Das mannigfache Geräusch und Getöse im Hause kam ihm wunderlich vor. Er meinte, es müsse etwas Lebendiges drinnen sein und draußen auch. „Hör, Mutter, gewiss, da sind Leute, die pochen." – „Ach nein, Kind; aber es ist kein altes Brett im Hause, das nicht klappert." – „Hör! hörst du nicht? es ruft! hör doch!"

Die Mutter richtete sich auf; das Toben des Sturms ließ einen Augenblick nach. Man hörte deutlich an den Fensterladen pochen und mehrere Stimmen: „Margret! Frau Margret, heda, aufgemacht!" – Margret stieß einen heftigen Laut aus: „Da bringen sie mir das Schwein wieder!"

Der Rosenkranz flog klappernd auf den Brettstuhl, die Kleider wurden herbeigerissen. Sie fuhr zum Herde, und bald darauf hörte Friedrich sie mit trotzigen Schritten über die Tenne gehen. Margret kam gar nicht wieder; aber in der Küche war viel Gemurmel und fremde Stimmen. Zweimal kam ein fremder Mann in die Kammer und schien ängstlich etwas zu suchen. Mit einem Male ward eine Lampe hereingebracht. Zwei Männer führten die Mutter. Sie war weiß wie Kreide und hatte die Augen geschlossen. Friedrich meinte, sie sei tot; er erhob ein fürchterliches Geschrei, worauf ihm jemand eine Ohrfeige gab, was ihn zur Ruhe brachte, und nun begriff er nach und nach aus den Reden der Umstehenden, dass der Vater vom Ohm Franz Semmler und dem Hülsmeyer tot im Holze gefunden sei und jetzt in der Küche liege.

Sobald Margret wieder zur Besinnung kam, suchte sie die fremden Leute los zu werden. Der Bruder blieb bei ihr, und Friedrich, dem bei strenger Strafe im Bett zu bleiben geboten war, hörte die ganze Nacht hindurch das Feuer in der Küche knistern und ein Geräusch wie von Hin- und Herrutschen und Bürsten. Gesprochen ward wenig und leise, aber zuweilen drangen Seufzer herüber, die dem Knaben, so jung er war, durch Mark und Bein gingen. Einmal verstand er, dass der Oheim sagte: „Margret, zieh dir das nicht zu Gemüt; wir wollen jeder drei Messen lesen lassen, und um Ostern gehen wir zusammen eine Bittfahrt zur Muttergottes von Werl."

Als nach zwei Tagen die Leiche fortgetragen wurde, saß Margret am Herde, das Gesicht mit der Schürze verhüllend. Nach einigen Minuten, als alles still geworden war, sagte sie in sich hinein: „Zehn Jahre, zehn Kreuze. Wir haben sie doch zusammen getragen, und jetzt bin ich allein!" Dann lauter: „Fritzchen, komm her!" – Friedrich kam scheu heran; die Mutter war ihm ganz unheimlich geworden mit den schwarzen Bändern und den verstörten Zügen. „Fritzchen", sagte sie, „willst du jetzt auch fromm sein, dass ich Freude an dir habe, oder willst du unartig sein und lügen, oder saufen und stehlen?" – „Mutter, Hülsmeyer stiehlt." – „Hülsmeyer? Gott bewahre! Soll ich dir auf den Rücken kommen? wer sagt dir so schlechtes Zeug?" – „Er hat neulich den Aaron geprügelt und ihm sechs Groschen genommen." –

17

„Hat er dem Aaron Geld genommen, so hat ihn der verfluchte Jude gewiss zuvor darum betrogen. Hülsmeyer ist ein ordentlicher, angesessener Mann, und die Juden sind alle Schelme." – „Aber, Mutter, Brandis sagt auch, dass er Holz und Rehe stiehlt." – „Kind, Brandis ist ein Förster." – „Mutter, lügen die Förster?"

Margret schwieg eine Weile; dann sagte sie: „Höre, Fritz, das Holz lässt unser Herrgott frei wachsen und das Wild wechselt aus eines Herren Lande in das andere; die können niemand angehören. Doch das verstehst du noch nicht; jetzt geh in den Schoppen und hole mir Reisig."

Friedrich hatte seinen Vater auf dem Stroh gesehen, wo er, wie man sagt, blau und fürchterlich ausgesehen haben soll. Aber davon erzählte er nie und schien ungern daran zu denken. Überhaupt hatte die Erinnerung an seinen Vater eine mit Grausen gemischte Zärtlichkeit in ihm zurückgelassen, wie denn nichts so fesselt, wie die Liebe und Sorgfalt eines Wesens, das gegen alles Übrige verhärtet scheint, und bei Friedrich wuchs dieses Gefühl mit den Jahren, durch das Gefühl mancher Zurücksetzung von Seiten anderer. Es war ihm äußerst empfindlich, wenn, solange er Kind war, jemand des Verstorbenen nicht allzu löblich gedachte; ein Kummer, den ihm das Zartgefühl der Nachbarn nicht ersparte. Es ist gewöhnlich in jenen Gegenden, den Verunglückten die Ruhe im Grabe abzusprechen. Der alte Mergel war das Gespenst des Brederholzes geworden; einen Betrunkenen führte er als Irrlicht bei einem Haar in den Zellerkolk; die Hirtenknaben, wenn sie nachts bei ihren Feuern kauerten und die Eulen in den Gründen schrieen, hörten zuweilen in abgebrochenen Tönen ganz deutlich dazwischen sein: „Hör mal an, feins Liseken", und ein unprivilegierter Holzhauer, der unter der breiten Eiche eingeschlafen und dem es darüber Nacht geworden war, hatte beim Erwachen sein geschwollenes blaues Gesicht durch die Zweige lauschen sehen. Friedrich musste von andern Knaben vieles darüber hören; dann heulte er, schlug um sich, stach auch einmal mit seinem Messerchen und wurde bei dieser Gelegenheit jämmerlich geprügelt. Seitdem trieb er seiner Mutter Kühe allein an das andere Ende des Tales, wo man ihn oft stundenlang in derselben Stellung im Grase liegen und den Thymian aus dem Boden rupfen sah.

Er war zwölf Jahre alt, als seine Mutter einen Besuch von ihrem jüngern Bruder erhielt, der in Brede wohnte und seit der törichten Heirat seiner Schwester ihre Schwelle nicht betreten hatte. Simon Semmler war ein kleiner, unruhiger, magerer Mann mit vor dem Kopf liegenden Fischaugen und überhaupt einem Gesicht wie ein Hecht, ein unheimlicher Geselle, bei dem dicktuende Verschlossenheit oft mit ebenso gesuchter Treuherzigkeit wechselte, der gern einen aufgeklärten Kopf vorgestellt hätte und stattdessen für einen fatalen, Händel suchenden Kerl galt, dem jeder umso lieber aus dem Wege ging, je mehr er in das Alter trat, wo ohnehin beschränkte Menschen leicht an Ansprüchen gewinnen, was sie an Brauchbarkeit verlieren. Dennoch freute sich die arme Margret, die sonst keinen der Ihrigen mehr am Leben hatte.

„Simon, bist du da?", sagte sie und zitterte, dass sie sich am Stuhle halten musste. „Willst du sehen, wie es mir geht und meinem schmutzigen Jungen?" – Simon betrachtete sie ernst und reichte ihr die Hand: „Du bist alt geworden, Margret!" – Margret seufzte: „Es ist mir derweil oft bitterlich gegangen mit allerlei Schicksalen." – „Ja, Mädchen, zu spät gefreit, hat immer gereut! Jetzt bist du alt und das Kind ist klein. Jedes Ding hat seine Zeit. Aber wenn ein altes Haus brennt, dann hilft kein Löschen." – Über Margrets vergrämtes Gesicht flog eine Flamme, so rot wie Blut.

„Aber ich höre, dein Junge ist schlau und gewichst", fuhr Simon fort. – „Ei nun so ziemlich, und dabei fromm." – „Hum, 's hat mal einer eine Kuh gestohlen, der hieß auch Fromm. Aber er ist still und nachdenklich, nicht wahr? er läuft nicht mit den andern Buben?" – „Er ist ein eigenes Kind", sagte Margret wie für sich; „es ist nicht gut." – Simon lachte hell auf: „Dein Junge ist scheu, weil ihn die andern ein paarmal gut durchgedroschen haben. Das wird ihnen der Bursche schon wieder bezahlen. Hülsmeyer war neulich bei mir; der sagte, es ist ein Junge wie 'n Reh."

Welcher Mutter geht das Herz nicht auf, wenn sie ihr Kind loben hört? Der armen Margret ward selten so wohl, jedermann nannte ihren Jungen tückisch und verschlossen. Die Tränen traten ihr in die Augen. „Ja, gottlob, er hat gerade Glieder." – „Wie sieht er aus?", fuhr Simon fort. – „Er hat viel von dir, Simon, viel."

Simon lachte: „Ei, das muss ein rarer Kerl sein, ich werde alle Tage schöner. An der Schule soll er sich wohl nicht verbrennen. Du lässt ihn die Kühe hüten? Ebenso gut. Es ist doch nicht halb wahr, was der Magister sagt. Aber wo hütet er? Im Telgengrund? im Roderholze? im Teutoburger Wald? auch des Nachts und früh?" – „Die ganzen Nächte durch; aber wie meinst du das?"

Simon schien dies zu überhören; er reckte den Hals zur Türe hinaus. „Ei, da kommt der Gesell! Vaterssohn! er schlenkert geradeso mit den Armen wie dein seliger Mann. Und schau mal an! wahrhaftig, der Junge hat meine blonden Haare!"

In der Mutter Züge kam ein heimliches, stolzes Lächeln; ihres Friedrichs blonde Locken und Simons rötliche Bürsten! Ohne zu antworten, brach sie einen Zweig von der nächsten Hecke und ging ihrem Sohne entgegen, scheinbar, eine träge Kuh anzutreiben, im Grunde aber, ihm einige rasche, halb drohende Worte zuzuraunen; denn sie kannte seine störrische Natur, und Simons Weise war ihr heute einschüchternder vorgekommen als je. Doch ging alles über Erwarten gut; Friedrich zeigte sich weder verstockt noch frech, vielmehr etwas blöde und sehr bemüht, dem Ohm zu gefallen. So kam es denn dahin, dass nach einer halbstündigen Unterredung Simon eine Art Adoption des Knaben in Vorschlag brachte, vermöge deren er denselben zwar nicht gänzlich seiner Mutter entziehen, aber doch über den größten Teil seiner Zeit verfügen wollte, wofür ihm dann am Ende des alten Junggesellen Erbe zufallen solle, das ihm freilich ohnedies nicht entgehen konnte. Margret ließ sich geduldig auseinander setzen, wie groß der Vorteil, wie gering die Entbehrung ihrerseits bei dem Handel sei. Sie wusste am besten, was eine kränkliche Witwe an der Hülfe eines zwölfjährigen Knaben entbehrt, den sie bereits gewöhnt hat, die Stelle einer Tochter zu ersetzen. Doch sie schwieg und gab sich in alles. Nur bat sie den Bruder, streng, doch nicht hart gegen den Knaben zu sein.

„Er ist gut", sagte sie, „aber ich bin eine einsame Frau; mein Kind ist nicht wie einer, über den Vaterhand regiert hat." Simon nickte schlau mit dem Kopf: „Lass mich nur gewähren, wir wollen uns schon vertragen, und weißt du was? gib mir den Jungen gleich mit, ich habe zwei Säcke aus der Mühle zu holen; der kleinste ist ihm grad recht, und so lernt er mir zur Hand gehen. Komm, Fritzchen, zieh deine Holzschuh' an!" – Und bald sah Margret den beiden nach, wie sie fortschritten, Simon voran, mit seinem Gesicht die Luft durchschneidend, während ihm die Schöße des roten Rocks wie Feuerflammen nachzogen. So hatte er ziemlich das Ansehen eines feurigen Mannes, der unter dem gestohlenen Sacke büßt; Friedrich ihm nach, fein und schlank für sein Alter, mit zarten, fast edlen Zügen und langen blonden Locken, die besser gepflegt waren, als sein übriges Äußere erwarten ließ; übrigens zerlumpt, sonneverbrannt und mit dem Ausdruck der Vernachlässigung und einer gewissen rohen Melancholie in den Zügen. Dennoch war eine große Familienähnlichkeit beider nicht zu verkennen, und wie Friedrich so langsam seinem Führer nachtrat, die Blicke fest auf denselben geheftet, der ihn gerade durch das Seltsame seiner Erscheinung anzog, erinnerte er unwillkürlich an jemand, der in einem Zauberspiegel das Bild seiner Zukunft mit verstörter Aufmerksamkeit betrachtet.

Jetzt nahten die beiden sich der Stelle des Teutoburger Waldes, wo das Brederholz den Abhang des Gebirges niedersteigt und einen sehr dunkeln Grund ausfüllt. Bis jetzt war wenig gesprochen worden. Simon schien nachdenkend, der Knabe zerstreut, und beide keuchten unter ihren Säcken. Plötzlich fragte Simon: „Trinkst du gern Branntwein?" – Der Knabe antwortete nicht. „Ich frage, trinkst du gern Branntwein? Gibt dir die Mutter zuweilen welchen?" – „Die Mutter hat selbst keinen", sagte Friedrich. – „So, so, desto besser! – Kennst du das Holz da vor uns?" – „Das ist das Brederholz." – „Weißt du auch, was darin vorgefallen ist?" – Friedrich schwieg. Indessen kamen sie der düstern

Schlucht immer näher. „Betet die Mutter noch so viel?", hob Simon wieder an. – „Ja, jeden Abend zwei Rosenkränze." – „So? und du betest mit?" – Der Knabe lachte halb verlegen mit einem durchtriebenen Seitenblick. – „Die Mutter betet in der Dämmerung vor dem Essen den einen Rosenkranz, dann bin ich meist noch nicht wieder da mit den Kühen, und den andern im Bette, dann schlaf ich gewöhnlich ein." – „So, so, Geselle!" – Diese letzten Worte wurden unter dem Schirme einer weiten Buche gesprochen, die den Eingang der Schlucht überwölbte. Es war jetzt ganz finster; das erste Mondviertel stand am Himmel, aber seine schwachen Schimmer dienten nur dazu, den Gegenständen, die sie zuweilen durch eine Lücke der Zweige berührten, ein fremdartiges Ansehen zu geben. Friedrich hielt sich dicht hinter seinem Ohm; sein Odem ging schnell, und wer seine Züge hätte unterscheiden können, würde den Ausdruck einer ungeheuren, doch mehr phantastischen als furchtsamen Spannung darin wahrgenommen haben. So schritten beide rüstig voran, Simon mit dem festen Schritt des abgehärteten Wanderers, Friedrich schwankend und wie im Traum. Es kam ihm vor, als ob alles sich bewegte und die Bäume in den einzelnen Mondstrahlen bald zusammen, bald voneinander schwankten. Baumwurzeln und schlüpfrige Stellen, wo sich das Wegwasser gesammelt, machten seinen Schritt unsicher; er war einige Male nahe daran, zu fallen. Jetzt schien sich in einiger Entfernung das Dunkel zu brechen, und bald traten beide in eine ziemlich große Lichtung. Der Mond schien klar hinein und zeigte, dass hier noch vor kurzem die Axt unbarmherzig gewütet hatte. Überall ragten Baumstümpfe hervor, manche mehrere Fuß über der Erde, wie sie gerade in der Eile am bequemsten zu durchschneiden gewesen waren; die verpönte Arbeit musste unversehens unterbrochen worden sein, denn eine Buche lag quer über dem Pfad, in vollem Laube, ihre Zweige hoch über sich streckend und im Nachtwinde mit den noch frischen Blättern zitternd. Simon blieb einen Augenblick stehen und betrachtete den gefällten Stamm mit Aufmerksamkeit. In der Mitte der Lichtung stand eine alte Eiche, mehr breit als hoch; ein blasser Strahl, der

22

durch die Zweige auf ihren Stamm fiel, zeigte, dass er hohl sei, was ihn wahrscheinlich vor der allgemeinen Zerstörung geschützt hatte. Hier ergriff Simon plötzlich des Knaben Arm.

„Friedrich, kennst du den Baum? Das ist die breite Eiche." – Friedrich fuhr zusammen und klammerte sich mit kalten Händen an seinen Ohm. – „Sieh", fuhr Simon fort, „hier haben Ohm Franz und der Hülsmeyer deinen Vater gefunden, als er in der Betrunkenheit ohne Buße und Ölung zum Teufel gefahren war." – „Ohm, Ohm!", keuchte Friedrich. – „Was fällt dir ein? Du wirst dich doch nicht fürchten? Satan von einem Jungen, du kneipst mir den Arm! Lass los, los!" – Er suchte den Knaben abzuschütteln. – „Dein Vater war übrigens eine gute Seele; Gott wird's nicht so genau mit ihm nehmen. Ich hatt ihn so lieb wie meinen eigenen Bruder." – Friedrich ließ den Arm seines Ohms los; beide legten schweigend den übrigen Teil des Waldes zurück und das Dorf Brede lag vor ihnen, mit seinen Lehmhütten und den einzelnen bessern Wohnungen von Ziegelsteinen, zu denen auch Simons Haus gehörte.

Am nächsten Abend saß Margret schon seit einer Stunde mit ihrem Rocken vor der Tür und wartete auf ihren Knaben. Es war die erste Nacht, die sie zugebracht hatte, ohne den Atem ihres Kindes neben sich zu hören, und Friedrich kam noch immer nicht. Sie war ärgerlich und ängstlich und wusste, dass sie beides ohne Grund war. Die Uhr im Turm schlug sieben, das Vieh kehrte heim; er war noch immer nicht da und sie musste aufstehen, um nach den Kühen zu schauen. Als sie wieder in die dunkle Küche trat, stand Friedrich am Herde; er hatte sich vornüber gebeugt und wärmte die Hände an den Kohlen. Der Schein spielte auf seinen Zügen und gab ihnen ein widriges Ansehen von Magerkeit und ängstlichem Zucken. Margret blieb in der Tennentür stehen, so seltsam verändert kam ihr das Kind vor.

„Friedrich, wie geht's dem Ohm?" – Der Knabe murmelte einige unverständliche Worte und drängte sich dicht an die Feuermauer. – „Friedrich, hast du das Reden verlernt? Junge, tu das Maul auf! du weißt ja doch, dass ich auf dem rechten Ohr nicht gut höre." – Das Kind erhob seine Stimme und geriet dermaßen ins Stammeln, dass Margret es um nichts mehr begriff. – „Was sagst du? einen Gruß von Meister Semmler? wieder fort? wohin? die Kühe sind schon zu Hause. Verfluchter Junge, ich kann dich nicht verstehen. Wart, ich muss einmal sehen, ob du keine Zunge im Munde hast!" – Sie trat heftig einige Schritte vor. Das Kind sah zu ihr auf, mit dem Jammerblick eines armen, halbwüchsigen Hundes, der Schildwacht stehen lernt, und begann in der Angst mit den Füßen zu stampfen und den Rücken an der Feuermauer zu reiben.

Margret stand still; ihre Blicke wurden ängstlich. Der Knabe erschien ihr wie zusammengeschrumpft, auch seine Kleider waren nicht dieselben, nein, das war ihr Kind nicht! und dennoch – „Friedrich, Friedrich!", rief sie.

In der Schlafkammer klappte eine Schranktür und der Gerufene trat hervor, in der einen Hand eine so genannte Holschenvioline, d. h. einen alten Holzschuh, mit drei bis vier zerschabten Geigensaiten überspannt, in der andern einen Bogen, ganz des Instruments würdig. So ging er gerade auf sein verkümmertes Spiegelbild zu, seinerseits mit einer Haltung bewusster Würde und Selbstständigkeit, die in diesem Augenblicke den Unterschied zwischen beiden sonst merkwürdig ähnlichen Knaben stark hervortreten ließ.

„Da, Johannes!", sagte er und reichte ihm mit einer Gönnermiene das Kunstwerk; „da ist die Violine, die ich dir versprochen habe. Mein Spielen ist vorbei, ich muss jetzt Geld verdienen." – Johannes warf noch einmal einen scheuen Blick auf Margret, streckte dann langsam seine Hand aus, bis er das Dargebotene fest ergriffen hatte, und brachte es wie verstohlen unter die Flügel seines armseligen Jäckchens.

Margret stand ganz still und ließ die Kinder gewähren. Ihre Gedanken hatten eine andere, sehr ernste Richtung genommen, und sie blickte mit unruhigem Auge von einem auf den andern. Der fremde Knabe hatte sich wieder über die Kohlen gebeugt mit einem Ausdruck augenblicklichen Wohlbehagens, der an Albernheit grenzte, während in Friedrichs Zügen der Wechsel eines offenbar mehr selbstischen als gutmütigen Mitgefühls spielte und sein Auge in fast glasartiger Klarheit zum ersten Male bestimmt den Ausdruck jenes ungebändigten Ehrgeizes und Hanges zum Großtun zeigte, der nachher als so starkes Motiv seiner meisten Handlungen hervortrat. Der Ruf seiner Mutter störte ihn aus Gedanken, die ihm ebenso neu als angenehm waren. Sie saß wieder am Spinnrade.

„Friedrich", sagte sie zögernd, „sag einmal – " und schwieg dann. Friedrich sah auf und wandte sich, da er nichts weiter vernahm, wieder zu seinem Schützling. „Nein, höre – " Und dann leiser: „Was ist das für ein Junge? Wie heißt er?" – Friedrich antwortete ebenso leise: „Das ist des Ohms Simon Schweinehirt, der eine Botschaft an den Hülsmeyer hat. Der Ohm hat mir ein paar Schuhe und eine Weste von Drillich gegeben; die hat mir der Junge unterwegs getragen; dafür hab ich ihm meine Violine versprochen; er ist ja doch ein armes Kind; Johannes heißt er." – „Nun – ?", sagte Margret. – „Was willst du, Mutter?" – „Wie heißt er weiter?" – „Ja – weiter nicht – oder, warte – doch: Niemand, Johannes Niemand heißt er. – Er hat keinen Vater", fügte er leiser hinzu.

Margret stand auf und ging in die Kammer. Nach einer Weile kam sie heraus mit einem harten, finstern Ausdruck in den Mienen. – „So, Friedrich", sagte sie, „lass den Jungen gehen, dass er seine Bestellung machen kann. – Junge, was liegst du da in der Asche? Hast du zu Hause nichts zu tun?" – Der Knabe raffte sich mit der Miene eines Verfolgten so eilfertig auf, dass ihm alle Glieder im Wege standen und die Holschenvioline bei einem Haar ins Feuer gefallen wäre.

„Warte, Johannes", sagte Friedrich stolz, „ich will dir mein halbes Butterbrot geben, es ist mir doch zu groß, die Mutter schneidet allemal übers ganze Brot." – „Lass doch", sagte Margret, „er geht ja nach Hause." – „Ja, aber er bekommt nichts mehr; Ohm Simon isst um sieben Uhr." Margret wandte sich zu dem Knaben: „Hebt man dir nichts auf? Sprich, wer sorgt für dich?" –

„Niemand", stotterte das Kind. – „Niemand?", wiederholte sie; „da nimm, nimm!", fügte sie heftig hinzu; „du heißt Niemand, und niemand sorgt für dich! Das sei Gott geklagt! Und nun mach dich fort! Friedrich, geh nicht mit ihm, hörst du, geht nicht zusammen durchs Dorf." – „Ich will ja nur Holz holen aus dem Schuppen", antwortete Friedrich. – Als beide Knaben fort waren, warf sich Margret auf einen Stuhl und schlug die Hände mit dem Ausdruck des tiefsten Jammers zusammen. Ihr Gesicht war bleich wie ein Tuch. „Ein falscher Eid, ein falscher Eid!", stöhnte sie. „Was ist's? Simon, Simon, wie willst du vor Gott bestehen!"

So saß sie eine Weile, starr mit geklemmten Lippen, wie in völliger Geistesabwesenheit. Friedrich stand vor ihr und hatte sie schon zweimal angeredet, „Was ist's? was willst du?", rief sie auffahrend. – „Ich bringe Euch Geld", sagte er, mehr erstaunt als erschreckt. – „Geld? wo?" Sie regte sich und die kleine Münze fiel klingend auf den Boden. Friedrich hob sie auf. „Geld vom Ohm Simon, weil ich ihm habe arbeiten helfen. Ich kann mir nun selber was verdienen." – „Geld vom Simon? Wirf's fort, fort! – Nein, gib's den Armen. Doch, nein, behalt's", flüsterte sie kaum hörbar; „wir sind selber arm. Wer weiß, ob wir bei dem Betteln vorbeikommen!" – „Ich soll Montag wieder zum Ohm und ihm bei der Einsaat helfen." – „Du wieder zu ihm? Nein, nein, nimmermehr!" – Sie umfasste ihr Kind mit Heftigkeit. – „Doch", fügte sie hinzu, und ein Tränenstrom stürzte ihr plötzlich über die eingefallenen Wangen; „geh, er ist mein einziger Bruder, und die Verleumdung ist groß! Aber halt Gott vor Augen und vergiss das tägliche Gebet nicht!"

Margret legte das Gesicht an die Mauer und weinte laut. Sie hatte manche harte Last getragen, ihres Mannes üble Behandlung, noch schwerer seinen Tod, und es war eine bittere Stunde, als die Witwe das letzte Stück Ackerland einem Gläubiger zur Nutznießung überlassen musste und der Pflug vor ihrem Hause stille stand. Aber so war ihr nie zumute gewesen; dennoch, nachdem sie einen Abend durchgeweint, eine Nacht durchwacht hatte, war sie dahin gekommen, zu denken, ihr Bruder Simon könne so gottlos nicht sein, der Knabe gehöre gewiss nicht ihm, Ähnlichkeiten wollen nichts beweisen. Hatte sie doch selbst vor vierzig Jahren ein Schwesterchen verloren, das genau dem fremden Hechelkrämer glich. Was glaubt man nicht gern, wenn man so wenig hat und durch Unglauben dies wenige verlieren soll!

Von dieser Zeit an war Friedrich selten mehr zu Hause. Simon schien alle wärmern Gefühle, deren er fähig war, dem Schwestersohn zugewendet zu haben; wenigstens vermisste er ihn sehr und ließ nicht nach mit Botschaften, wenn ein häusliches Geschäft ihn auf einige Zeit bei der Mutter hielt. Der Knabe war seitdem wie verwandelt, das träumerische Wesen gänzlich von ihm gewichen, er trat fest auf, fing an, sein Äußeres zu beachten und bald in den Ruf eines hübschen, gewandten Burschen zu kommen. Sein Ohm, der nicht wohl ohne Projekte leben konnte, unternahm mitunter ziemlich bedeutende öffentliche Arbeiten, z. B. beim Wegbau, wobei Friedrich für einen seiner besten Arbeiter und überall als seine rechte Hand galt; denn obgleich dessen Körperkräfte noch nicht ihr volles Maß erreicht hatten, kam ihm doch nicht leicht jemand an Ausdauer gleich. Margret hatte bisher ihren Sohn nur geliebt, jetzt fing sie an, stolz auf ihn zu werden und sogar eine Art Hochachtung vor ihm zu fühlen, da sie den jungen Menschen so ganz ohne ihr Zutun sich entwickeln sah, sogar ohne ihren Rat, den sie, wie die meisten Menschen, für unschätzbar hielt und deshalb die Fähigkeiten nicht hoch genug anzuschlagen wusste, die eines so kostbaren Förderungsmittels entbehren konnten.

In seinem achtzehnten Jahre hatte Friedrich sich bereits einen bedeutenden Ruf in der jungen Dorfwelt gesichert, durch den Ausgang einer Wette, infolge deren er einen erlegten Eber über zwei Meilen weit auf seinem Rücken trug, ohne abzusetzen. Indessen war der Mitgenuss des Ruhms auch so ziemlich der einzige Vorteil, den Margret aus diesen günstigen Umständen zog, da Friedrich immer mehr auf sein Äußeres verwandte und allmählich anfing, es schwer zu verdauen, wenn Geldmangel ihn zwang, irgendjemand im Dorf darin nachzustehen. Zudem waren alle seine Kräfte auf den auswärtigen Erwerb gerichtet; zu Hause schien ihm, ganz im Widerspiel mit seinem sonstigen Rufe, jede anhaltende Beschäftigung lästig, und er unterzog sich lieber einer harten, aber kurzen Anstrengung, die ihm bald erlaubte, seinem frühern Hirtenamte wieder nachzugehen, was bereits begann, seinem Alter unpassend zu werden, und ihm gelegentlichen Spott zuzog, vor dem er sich aber durch ein paar derbe Zurechtweisungen mit der Faust Ruhe verschaffte. So gewöhnte man sich daran, ihn bald geputzt und fröhlich als anerkannten Dorfelegant an der Spitze des jungen Volks zu sehen, bald wieder als zerlumpten Hirtenbuben einsam und träumerisch hinter den Kühen herschleichend, oder in einer Waldlichtung liegend, scheinbar gedankenlos und das Moos von den Bäumen rupfend.

Um diese Zeit wurden die schlummernden Gesetze doch einigermaßen aufgerüttelt durch eine Bande von Holzfrevlern, die unter dem Namen der Blaukittel alle ihre Vorgänger so weit an List und Frechheit übertraf, dass es dem Langmütigsten zu viel werden musste. Ganz gegen den gewöhnlichen Stand der Dinge, wo man die stärksten Böcke der Herde mit dem Finger bezeichnen konnte, war es hier trotz aller Wachsamkeit bisher nicht möglich gewesen, auch nur ein Individuum namhaft zu machen. Ihre Benennung erhielten sie von der ganz gleichförmigen Tracht, durch die sie das Erkennen erschwerten, wenn etwa ein Förster noch einzelne Nachzügler im Dickicht verschwinden sah. Sie verheerten alles wie die Wanderraupe, ganze Waldstrecken wurden in einer Nacht gefällt und auf der Stelle fortgeschafft, so dass man am andern Morgen nichts fand, als Späne und wüste Haufen von Topholz, und der Umstand, dass nie Wagenspuren einem Dorfe zuführten, sondern immer vom Flusse her und dorthin zurück, bewies, dass man unter dem Schutz und vielleicht mit dem Beistande der Schiffeigentümer handelte. In der Bande mussten sehr gewandte Spione sein, denn die Förster konnten wochenlang umsonst wachen; in der ersten Nacht, gleichviel, ob stürmisch oder mondhell, wo sie vor Übermüdung nachließen, brach die Zerstörung ein. Seltsam war es, dass das Landvolk umher ebenso un-

28

wissend und gespannt schien, als die Förster selber. Von einigen Dörfern ward mit Bestimmtheit gesagt, dass sie nicht zu den Blaukitteln gehörten, aber keines konnte als dringend verdächtig bezeichnet werden, seit man das verdächtigste von allen, das Dorf B., freisprechen musste. Ein Zufall hatte dies bewirkt, eine Hochzeit, auf der fast alle Bewohner dieses Dorfes notorisch die Nacht zugebracht hatten, während zu eben dieser Zeit die Blaukittel eine ihrer stärksten Expeditionen ausführten.

Der Schaden in den Forsten war indes allzu groß, deshalb wurden die Maßregeln dagegen auf eine bisher unerhörte Weise gesteigert; Tag und Nacht wurde patrouilliert, Ackerknechte, Hausbediente mit Gewehren versehen und den Forstbeamten zugesellt. Dennoch war der Erfolg nur gering und die Wächter hatten oft kaum das eine Ende des Forstes verlassen, wenn die Blaukittel schon zum andern einzogen. Das währte länger als ein volles Jahr, Wächter und Blaukittel, Blaukittel und Wächter, wie Sonne und Mond, immer abwechselnd im Besitz des Terrains und nie zusammentreffend.

Es war im Juli 1756 früh um drei; der Mond stand klar am Himmel, aber sein Glanz fing an zu ermatten, und im Osten zeigte sich bereits ein schmaler gelber Streif, der den Horizont besäumte und den Eingang einer engen Talschlucht wie mit einem Goldbande schloss. Friedrich lag im Grase, nach seiner gewohnten Weise, und schnitzelte an einem Weidenstabe, dessen knotigem Ende er die Gestalt eines ungeschlachten Tieres zu geben versuchte. Er sah übermüdet aus, gähnte, ließ mitunter seinen Kopf an einem verwitterten Stammknorren ruhen und Blicke, dämmeriger als der Horizont, über den mit Gestrüpp und Aufschlag fast verwachsenen Eingang des Grundes streifen. Ein paarmal belebten sich seine Augen und nahmen den ihnen eigentümlichen glasartigen Glanz an, aber gleich nachher schloss er sie wieder halb und gähnte und dehnte sich, wie es nur faulen Hirten erlaubt ist. Sein Hund lag in einiger Entfernung nah bei den Kühen, die unbekümmert um die Forstgesetze ebenso oft den jungen Baumspitzen als dem Grase zusprachen und in die frische

29

Morgenluft schnaubten. Aus dem Walde drang von Zeit zu Zeit ein dumpfer, krachender Schall; der Ton hielt nur einige Sekunden an, begleitet von einem langen Echo an den Bergwänden und wiederholte sich etwa alle fünf bis acht Minuten. Friedrich achtete nicht darauf; nur zuweilen, wenn das Getöse ungewöhnlich stark oder anhaltend war, hob er den Kopf und ließ seine Blicke langsam über die verschiedenen Pfade gleiten, die ihren Ausgang in dem Talgrunde fanden.

Es fing bereits stark zu dämmern an; die Vögel begannen leise zu zwitschern und der Tau stieg fühlbar aus dem Grunde. Friedrich war an dem Stamm hinabgeglitten und starrte, die Arme über den Kopf verschlungen, in das leise einschleichende Morgenrot. Plötzlich fuhr er auf: über sein Gesicht fuhr ein Blitz, er horchte einige Sekunden mit vorgebeugtem Oberleib wie ein Jagdhund, dem die Luft Witterung zuträgt. Dann schob er schnell zwei Finger in den Mund und pfiff gellend und anhaltend. – „Fidel, du verfluchtes Tier!" – Ein Steinwurf traf die Seite des unbesorgten Hundes, der, vom Schlafe aufgeschreckt, zuerst um sich biss und dann heulend auf drei Beinen dort Trost suchte, von wo das Übel ausgegangen war. In demselben Augenblicke wurden die Zweige eines nahen Gebüsches fast ohne Geräusch zurückgeschoben und ein Mann trat heraus, im grünen Jagdrock, den silbernen Wappenschild am Arm, die gespannte Büchse in der Hand. Er ließ schnell seine Blicke über die Schlucht fahren und sie dann mit besonderer Schärfe auf dem Knaben verweilen, trat dann vor, winkte nach dem Gebüsch, und allmählich wurden sieben bis acht Männer sichtbar, alle in ähnlicher Kleidung, Waidmesser im Gürtel und die gespannten Gewehre in der Hand.

„Friedrich, was war das?", fragte der zuerst Erschienene. – „Ich wollte, dass der Racker auf der Stelle krepierte. Seinetwegen können die Kühe mir die Ohren vom Kopf weg fressen." – „Die Kanaille hat uns gesehen", sagte ein anderer. – „Morgen sollst du auf die Reise mit einem Stein am Halse", fuhr Friedrich fort und stieß nach dem Hunde. – „Friedrich, stell dich nicht an wie ein Narr! Du kennst mich und du verstehst mich auch!" – Ein Blick begleitete diese Worte, der schnell wirkte. – „Herr Brandis, denkt an meine Mutter!" – „Das tu ich. Hast du nichts im Walde gehört?" – „Im Walde?" – Der Knabe warf einen raschen Blick auf des Försters Gesicht. – „Eure Holzfäller, sonst nichts." – „Meine Holzfäller!"

Die ohnehin dunkle Gesichtsfarbe des Försters ging in tiefes Braunrot über. – „Wie viele sind ihrer, und wo treiben sie ihr Wesen?" – „Wohin Ihr sie geschickt habt; ich weiß es nicht." – Brandis wandte sich zu seinen Gefährten: „Geht voran; ich komme gleich nach."

Als einer nach dem anderen im Dickicht verschwunden war, trat Brandis dicht vor den Knaben: „Friedrich", sagte er mit dem Ton unterdrückter Wut, „meine Geduld ist zu Ende; ich möchte dich prügeln wie einen Hund, und mehr seid ihr auch nicht wert. Ihr Lumpenpack, dem kein Ziegel auf dem Dach gehört! Bis zum Betteln habt ihr es, gottlob, bald gebracht, und an meiner Tür soll deine Mutter, die alte Hexe, keine verschimmelte Brotrinde bekommen. Aber vorher sollt ihr mir noch beide ins Hundeloch!"

Friedrich griff krampfhaft nach einem Aste. Er war totenbleich und seine Augen schienen wie Kristallkugeln aus dem Kopfe schießen zu wollen. Doch nur einen Augenblick. Dann kehrte die größte, an Erschlaffung grenzende Ruhe zurück. – „Herr", sagte er fest, mit fast sanfter Stimme; „Ihr habt gesagt, was Ihr nicht verantworten könnt, und ich vielleicht auch. Wir wollen es gegeneinander aufgehen lassen, und nun will ich Euch sagen, was Ihr verlangt. Wenn Ihr die Holzfäller nicht selbst bestellt habt, so müssen es die Blaukittel sein; denn aus dem Dorfe ist kein Wagen gekommen; ich habe den Weg ja vor mir, und vier Wagen sind es. Ich habe sie nicht gesehen, aber den Hohlweg hinauffahren hören." – Er stockte einen Augenblick. – „Könnt Ihr sagen, dass ich je einen Baum in Eurem Revier gefällt habe? überhaupt, dass ich je anderwärts gehauen habe, als auf Bestellung? Denkt nach, ob Ihr das sagen könnt?"

Ein verlegenes Murmeln war die ganze Antwort des Försters,

der nach Art der meisten rauhen Menschen leicht bereute. Er wandte sich unwirsch und schritt dem Gebüsche zu. – „Nein, Herr", rief Friedrich, „wenn Ihr zu den andern Förstern wollt, die sind dort an der Buche hinaufgegangen." – „An der Buche?", sagte Brandis zweifelhaft, „nein, dort hinüber, nach dem Mastergrunde." – „Ich sage Euch, an der Buche; des langen Heinrich Flintenriemen blieb noch am krummen Ast dort hängen; ich hab's ja gesehen!"

Der Förster schlug den bezeichneten Weg ein. Friedrich hatte die ganze Zeit hindurch seine Stellung nicht verlassen, halb liegend, den Arm um einen dürren Ast geschlungen, sah er dem Fortgehenden unverrückt nach, wie er durch den halbverwachsenen Steig glitt, mit den vorsichtigen weiten Schritten seines Metiers, so geräuschlos wie ein Fuchs die Hühnerstiege erklimmt. Hier sank ein Zweig hinter ihm, dort einer; die Umrisse seiner Gestalt schwanden immer mehr. Da blitzte es noch einmal durchs Laub. Es war ein Stahlknopf seines Jagdrocks; nun war er fort. Friedrichs Gesicht hatte während dieses allmählichen Verschwindens den Ausdruck seiner Kälte verloren und seine Züge schienen zuletzt unruhig bewegt. Gereute es ihn vielleicht, den Förster nicht um Verschweigung seiner Angaben gebeten zu haben? Er ging einige Schritte voran, blieb dann stehen. – „Es ist zu spät", sagte er vor sich hin und griff nach seinem Hute. Ein leises Picken im Gebüsche, nicht zwanzig Schritte von ihm. Es war der Förster, der den Flintenstein schärfte. Friedrich horchte. – „Nein!", sagte er dann mit entschlossenem Tone, raffte seine Siebensachen zusammen und trieb das Vieh eilfertig die Schlucht entlang.

Um Mittag saß Frau Margret am Herd und kochte Tee. Friedrich war krank heimgekommen, er klagte über heftige Kopfschmerzen und hatte auf ihre besorgte Nachfrage erzählt, wie er sich schwer geärgert über den Förster; kurz den ganzen eben beschriebenen Vorgang, mit Ausnahme einiger Kleinigkeiten, die er besser fand, für sich zu behalten. Margret sah schweigend und trübe in das siedende Wasser. Sie war es wohl gewohnt, ihren Sohn mitunter klagen zu hören, aber heute kam er ihr so angegriffen vor, wie sonst nie. Sollte wohl eine Krankheit im Anzuge sein? Sie seufzte tief und ließ einen eben ergriffenen Holzblock fallen.

„Mutter!", rief Friedrich aus der Kammer. – „Was willst du?" – „War das ein Schuss?" – „Ach nein, ich weiß nicht, was du meinst." – „Es pocht mir wohl nur so im Kopfe", versetzte er.

Die Nachbarin trat herein und erzählte mit leisem Flüstern irgendeine unbedeutende Klatscherei, die Margret ohne Teilnahme anhörte. Dann ging sie. – „Mutter!", rief Friedrich. Margret ging zu ihm hinein. „Was erzählte die Hülsmeyer?" – „Ach gar nichts, Lügen, Wind!" – Friedrich richtete sich auf. – „Von der Gretchen Siemers; du weißt wohl die alte Geschichte; und ist doch nichts Wahres dran." – Friedrich legte sich wieder hin. „Ich will sehen, ob ich schlafen kann", sagte er.

Margret saß am Herde; sie spann und dachte wenig Erfreuliches. Im Dorfe schlug es halb zwölf; die Türe klinkte und der Gerichtsschreiber Kapp trat herein. – „Guten Tag, Frau Mergel", sagte er; „könnt Ihr mir einen Trunk Milch geben? Ich komme von M." – Als Frau Mergel das Verlangte brachte, fragte er: „Wo ist Friedrich?" Sie war gerade beschäftigt, einen Teller hervorzulangen, und überhörte die Frage. Er trank zögernd und in kurzen Absätzen. „Wisst Ihr wohl", sagte er dann, „dass die Blaukittel in dieser Nacht wieder im Masterholze eine ganze Strecke so kahl gefegt haben, wie meine Hand?" – „Ei, du frommer Gott!", versetzte sie gleichgültig. „Die Schandbuben", fuhr der Schreiber fort, „ruinieren alles; wenn sie noch Rücksicht nähmen auf das junge Holz, aber Eichenstämmchen wie mein Arm dick, wo nicht einmal eine Ruderstange drin steckt! Es ist, als ob ihnen andrer Leute Schaden ebenso lieb wäre wie ihr Profit!" – „Es ist schade!", sagte Margret.

Der Amtsschreiber hatte getrunken und ging noch immer nicht. Er schien etwas auf dem Herzen zu haben. „Habt Ihr nichts von Brandis gehört?", fragte er plötzlich. „Nichts; er kommt niemals hier ins Haus." – „So wisst Ihr nicht, was ihm begegnet ist?" – „Was denn?", fragte Margret gespannt. – „Er ist tot!" – „Tot!", rief sie, „was, tot? Um Gottes willen! er ging ja noch heute Mor-

gen ganz gesund hier vorüber mit der Flinte auf dem Rücken!" –
„Er ist tot", wiederholte der Schreiber, sie scharf fixierend; „von
den Blaukitteln erschlagen. Vor einer Viertelstunde wurde die
Leiche ins Dorf gebracht."

Margret schlug die Hände zusammen. – „Gott im Himmel,
geh nicht mit ihm ins Gericht! er wusste nicht, was er tat!" – „Mit
ihm!", rief der Amtsschreiber, „mit dem verfluchten Mörder, meint
Ihr?" Aus der Kammer drang ein schweres Stöhnen. Margret
eilte hin, und der Schreiber folgte ihr. Friedrich saß aufrecht im
Bette, das Gesicht in die Hände gedrückt, und ächzte wie ein
Sterbender. – „Friedrich, wie ist dir?", sagte die Mutter. – „Wie
ist dir?", wiederholte der Amtsschreiber. – „O mein Leib, mein
Kopf!", jammerte er. – „Was fehlt ihm?" – „Ach, Gott weiß es",
versetzte sie; „er ist schon um vier mit den Kühen heimgekommen, weil ihm so übel war. – Friedrich – Friedrich, antworte doch,
soll ich zum Doktor?" – „Nein, nein", ächzte er, „es ist nur Kolik,
es wird schon besser."

Er legte sich zurück; sein Gesicht zuckte krampfhaft vor
Schmerz; dann kehrte die Farbe wieder. – „Geht", sagte er matt;
„ich muss schlafen, dann geht's vorüber." – „Frau Mergel", sagte
der Amtsschreiber ernst, „ist es gewiss, dass Friedrich um vier
zu Hause kam und nicht wieder fortging?" – Sie sah ihn starr
an. – „Fragt jedes Kind auf der Straße. Und fortgehen? – Wollte
Gott, er könnt es!" – „Hat er Euch nichts von Brandis erzählt?" –
„In Gottes Namen, ja, dass er ihn im Walde geschimpft und unsere Armut vorgeworfen hat, der Lump! – Doch Gott verzeih'
mir, er ist tot! – Geht!", fuhr sie heftig fort; „seid Ihr gekommen,
um ehrliche Leute zu beschimpfen? Geht!" – Sie wandte sich wieder zu ihrem Sohne; der Schreiber ging. – „Friedrich, wie ist dir?",
sagte die Mutter; „hast du wohl gehört? Schrecklich, schrecklich!
ohne Beichte und Absolution!" – „Mutter, Mutter, um Gottes willen lass mich schlafen; ich kann nicht mehr!"

In diesem Augenblick trat Johannes Niemand in die Kammer;
dünn und lang wie eine Hopfenstange, aber zerlumpt und scheu
wie wir ihn vor fünf Jahren gesehen. Sein Gesicht war noch blei-

cher als gewöhnlich. „Friedrich", stotterte er, „du sollst sogleich zum Ohm kommen; er hat Arbeit für dich; aber sogleich." – Friedrich drehte sich gegen die Wand. – „Ich komme nicht", sagte er barsch, „ich bin krank." – „Du musst aber kommen", keuchte Johannes; „er hat gesagt, ich müsste dich mitbringen." – Friedrich lachte höhnisch auf: „Das will ich doch sehen!" – „Lass ihn in Ruhe, er kann nicht", seufzte Margret, „du siehst ja, wie es steht." – Sie ging auf einige Minuten hinaus; als sie zurückkam, war Friedrich bereits angekleidet. – „Was fällt dir ein?", rief sie, „du kannst, du sollst nicht gehen!" – „Was sein muss, schickt sich wohl", versetzte er und war schon zur Türe hinaus mit Johannes. – „Ach Gott", seufzte die Mutter, „wenn die Kinder klein sind, treten sie uns in den Schoß, und wenn sie groß sind, ins Herz!"

Die gerichtliche Untersuchung hatte ihren Anfang genommen, die Tat lag klar am Tage; über den Täter aber waren die Anzeigen so schwach, dass, obschon alle Umstände die Blaukittel dringend verdächtigten, man doch nicht mehr als Mutmaßungen wagen konnte. *Eine* Spur schien Licht geben zu wollen: doch rechnete man aus Gründen wenig darauf. Die Abwesenheit des Gutsherrn hatte den Gerichtsschreiber genötigt, auf eigene Hand die Sache einzuleiten. Er saß am Tische; die Stube war gedrängt voll von Bauern, teils neugierigen, teils solchen, von denen man in Ermangelung eigentlicher Zeugen einigen Aufschluss zu erhalten hoffte. Hirten, die in derselben Nacht gehütet, Knechte, die den Acker in der Nähe bestellt, alle standen stramm und fest, die Hände in den Taschen, gleichsam als stillschweigende Erklärung, dass sie nicht einzuschreiten gesonnen seien. Acht Forstbeamte wurden vernommen. Ihre Aussagen waren völlig gleichlautend: Brandis habe sie am zehnten abends zur Runde bestellt, da ihm von einem Vorhaben der Blaukittel müsse Kunde zugekommen sein; doch habe er sich nur unbestimmt darüber geäußert. Um zwei Uhr in der Nacht seien sie ausgezogen und auf manche Spuren der Zerstörung gestoßen, die den Oberförster sehr übel gestimmt; sonst sei alles still gewesen. Gegen vier Uhr habe Brandis gesagt:

„Wir sind angeführt, lasst uns heimgehen." – Als sie nun um den Bremerberg gewendet und zugleich der Wind umgeschlagen, habe man deutlich im Masterholz fällen gehört und aus der schnellen Folge der Schläge geschlossen, dass die Blaukittel am Werk seien. Man habe nun eine Weile beratschlagt, ob es tunlich sei, mit so geringer Macht die kühne Bande anzugreifen, und sich dann ohne bestimmten Entschluss dem Schalle langsam genähert. Nun folgte der Auftritt mit Friedrich. Ferner: nachdem Brandis sie ohne Weisung fortgeschickt, seien sie eine Weile vorangeschritten und dann, als sie bemerkt, dass das Getöse im noch ziemlich weit entfernten Walde gänzlich aufgehört, stille gestanden, um den Oberförster zu erwarten. Die Zögerung habe sie verdrossen, und nach etwa zehn Minuten seien sie weitergegangen und so bis an den Ort der Verwüstung. Alles sei vorüber gewesen, kein Laut mehr im Walde, von zwanzig gefällten Stämmen noch acht vorhanden, die übrigen bereits fortgeschafft. Es sei ihnen unbegreiflich, wie man dieses ins Werk gestellt, da keine Wagenspuren zu finden gewesen. Auch habe die Dürre der Jahreszeit und der mit Fichtennadeln bestreute Boden keine Fußstapfen unterscheiden lassen, obgleich der Grund ringsumher wie festgestampft war. Da man nun überlegt, dass es zu nichts nützen könne, den Oberförster zu erwarten, sei man rasch der andern Seite des Waldes zugeschritten, in der Hoffnung, vielleicht noch einen Blick von den Frevlern zu erhaschen. Hier habe sich einem von ihnen beim Ausgange des Waldes die Flaschenschnur in Brombeerranken verstrickt, und als er umgeschaut, habe er etwas im Gestrüpp blitzen sehen; es war die Gurtschnalle des Oberförsters, den man nun hinter den Ranken liegend fand, grad ausgestreckt, die rechte Hand um den Flintenlauf geklemmt, die andere geballt und die Stirn von einer Axt gespalten.

Dies waren die Aussagen der Förster; nun kamen die Bauern an die Reihe, aus denen jedoch nichts zu bringen war. Manche behaupteten, um vier Uhr noch zu Hause oder anderswo beschäftigt gewesen zu sein, und keiner wollte etwas bemerkt haben. Was war zu machen? Sie waren sämtlich angesessene, unverdächtige Leute. Man musste sich mit ihren negativen Zeugnissen begnügen.

Friedrich ward hereingerufen. Er trat ein mit einem Wesen, das sich durchaus nicht von seinem gewöhnlichen unterschied, weder gespannt noch keck. Das Verhör währte ziemlich lange und die Fragen waren mitunter ziemlich schlau gestellt; er beantwortete sie jedoch alle offen und bestimmt und erzählte den Vorgang zwischen ihm und dem Oberförster ziemlich der Wahrheit gemäß, bis auf das Ende, das er geratener fand, für sich zu behalten. Sein Alibi zur Zeit des Mordes war leicht erwiesen. Der Förster lag am Ausgange des Masterholzes; über dreiviertel Stunden Weges von der Schlucht, in der er Friedrich um vier Uhr angeredet und aus der dieser seine Herde schon zehn Minuten später ins Dorf getrieben. Jedermann hatte dies gesehen; alle anwesenden Bauern beeiferten sich, es zu bezeugen; mit diesem hatte er geredet, jenem zugenickt.

Der Gerichtsschreiber saß unmutig und verlegen da. Plötzlich fuhr er mit der Hand hinter sich und brachte etwas Blinkendes vor Friedrichs Auge. „Wem gehört dies?" – Friedrich sprang drei Schritt' zurück. „Herr Jesus! Ich dachte, Ihr wolltet mir den Schädel einschlagen." Seine Augen waren rasch über das tödliche Werkzeug gefahren und schienen momentan auf einem ausgebrochenen Splitter am Stiele zu haften. „Ich weiß es nicht", sagte er fest. – Es war die Axt, die man in dem Schädel des Oberförsters eingeklammert gefunden hatte. – „Sieh sie genau an", fuhr der Gerichtsschreiber fort. Friedrich fasste sie mit der Hand, besah sie oben, unten, wandte sie um. „Es ist eine Axt wie andere", sagte er dann und legte sie gleichgültig auf den Tisch. Ein Blutfleck ward sichtbar; er schien zu schaudern, aber er wiederholte noch einmal sehr bestimmt: „Ich kenne sie nicht." Der Gerichtsschreiber seufzte vor Unmut. Er selbst wusste um nichts mehr, und hatte nur einen Versuch zu möglicher Entdeckung durch Überraschung machen wollen. Es blieb nichts übrig, als das Verhör zu schließen.

Denjenigen, die vielleicht auf den Ausgang dieser Begebenheit gespannt sind, muss ich sagen, dass diese Geschichte nie aufgeklärt wurde, obwohl noch viel dafür geschah und diesem Verhöre mehrere folgten. Den Blaukitteln schien durch das Aufsehen, das der Vorgang gemacht, und die darauf folgenden geschärften Maßregeln der Mut genommen; sie waren von nun an wie verschwunden, und obgleich späterhin noch mancher Holzfrevler erwischt wurde, fand man doch nie Anlass, ihn der berüchtigten Bande zuzuschreiben. Die Axt lag zwanzig Jahre nachher als unnützes Corpus delicti im Gerichtsarchiv, wo sie wohl noch jetzt ruhen mag mit ihren Rostflecken. Es würde in einer erdichteten Geschichte unrecht sein, die Neugier des Lesers so zu täuschen. Aber dies alles hat sich wirklich zugetragen; ich kann nichts davon oder dazu tun.

Am nächsten Sonntage stand Friedrich sehr früh auf, um zur Beichte zu gehen. Es war Mariä Himmelfahrt und die Pfarrgeistlichen schon vor Tagesanbruch im Beichtstuhle. Nachdem er sich im Finstern angekleidet, verließ er so geräuschlos wie möglich den engen Verschlag, der ihm in Simons Hause eingeräumt war. In der Küche musste sein Gebetbuch auf dem Sims liegen und er hoffte, es mit Hülfe des schwachen Mondlichts zu finden; es war nicht da. Er warf die Augen suchend umher und fuhr zusammen; in der Kammertür stand Simon, fast unbekleidet, seine dürre Gestalt, sein ungekämmtes, wirres Haar und die vom Mondschein verursachte Blässe des Gesichts gaben ihm ein schauerlich verändertes Ansehen. „Sollte er nachtwandeln?", dachte Friedrich, und verhielt sich ganz still. – „Friedrich, wohin?", flüsterte der Alte. – „Ohm, seid Ihr's? Ich will beichten gehen." – „Das dacht ich mir; geh in Gottes Namen, aber beichte wie ein guter Christ." – „Das will ich", sagte Friedrich. – „Denk an die zehn Gebote: Du sollst kein Zeugnis ablegen gegen deinen Nächsten." – „Kein falsches!" – „Nein, gar keines; du bist schlecht unterrichtet; wer einen andern in der Beichte anklagt, der empfängt das Sakrament unwürdig."

Beide schwiegen. – „Ohm, wie kommt Ihr darauf?", sagte Friedrich dann; „Euer Gewissen ist nicht rein; Ihr habt mich belogen." – „Ich? so?" – „Wo ist Eure Axt?" – „Meine Axt? Auf der Tenne." – „Habt Ihr einen neuen Stiel hineingemacht? Wo ist der alte?" – „Den kannst du heute bei Tag im Holzschuppen finden. Geh", fuhr er verächtlich fort, „ich dachte, du seist ein Mann; aber du bist ein altes Weib, das gleich meint, das Haus brennt, wenn ihr Feuertopf raucht. Sieh", fuhr er fort, „wenn ich mehr von der Geschichte weiß, als der Türpfosten da, so will ich ewig nicht selig werden. – Längst war ich zu Haus", fügte er hinzu. – Friedrich stand beklemmt und zweifelnd. Er hätte viel darum gegeben, seines Ohms Gesicht sehen zu können. Aber während sie flüsterten, hatte der Himmel sich bewölkt.

„Ich habe schwere Schuld", seufzte Friedrich, „dass ich ihn den unrechten Weg geschickt – obgleich – doch, dies hab ich nicht gedacht, nein, gewiss nicht. Ohm, ich habe Euch ein schweres Gewissen zu danken." – „So geh, beicht!", flüsterte Simon mit bebender Stimme; „verunehre das Sakrament durch Angeberei und setze armen Leuten einen Spion auf den Hals, der schon Wege finden wird, ihnen das Stückchen Brot aus den Zähnen zu reißen, wenn er gleich nicht reden darf – geh!" – Friedrich stand unschlüssig; er hörte ein leises Geräusch; die Wolken verzogen sich, das Mondlicht fiel wieder auf die Kammertür: sie war geschlossen. Friedrich ging an diesem Morgen nicht zur Beichte.

Der Eindruck, den dieser Vorfall auf Friedrich gemacht, erlosch leider nur zu bald. Wer zweifelt daran, dass Simon alles tat, seinen Adoptivsohn dieselben Wege zu leiten, die er selber ging? Und in Friedrich lagen Eigenschaften, die dies nur zu sehr erleichterten: Leichtsinn, Erregbarkeit, vor allem ein grenzenloser Hochmut, der nicht immer den Schein verschmähte, und dann alles daransetzte, durch Wahrmachung des Usurpierten möglicher Beschämung zu entgehen. Seine Natur war nicht unedel, aber er gewöhnte sich, die innere Schande der äußern vorzuziehen. Man darf nur sagen, er gewöhnte sich zu prunken, während seine Mutter darbte.

Diese unglückliche Wendung seines Charakters war indessen das Werk mehrerer Jahre, in denen man bemerkte, dass Margret immer stiller über ihren Sohn ward und allmählich in einen Zustand der Verkommenheit versank, den man früher bei ihr für unmöglich gehalten hätte. Sie wurde scheu, saumselig, sogar unordentlich, und manche meinten, ihr Kopf habe gelitten. Friedrich ward desto lauter; er versäumte keine Kirchweih oder Hochzeit, und da ein sehr empfindliches Ehrgefühl ihn die geheime Missbilligung mancher nicht übersehen ließ, war er gleichsam immer unter Waffen, der öffentlichen Meinung nicht sowohl Trotz zu bieten, als sie den Weg zu leiten, der ihm gefiel. Er war äußerlich ordentlich, nüchtern, anscheinend treuherzig, aber listig, prahlerisch und oft roh, ein Mensch, an dem niemand Freude haben konnte, am wenigsten seine Mutter, und der dennoch durch seine gefürchtete Kühnheit und noch mehr gefürchtete Tücke ein gewisses Übergewicht im Dorfe erlangt hatte, das umso mehr anerkannt wurde, je mehr man sich bewusst war, ihn nicht zu kennen und nicht berechnen zu können, wessen er am Ende fähig sei. Nur ein Bursch im Dorfe, Wilm Hülsmeyer, wagte im Bewusstsein seiner Kraft und guter Verhältnisse ihm die Spitze zu bieten; und da er gewandter in Worten war, als Friedrich, und immer, wenn der Stachel saß, einen Scherz daraus zu machen wusste, so war dies der Einzige, mit dem Friedrich ungern zusammentraf.

Vier Jahre waren verflossen; es war im Oktober; der Herbst von 1760, der alle Scheunen mit Korn und alle Keller mit Wein füllte, hatte seinen Reichtum auch über diesen Erdwinkel strömen lassen, und man sah mehr Betrunkene, hörte von mehr Schlägereien und dummen Streichen, als je. Überall gab's Lustbarkeiten; der blaue Montag kam in Aufnahme, und wer ein paar Taler erübrigt hatte, wollte gleich eine Frau dazu, die ihm heute essen und morgen hungern helfen könne. Da gab es im Dorfe eine tüchtige, solide Hochzeit, und die Gäste durften mehr erwarten, als eine verstimmte Geige, ein Glas Branntwein und was sie an guter Laune selber mitbrachten. Seit früh war alles auf den Beinen; vor jeder Tür wurden Kleider gelüftet, und B. glich den ganzen

Tag einer Trödelbude. Da viele Auswärtige erwartet wurden, wollte jeder gern die Ehre des Dorfes oben halten.

Es war sieben Uhr abends und alles in vollem Gange; Jubel und Gelächter an allen Enden, die niedern Stuben zum Ersticken angefüllt mit blauen, roten und gelben Gestalten, gleich Pfandställen, in denen eine zu große Herde eingepfercht ist. Auf der Tenne ward getanzt, das heißt, wer zwei Fuß Raum erobert hatte, drehte sich darauf immer rund um und suchte durch Jauchzen zu ersetzen, was an Bewegung fehlte. Das Orchester war glänzend, die erste Geige als anerkannte Künstlerin prädominierend, die zweite und eine große Bassviole mit drei Saiten von Dilettanten ad libitum gestrichen; Branntwein und Kaffee im Überfluss, alle Gäste von Schweiß triefend; kurz, es war ein köstliches Fest. Friedrich stolzierte umher wie ein Hahn, im neuen himmelblauen Rock, und machte sein Recht als erster Elegant geltend. Als auch die Gutsherrschaft anlangte, saß er gerade hinter der Bassgeige und strich die tiefste Saite mit großer Kraft und vielem Anstand.

„Johannes!", rief er gebieterisch, und heran trat sein Schützling von dem Tanzplatze, wo er auch seine ungelenken Beine zu schlenkern und eins zu jauchzen versucht hatte. Friedrich reichte ihm den Bogen, gab durch eine stolze Kopfbewegung seinen Willen zu erkennen und trat zu den Tanzenden. „Nun lustig, Musikanten: den Papen van Istrup!" – Der beliebte Tanz ward gespielt und Friedrich machte Sätze vor den Augen seiner Herrschaft, dass die Kühe an der Tenne die Hörner zurückzogen und Kettengeklirr und Gebrumm an ihren Ständern herlief. Fußhoch über die andern tauchte sein blonder Kopf auf und nieder, wie ein Hecht, der sich im Wasser überschlägt; an allen Enden schrieen Mädchen auf, denen er zum Zeichen der Huldigung mit einer raschen Kopfbewegung sein langes Flachshaar ins Gesicht schleuderte.

„Jetzt ist es gut!", sagte er endlich und trat schweißtriefend an den Kredenztisch; „die gnädigen Herrschaften sollen leben und alle die hochadeligen Prinzen und Prinzessinnen, und wer's nicht mittrinkt, den will ich an die Ohren schlagen, dass er die Engel singen hört!" – Ein lautes Vivat beantwortete den galanten Toast. – Friedrich machte seinen Bückling. – „Nichts für ungut, gnädige Herrschaften; wir sind nur ungelehrte Bauersleute!" In diesem Augenblick erhob sich ein Getümmel am Ende der Tenne, Geschrei, Schelten, Gelächter, alles durcheinander. „Butterdieb, Butterdieb!", riefen ein paar Kinder, und heran drängte sich, oder vielmehr ward geschoben, Johannes Niemand, den Kopf zwischen die Schultern ziehend und mit aller Macht nach dem Ausgange strebend. – „Was ist's? was habt ihr mit unserem Johannes?", rief Friedrich gebieterisch.

„Das sollt Ihr früh genug gewahr werden", keuchte ein altes Weib mit der Küchenschürze und einem Wischhader in der Hand. – Schande! Johannes, der arme Teufel, dem zu Hause das Schlechteste gut genug sein musste, hatte versucht, sich ein halbes Pfündchen Butter für die kommende Dürre zu sichern, und ohne daran zu denken, dass er es, sauber in sein Schnupftuch gewickelt, in der Tasche geborgen, war er ans Küchenfeuer getreten und nun rann das Fett schmählich die Rockschöße entlang. Allgemeiner Aufruhr; die Mädchen sprangen zurück, aus Furcht, sich zu beschmutzen, oder stießen den Delinquenten vorwärts. Andere machten Platz, sowohl aus Mitleid als Vorsicht. Aber Friedrich trat vor: „Lumpenhund!", rief er; ein paar derbe Maulschellen trafen den geduldigen Schützling; dann stieß er ihn an die Tür und gab ihm einen tüchtigen Fußtritt mit auf den Weg.

Er kehrte niedergeschlagen zurück; seine Würde war verletzt, das allgemeine Gelächter schnitt ihm durch die Seele, ob er sich gleich durch einen tapfern Juchheschrei wieder in den Gang zu bringen suchte – es wollte nicht mehr recht gehen. Er war im Begriff, sich wieder hinter die Bassviole zu flüchten; doch zuvor noch ein Knalleffekt: er zog seine silberne Taschenuhr hervor, zu jener Zeit ein seltener und kostbarer Schmuck. „Es ist bald zehn", sagte er. „Jetzt den Brautmenuett! Ich will Musik machen."

„Eine prächtige Uhr!", sagte der Schweinehirt und schob sein Gesicht in ehrfurchtsvoller Neugier vor. – „Was hat sie gekostet?", rief Wilm Hülsmeyer, Friedrichs Nebenbuhler. – „Willst du sie bezahlen?", fragte Friedrich. – „Hast *du* sie bezahlt?", antwortete Wilm. Friedrich warf einen stolzen Blick auf ihn und griff in schweigender Majestät zum Fidelbogen. – „Nun, nun", sagte Hülsmeyer, „dergleichen hat man schon erlebt. Du weißt wohl, der Franz Ebel hatte auch eine schöne Uhr, bis der Jude Aaron sie ihm wieder abnahm." Friedrich antwortete nicht, sondern winkte stolz der ersten Violine, und sie begannen aus Leibeskräften zu streichen.

Die Gutsherrschaft war indessen in die Kammer getreten, wo der Braut von den Nachbarfrauen das Zeichen ihres neuen Standes, die weiße Stirnbinde, umgelegt wurde. Das junge Blut weinte sehr, teils weil es die Sitte so wollte, teils aus wahrer Beklemmung. Sie sollte einem verworrenen Haushalt vorstehen, unter den Augen eines mürrischen alten Mannes, den sie noch obendrein lieben sollte. Er stand neben ihr, durchaus nicht wie der Bräutigam des Hohenliedes, der „in die Kammer tritt wie die Morgensonne". – „Du hast nun genug geweint", sagte er verdrießlich; „bedenk, du bist es nicht, die mich glücklich macht, ich mache dich glücklich!" – Sie sah demütig zu ihm auf und schien zu fühlen, dass er Recht habe. – Das Geschäft war beendigt; die junge Frau hatte ihrem Manne zugetrunken, junge Spaßvögel hatten durch den Dreifuß geschaut, ob die Binde gerade sitze, und man drängte sich wieder der Tenne zu, von wo unauslöschliches Gelächter und Lärm herüberschallte. Friedrich war nicht mehr dort. Eine große, unerträgliche Schmach hatte ihn getroffen, da der Jude Aaron, ein Schlächter und gelegentlicher Althändler aus dem nächsten Städtchen, plötzlich erschienen war, und nach einem kurzen, unbefriedigenden Zwiegespräch ihn laut vor allen Leuten um den Betrag von zehn Talern für eine schon um Ostern gelieferte Uhr gemahnt hatte. Friedrich war wie vernichtet fortgegangen und der Jude ihm gefolgt, immer schreiend: „O weh mir! warum hab ich nicht gehört auf vernünftige Leute! Haben sie mir nicht hundertmal gesagt, Ihr hättet all Eu'r Gut am Leibe und kein Brot im Schranke!" – Die Tenne tobte von Gelächter; manche hatten sich auf den Hof nachgedrängt. – „Packt den Juden!

wiegt ihn gegen ein Schwein!", riefen einige; andere waren ernst geworden. – „Der Friedrich sah so blass aus wie ein Tuch", sagte eine alte Frau, und die Menge teilte sich, wie der Wagen des Gutsherrn in den Hof lenkte.

Herr von S. war auf dem Heimwege verstimmt, die jedesmalige Folge, wenn der Wunsch, seine Popularität aufrechtzuerhalten, ihn bewog, solchen Festen beizuwohnen. Er sah schweigend aus dem Wagen. „Was sind denn das für ein paar Figuren?" – Er deutete auf zwei dunkle Gestalten, die vor dem Wagen rannten wie Strauße. Nun schlüpften sie ins Schloss. – „Auch ein paar selige Schweine aus unserm eigenen Stall!", seufzte Herr von S. Zu Hause angekommen, fand er die Hausflur vom ganzen Dienstpersonal eingenommen, das zwei Kleinknechte umstand, welche sich blass und atemlos auf der Stiege niedergelassen hatten. Sie behaupteten, von des alten Mergels Geist verfolgt worden zu sein, als sie durchs Brederholz heimkehrten. Zuerst hatte es über ihnen an der Höhe gerauscht und geknistert; darauf hoch in der Luft ein Geklapper wie von aneinander geschlagenen Stöcken; plötzlich ein gellender Schrei und ganz deutlich die Worte: „O weh, meine arme Seele!", hoch von oben herab. Der eine wollte auch glühende Augen durch die Zweige funkeln gesehen haben, und beide waren gelaufen, was ihre Beine vermochten.

„Dummes Zeug!", sagte der Gutsherr verdrießlich und trat in die Kammer, sich umzukleiden. Am andern Morgen wollte die Fontäne im Garten nicht springen, und es fand sich, dass jemand eine Röhre verrückt hatte, augenscheinlich um nach dem Kopfe eines vor vielen Jahren hier verscharrten Pferdegerippes zu suchen, der für ein bewährtes Mittel wider allen Hexen- und Geisterspuk gilt. „Hm", sagte der Gutsherr, „was die Schelme nicht stehlen, das verderben die Narren."

Drei Tage später tobte ein furchtbarer Sturm. Es war Mitternacht, aber alles im Schlosse außer dem Bett. Der Gutsherr stand am Fenster und sah besorgt ins Dunkle, nach seinen Feldern hinüber. An den Scheiben flogen Blätter und Zweige her; mitunter fuhr ein Ziegel hinab und schmetterte auf das Pflaster des Hofes. – „Furchtbares Wetter!", sagte Herr von S. Seine Frau sah ängstlich aus. „Ist das Feuer auch gewiss gut verwahrt?", sagte sie; „Gretchen, sieh noch einmal nach, gieß es lieber ganz aus! – Kommt, wir wollen das Evangelium Johannis beten." Alles kniete nieder und die Hausfrau begann: „Im Anfang war das Wort und das Wort war bei Gott und Gott war das Wort." Ein furchtbarer Donnerschlag. Alle fuhren zusammen; dann furchtbares Geschrei und Getümmel die Treppe heran. – „Um Gottes willen! brennt es?", rief Frau von S. und sank mit dem Gesichte auf den Stuhl. Die Türe ward aufgerissen und herein stürzte die Frau des Juden Aaron, bleich wie der Tod, das Haar wild um den Kopf, von Regen triefend. Sie warf sich vor dem Gutsherrn auf die Knie. „Gerechtigkeit!", rief sie, „Gerechtigkeit! mein Mann ist erschlagen!" und sank ohnmächtig zusammen.

Es war nur zu wahr, und die nachfolgende Untersuchung bewies, dass der Jude Aaron durch einen Schlag an die Schläfe mit einem stumpfen Instrumente, wahrscheinlich einem Stabe, sein Leben verloren hatte, durch einen einzigen Schlag. An der linken Schläfe war der blaue Fleck, sonst keine Verletzung zu finden. Die Aussagen der Jüdin und ihres Knechtes Samuel lauteten so: Aaron war vor drei Tagen am Nachmittage ausgegangen, um Vieh zu kaufen, und hatte dabei gesagt, er werde wohl über Nacht ausbleiben, da noch einige böse Schuldner in B. und S. zu mahnen seien. In diesem Falle werde er in B. beim Schlachter Salomon übernachten. Als er am folgenden Tage nicht heimkehrte, war seine Frau sehr besorgt geworden und hatte sich endlich heute um drei nachmittags in Begleitung ihres Knechtes und des großen Schlächterhundes auf den Weg gemacht. Beim Juden Salomon wusste man nichts von Aaron; er war gar nicht da gewesen. Nun waren sie zu allen Bauern gegangen, von denen sie wussten, dass Aaron einen Handel mit ihnen im Auge hatte. Nur zwei hatten ihn gesehen, und zwar an demselben Tage, an welchem er ausgegangen. Es war darüber sehr spät geworden. Die große Angst trieb das Weib nach Haus, wo sie ihren Mann wiederzufinden eine schwache Hoffnung nährte. So waren sie im Brederholz vom

Gewitter überfallen worden und hatten unter einer großen, am Berghange stehenden Buche Schutz gesucht; der Hund hatte unterdessen auf eine auffallende Weise umhergestöbert und sich endlich, trotz allem Locken, im Walde verlaufen. Mit einem Male sieht die Frau beim Leuchten des Blitzes etwas Weißes neben sich im Moose. Es ist der Stab ihres Mannes, und fast im selben Augenblicke bricht der Hund durchs Gebüsch und trägt etwas im Maule: es ist der Schuh ihres Mannes. Nicht lange, so ist in einem mit dürrem Laube gefüllten Graben der Leichnam des Juden gefunden. – Dies war die Angabe des Knechtes, von der Frau nur im Allgemeinen unterstützt; ihre übergroße Spannung hatte nachgelassen und sie schien jetzt halb verwirrt oder vielmehr stumpfsinnig. – „Aug um Auge, Zahn um Zahn!", dies waren die einzigen Worte, die sie zuweilen hervorstieß.

In derselben Nacht noch wurden die Schützen aufgeboten, um Friedrich zu verhaften. Der Anklage bedurfte es nicht, da Herr von S. selbst Zeuge eines Auftritts gewesen war, der den dringendsten Verdacht auf ihn werfen musste; zudem die Gespenstergeschichte von jenem Abende, das Aneinanderschlagen der Stäbe im Brederholz, der Schrei aus der Höhe. Da der Amtsschreiber gerade abwesend war, so betrieb Herr von S. selbst alles rascher, als sonst geschehen wäre. Dennoch begann die Dämmerung bereits anzubrechen, bevor die Schützen so geräuschlos wie möglich das Haus der armen Margret umstellt hatten. Der Gutsherr selber pochte an; es währte kaum eine Minute, bis geöffnet ward und Margret völlig gekleidet in der Türe erschien. Herr von S. fuhr zurück; er hatte sie fast nicht erkannt, so blass und steinern sah sie aus.

„Wo ist Friedrich?", fragte er mit unsicherer Stimme. – „Sucht ihn", antwortete sie und setzte sich auf einen Stuhl. Der Gutsherr zögerte noch einen Augenblick. „Herein, herein!", sagte er dann barsch; „worauf warten wir?" Man trat in Friedrichs Kammer. Er war nicht da, aber das Bett noch warm. Man stieg auf den Söller, in den Keller, stieß ins Stroh, schaute hinter jedes Fass, sogar in den Backofen; er war nicht da. Einige gingen in den Garten, sahen hinter den Zaun und in die Apfelbäume hinauf; er war

46

nicht zu finden. – „Entwischt!", sagte der Gutsherr mit sehr gemischten Gefühlen: der Anblick der alten Frau wirkte gewaltig auf ihn. „Gebt den Schlüssel zu jenem Koffer." – Margret antwortete nicht. – „Gebt den Schlüssel!", wiederholte der Gutsherr, und merkte jetzt erst, dass der Schlüssel steckte. Der Inhalt des Koffers kam zum Vorschein: des Entflohenen gute Sonntagskleider und seiner Mutter ärmlicher Staat; dann zwei Leichenhemden mit schwarzen Bändern, das eine für einen Mann, das andere für eine Frau gemacht. Herr von S. war tief erschüttert. Ganz zuunterst auf dem Boden des Koffers lag die silberne Uhr und einige Schriften von sehr leserlicher Hand, eine derselben von einem Manne unterzeichnet, den man in starkem Verdacht der Verbindung mit den Holzfrevlern hatte. Herr von S. nahm sie mit zur Durchsicht, und man verließ das Haus, ohne dass Margret ein anderes Lebenszeichen von sich gegeben hätte, als dass sie unaufhörlich die Lippen nagte und mit den Augen zwinkerte.

Im Schlosse angelangt, fand der Gutsherr den Amtsschreiber, der schon am vorigen Abend heimgekommen war und behauptete, die ganze Geschichte verschlafen zu haben, da der gnädige Herr nicht nach ihm geschickt. – „Sie kommen immer zu spät", sagte Herr von S. verdrießlich. „War denn nicht irgendein altes Weib im Dorfe, das Ihrer Magd die Sache erzählte? Und warum weckte man Sie dann nicht?" – „Gnädiger Herr", versetzte Kapp, „allerdings hat meine Anne Marie den Handel um eine Stunde früher erfahren als ich; aber sie wusste, dass Ihre Gnaden die Sache selbst leiteten, und dann", fügte er mit klagender Miene hinzu, „dass ich so todmüde war." – „Schöne Polizei!", murmelte der Gutsherr, „jede alte Schachtel im Dorf weiß Bescheid, wenn es recht geheim zugehen soll." Dann fuhr er heftig fort: „Das müsste wahrhaftig ein dummer Teufel von Delinquenten sein, der sich packen ließe!"

Beide schwiegen eine Weile. – „Mein Fuhrmann hatte sich in der Nacht verirrt", hob der Amtsschreiber wieder an; „über eine Stunde lang hielten wir im Walde; es war ein Mordwetter; ich dachte, der Wind werde den Wagen umreißen. Endlich, als der

Regen nachließ, fuhren wir in Gottes Namen darauf los, immer in das Zellerfeld hinein, ohne eine Hand vor den Augen zu sehen. Da sagte der Kutscher: ‚Wenn wir nur nicht den Steinbrüchen zu nahe kommen!‘ Mir war selbst bange; ich ließ halten und schlug Feuer, um wenigstens etwas Unterhaltung an meiner Pfeife zu haben. Mit einem Male hörten wir ganz nah, perpendikulär unter uns die Glocke schlagen. Ew. Gnaden mögen glauben, dass mir fatal zumut wurde. Ich sprang aus dem Wagen, denn seinen eigenen Beinen kann man trauen, aber denen der Pferde nicht. So stand ich, in Kot und Regen, ohne mich zu rühren, bis es gottlob sehr bald anfing zu dämmern. Und wo hielten wir? Dicht an der Heerser Tiefe und den Turm von Heerse gerade unter uns. Wären wir noch zwanzig Schritt' weiter gefahren, wir wären alle Kinder des Todes gewesen." – „Das war in der Tat kein Spaß", versetzte der Gutsherr, halb versöhnt.

Er hatte unterdessen die mitgenommenen Papiere durchgesehen. Es waren Mahnbriefe um geliehene Gelder, die meisten von Wucherern. – „Ich hätte nicht gedacht", murmelte er, „dass die Mergels so tief drin steckten." – „Ja, und dass es so an den Tag kommen muss", versetzte Kapp, „das wird kein kleiner Ärger für Frau Margret sein." – „Ach Gott, die denkt jetzt daran nicht!" – Mit diesen Worten stand der Gutsherr auf und verließ das Zimmer, um mit Herrn Kapp die gerichtliche Leichenschau vorzunehmen. – Die Untersuchung war kurz, gewaltsamer Tod erwiesen, der vermutliche Täter entflohen, die Anzeigen gegen ihn zwar gravierend, doch ohne persönliches Geständnis nicht beweisend, seine Flucht allerdings sehr verdächtig. So musste die gerichtliche Verhandlung ohne genügenden Erfolg geschlossen werden.

Die Juden der Umgegend hatten großen Anteil gezeigt. Das Haus der Witwe ward nie leer von Jammernden und Ratenden. Seit Menschengedenken waren nicht so viel Juden beisammen in L. gesehen worden. Durch den Mord ihres Glaubensgenossen aufs Äußerste erbittert, hatten sie weder Mühe noch Geld gespart, dem Täter auf die Spur zu kommen. Man weiß sogar, dass einer derselben, gemeinhin der Wucherjoel genannt, einem seiner Kunden, der ihm mehrere Hunderte schuldete und den er für einen besonders listigen Kerl hielt, Erlass der ganzen Summe angeboten hatte, falls er ihm zur Verhaftung des Mergel verhelfen wolle; denn der Glaube war allgemein unter den Juden, dass der Täter nur mit guter Beihülfe entwischt und wahrscheinlich noch in der Umgegend sei. Als dennoch alles nichts half und die gerichtliche Verhandlung für beendet erklärt worden war, erschien am nächsten Morgen eine Anzahl der angesehensten Israeliten im Schlosse, um dem gnädigen Herrn einen Handel anzutragen. Der Gegenstand war die Buche, unter der Aarons Stab gefunden und wo der Mord wahrscheinlich verübt worden war. – „Wollt ihr sie fällen? so mitten im vollen Laube?", fragte der Gutsherr. – „Nein, Ihro Gnaden, sie muss stehen bleiben im Winter und Sommer, solange ein Span daran ist." – „Aber wenn ich nun den Wald hauen lasse, so schadet es dem jungen Aufschlag." – „Wollen wir sie doch nicht um gewöhnlichen Preis." – Sie boten 200 Taler. Der Handel ward geschlossen und allen Förstern streng eingeschärft, die Judenbuche auf keine Weise zu schädigen. Darauf sah man an einem Abende wohl gegen sechzig Juden, ihren Rabbiner an der Spitze, in das Brederholz ziehen, alle schweigend und mit gesenkten Augen. Sie blieben über eine Stunde im Walde und kehrten dann ebenso ernst und feierlich zurück, durch das Dorf B. bis in das Zellerfeld, wo sie sich zerstreuten und jeder seines Weges ging. Am nächsten Morgen stand an der Buche mit dem Beil eingehauen:

אם תעבור במקום הזה יפגע בך כאשר אתה עשית לי

Und wo war Friedrich? Ohne Zweifel fort, weit genug, um die kurzen Arme einer so schwachen Polizei nicht mehr fürchten zu dürfen. Er war bald verschollen, vergessen. Ohm Simon redete selten von ihm, und dann schlecht; die Judenfrau tröstete sich am Ende und nahm einen andern Mann. Nur die arme Margret blieb ungetröstet.

Etwa ein halbes Jahr nachher las der Gutsherr einige eben erhaltene Briefe in Gegenwart des Amtsschreibers. – „Sonderbar,

sonderbar!", sagte er. „Denken Sie sich, Kapp, der Mergel ist vielleicht unschuldig an dem Morde. Soeben schreibt mir der Präsident des Gerichtes zu P.: ‚Le vrai n'est pas toujours vraisemblable; das erfahre ich oft in meinem Berufe und jetzt neuerdings. Wissen Sie wohl, dass Ihr lieber Getreuer, Friedrich Mergel, den Juden mag ebenso wenig erschlagen haben, als ich oder Sie? Leider fehlen die Beweise, aber die Wahrscheinlichkeit ist groß. Ein Mitglied der Schlemmingschen Bande (die wir jetzt, nebenbei gesagt, größtenteils unter Schloss und Riegel haben), Lumpenmoises genannt, hat im letzten Verhöre ausgesagt, dass ihn nichts so sehr gereue, als der Mord eines Glaubensgenossen, Aaron, den er im Walde erschlagen und doch nur sechs Groschen bei ihm gefunden habe. Leider ward das Verhör durch die Mittagsstunde unterbrochen, und während wir tafelten, hat sich der Hund, von einem Juden an seinem Strumpfband erhängt. Was sagen Sie dazu? Aaron ist zwar ein verbreiteter Name usw.' – Was sagen Sie dazu?", wiederholte der Gutsherr; „und weshalb wäre der Esel von einem Burschen denn gelaufen?" – Der Amtsschreiber dachte nach. – „Nun, vielleicht der Holzfrevel wegen, mit denen wir ja gerade in Untersuchung waren. Heißt es nicht: der Böse läuft vor seinem eigenen Schatten? Mergels Gewissen war schmutzig genug auch ohne diesen Flecken."

Dabei beruhigte man sich. Friedrich war hin, verschwunden und – Johannes Niemand, der arme, unbeachtete Johannes, am gleichen Tage mit ihm.

Eine schöne, lange Zeit war verflossen, achtundzwanzig Jahre, fast die Hälfte eines Menschenlebens; der Gutsherr war sehr alt und grau geworden, sein gutmütiger Gehülfe Kapp längst begraben. Menschen, Tiere und Pflanzen waren entstanden, gereift, vergangen, nur Schloss B. sah immer gleich grau und vornehm auf die Hütten herab, die wie alte hektische Leute immer fallen zu wollen schienen und immer standen. Es war am Vorabende des Weihnachtsfestes, den 24. Dezember 1788. Tiefer Schnee lag in den Hohlwegen, wohl an zwölf Fuß hoch, und eine durchdringende Frostluft machte die Fensterscheiben in der geheizten Stube gefrieren. Mitternacht war nahe, dennoch flimmerten überall matte Lichtchen aus den Schneehügeln, und in jedem Hause lagen die Einwohner auf den Knien, um den Eintritt des heiligen Christfestes mit Gebet zu erwarten, wie dies in katholischen Ländern Sitte ist, oder wenigstens damals allgemein war. Da bewegte sich von der Breder Höhe herab eine Gestalt langsam gegen das Dorf; der Wanderer schien sehr matt oder krank; er stöhnte schwer und schleppte sich äußerst mühsam durch den Schnee.

An der Mitte des Hanges stand er still, lehnte sich auf seinen Krückenstab und starrte unverwandt auf die Lichtpunkte. Es war so still überall, so tot und kalt; man musste an Irrlichter auf Kirchhöfen denken. Nun schlug es zwölf im Turm; der letzte Schlag verdröhnte langsam und im nächsten Hause erhob sich ein leiser Gesang, der, von Hause zu Hause schwellend, sich über das ganze Dorf zog:

Ein Kindelein so löbelich
Ist uns geboren heute,
Von einer Jungfrau säuberlich,
Des freun sich alle Leute;
Und wär das Kindelein nicht geborn,
So wären wir alle zusammen verlorn:
Das Heil ist unser aller.
O du mein liebster Jesu Christ,
Der du als Mensch geboren bist,
Erlös uns von der Hölle!

Der Mann am Hange war in die Knie gesunken und versuchte mit zitternder Stimme einzufallen; es ward nur ein lautes Schluchzen daraus, und schwere, heiße Tropfen fielen in den Schnee. Die zweite Strophe begann; er betete leise mit; dann die dritte und vierte. Das Lied war geendigt und die Lichter in den Häusern begannen sich zu bewegen. Da richtete der Mann sich mühselig auf und schlich langsam hinab in das Dorf. An mehreren Häusern keuchte er vorüber, dann stand er vor einem still und pochte leise an.

„Was ist denn das?", sagte drinnen eine Frauenstimme; „die Türe klappert, und der Wind geht doch nicht." – Er pochte stärker: „Um Gottes willen, lasst einen halbverfrorenen Menschen ein, der aus der türkischen Sklaverei kommt!" – Geflüster in der Küche. „Geht ins Wirtshaus", antwortete eine andere Stimme, „das fünfte Haus von hier!" – „Um Gottes Barmherzigkeit willen, lasst mich ein! Ich habe kein Geld." – Nach einigem Zögern ward die Tür geöffnet und ein Mann leuchtete mit der Lampe hinaus. – „Kommt nur herein!", sagte er dann, „Ihr werdet uns den Hals nicht abschneiden."

In der Küche befanden sich außer dem Manne eine Frau in den mittlern Jahren, eine alte Mutter und fünf Kinder. Alle drängten sich um den Eintretenden her und musterten ihn mit scheuer Neugier. Eine armselige Figur! mit schiefem Halse, gekrümmtem Rücken, die ganze Gestalt gebrochen und kraftlos; langes, schneeweißes Haar hing um sein Gesicht, das den verzogenen Ausdruck langen Leidens trug. Die Frau ging schweigend an den Herd und legte frisches Reisig zu. – „Ein Bett können wir Euch nicht geben", sagte sie; „aber ich will hier eine gute Streu machen; Ihr müsst Euch schon so behelfen." – „Gott's Lohn!", versetzte der Fremde; „ich bin's wohl schlechter gewohnt." – Der Heimgekehrte ward als Johannes Niemand erkannt, und er selbst bestätigte, dass er derselbe sei, der einst mit Friedrich Mergel entflohen.

Das Dorf war am folgenden Tage voll von den Abenteuern des so lange Verschollenen. Jeder wollte den Mann aus der Türkei sehen, und man wunderte sich beinahe, dass er noch aussehe wie andere Menschen. Das junge Volk hatte zwar keine Erinnerungen von ihm, aber die Alten fanden seine Züge noch ganz wohl heraus, so erbärmlich entstellt er auch war. „Johannes, Johannes, was seid Ihr grau geworden!", sagte eine alte Frau. „Und woher habt Ihr den schiefen Hals?" – „Vom Holz- und Wassertragen in der Sklaverei", versetzte er. – „Und was ist aus Mergel geworden?

Ihr seid doch zusammen fortgelaufen?" – „Freilich wohl; aber ich weiß nicht, wo er ist, wir sind voneinander gekommen. Wenn Ihr an ihn denkt, betet für ihn", fügte er hinzu, „er wird es wohl nötig haben."

Man fragte ihn, warum Friedrich sich denn aus dem Staube gemacht, da er den Juden doch nicht erschlagen. – „Nicht?", sagte Johannes und horchte gespannt auf, als man ihm erzählte, was der Gutsherr geflissentlich verbreitet hatte, um den Fleck von Mergels Namen zu löschen. „Also ganz umsonst", sagte er nachdenkend, „ganz umsonst so viel ausgestanden!" Er seufzte tief und fragte nun seinerseits nach manchem. Simon war lange tot, aber zuvor noch ganz verarmt, durch Prozesse und böse Schuldner, die er nicht gerichtlich belangen durfte, weil es, wie man sagte, zwischen ihnen keine reine Sache war. Er hatte zuletzt Bettelbrot gegessen und war in einem fremden Schuppen auf dem Stroh gestorben. Margret hatte länger gelebt, aber in völliger Geistesdumpfheit. Die Leute im Dorf waren es bald müde geworden, ihr beizustehen, da sie alles verkommen ließ, was man ihr gab, wie es denn die Art der Menschen ist, gerade die Hülflosesten zu verlassen, solche, bei denen der Beistand nicht nachhaltig wirkt und die der Hülfe immer gleich bedürftig bleiben. Dennoch hatte sie nicht eigentlich Not gelitten; die Gutsherrschaft sorgte sehr für sie, schickte ihr täglich das Essen und ließ ihr auch ärztliche Behandlung zukommen, als ihr kümmerlicher Zustand in völlige Abzehrung übergegangen war. In ihrem Hause wohnte jetzt der Sohn des ehemaligen Schweinehirten, der an jenem unglücklichen Abende Friedrichs Uhr so sehr bewundert hatte. – „Alles hin, alles tot!", seufzte Johannes.

Am Abend, als es dunkel geworden war und der Mond schien, sah man ihn im Schnee auf dem Kirchhofe umherhumpeln; er betete bei keinen Grabe, ging auch an keines dicht hinan, aber auf einige schien er aus der Ferne starre Blicke zu heften. So fand ihn der Förster Brandis, der Sohn des Erschlagenen, den die Gutsherrschaft abgeschickt hatte, ihn ins Schloss zu holen.

Beim Eintritt in das Wohnzimmer sah er scheu umher, wie

vom Licht geblendet, und dann auf den Baron, der sehr zusammengefallen in seinem Lehnstuhl saß, aber noch immer mit den hellen Augen und dem roten Käppchen auf dem Kopfe wie vor achtundzwanzig Jahren; neben ihm die gnädige Frau, auch alt, sehr alt geworden.

„Nun, Johannes", sagte der Gutsherr, „erzähl mir einmal recht ordentlich von deinen Abenteuern. Aber", er musterte ihn durch die Brille, „du bist ja erbärmlich mitgenommen in der Türkei!" – Johannes begann: wie Mergel ihn nachts von der Herde abgerufen und gesagt, er müsse mit ihm fort. – „Aber warum lief der dumme Junge denn? du weißt doch, dass er unschuldig war?" – Johannes sah vor sich nieder: „Ich weiß nicht recht, mich dünkt, es war wegen Holzgeschichten. Simon hatte so allerlei Geschäfte; mir sagte man nichts davon, aber ich glaube nicht, dass alles war, wie es sein sollte." – „Was hat denn Friedrich dir gesagt?" – „Nichts, als dass wir laufen müssten, sie wären hinter uns her. So liefen wir bis Heerse; da war es noch dunkel, und wir versteckten uns hinter das große Kreuz am Kirchhofe, bis es etwas heller würde, weil wir uns vor den Steinbrüchen am Zellerfelde fürchteten; und wie wir eine Weile gesessen hatten, hörten wir mit einem Male über uns schnauben und stampfen und sahen lange Feuerstrahlen in der Luft gerade über dem Heerser Kirchturm. Wir sprangen auf und liefen, was wir konnten, in Gottes Namen geradeaus, und wie es dämmerte, waren wir wirklich auf dem rechten Wege nach P."

Johannes schien noch vor der Erinnerung zu schaudern, und der Gutsherr dachte an seinen seligen Kapp und dessen Abenteuer am Heerser Hange. – „Sonderbar!", lachte er, „so nah wart ihr einander! Aber fahr fort." – Johannes erzählte nun, wie sie glücklich durch P. und über die Grenze gekommen. Von da an hatten sie sich als wandernde Handwerksbursche durchgebettelt bis Freiburg im Breisgau. „Ich hatte meinen Brotsack bei mir", sagte er, „und Friedrich ein Bündelchen; so glaubte man uns." – In Freiburg hatten sie sich von den Österreichern anwerben lassen: ihn hatte man nicht gewollt, aber Friedrich bestand darauf.

So kam er unter den Train. „Den Winter über blieben wir in Freiburg", fuhr er fort, „und es ging uns ziemlich gut; mir auch, weil Friedrich mich oft erinnerte und mir half, wenn ich etwas verkehrt machte. Im Frühling mussten wir marschieren, nach Ungarn, und im Herbst ging der Krieg mit den Türken los. Ich kann nicht viel davon nachsagen, denn ich wurde gleich in der ersten Affäre gefangen und bin seitdem sechsundzwanzig Jahre in der türkischen Sklaverei gewesen!" – „Gott im Himmel! das ist doch schrecklich!", sagte Frau von S. – „Schlimm genug; die Türken halten uns Christen nicht besser als Hunde; das Schlimmste war, dass meine Kräfte unter der harten Arbeit vergingen; ich ward auch älter und sollte noch immer tun wie vor Jahren."

Er schwieg eine Weile. „Ja", sagte er dann, „es ging über Menschenkräfte und Menschengeduld; ich hielt es auch nicht aus. – Von da kam ich auf ein holländisches Schiff." – „Wie kamst du denn dahin?", fragte der Gutsherr. – „Sie fischten mich auf, aus dem Bosporus", versetzte Johannes. Der Baron sah ihn befremdet an und hob den Finger warnend auf; aber Johannes erzählte weiter. Auf dem Schiffe war es ihm nicht viel besser gegangen. „Der Skorbut riss ein; wer nicht ganz elend war, musste über Macht arbeiten, und das Schiffstau regierte ebenso streng wie die türkische Peitsche. Endlich", schloss er, „als wir nach Holland kamen, nach Amsterdam, ließ man mich frei, weil ich unbrauchbar war, und der Kaufmann, dem das Schiff gehörte, hatte auch Mitleiden mit mir und wollte mich zu seinem Pförtner machen. Aber" – er schüttelte den Kopf – „ich bettelte mich lieber durch bis hierher." – „Das war dumm genug", sagte der Gutsherr. – Johannes seufzte tief: „O Herr, ich habe mein Leben zwischen Türken und Ketzern zubringen müssen, soll ich nicht wenigstens auf einem katholischen Kirchhofe liegen?" Der Gutsherr hatte seine Börse gezogen; „Da, Johannes, nun geh und komm bald wieder. Du musst mir das alles noch ausführlicher erzählen; heute ging es etwas konfus durcheinander. Du bist wohl noch sehr müde?" – „Sehr müde", versetzte Johannes; „und", er deutete auf seine Stirn, „meine Gedanken sind zuweilen so kurios, ich kann nicht recht sagen, wie es so ist." – „Ich weiß schon", sagte der Baron, „von alter Zeit her. Jetzt geh. Hülsmeyers behalten dich wohl noch die Nacht über, morgen komm wieder."

Herr von S. hatte das innigste Mitleiden mit dem armen Schelm; bis zum folgenden Tage war überlegt worden, wo man ihn einmieten könne; essen sollte er täglich im Schlosse, und für Kleidung fand sich auch wohl Rat. „Herr", sagte Johannes, „ich kann auch noch wohl etwas tun; ich kann hölzerne Löffel machen, und Ihr könnt mich auch als Boten schicken." Herr von S. schüttelte mitleidig den Kopf: „Das würde doch nicht sonderlich ausfallen." – „O doch Herr, wenn ich erst im Gange bin – es geht nicht schnell, aber hin komme ich doch, und es wird mir auch nicht so sauer, wie man denken sollte." – „Nun", sagte der Baron zweifelnd, „willst du's versuchen? Hier ist ein Brief nach P. Es hat keine sonderliche Eile."

Am folgenden Tage bezog Johannes sein Kämmerchen bei einer Witwe im Dorfe. Er schnitzelte Löffel, aß auf dem Schlosse und machte Botengänge für den gnädigen Herrn. Im Ganzen ging's ihm leidlich; die Herrschaft war sehr gütig, und Herr von S. unterhielt sich oft lange mit ihm über die Türkei, den österreichischen Dienst und die See. – „Der Johannes könnte viel erzählen", sagte er zu seiner Frau, „wenn er nicht so grundeinfältig wäre." – „Mehr tiefsinnig als einfältig", versetzte sie; „ich fürchte immer, er schnappt noch über." – „Ei bewahre!", antwortete der Baron, „er war sein Leben lang ein Simpel; simple Leute werden nie verrückt."

Nach einiger Zeit blieb Johannes auf einem Botengange über Gebühr lange aus. Die gute Frau von S. war sehr besorgt um ihn und wollte schon Leute aussenden, als man ihn die Treppe heraufstelzen hörte. – „Du bist lange ausgeblieben, Johannes", sagte sie; „ich dachte schon, du hättest dich im Brederholz verirrt." – „Ich bin durch den Föhrengrund gegangen." – „Das ist ja ein weiter Umweg; warum gingst du nicht durchs Brederholz?" – Er sah trübe zu ihr auf: „Die Leute sagten mir, der Wald sei gefällt, und jetzt seien so viele Kreuz- und Querwege darin, da fürchtete ich, nicht wieder hinauszukommen. Ich werde alt und duselig", fügte er langsam hinzu. – „Sahst du wohl", sagte Frau von S. nachher zu ihrem Manne, „wie wunderlich und quer er aus den Augen sah? Ich sage dir, Ernst, das nimmt noch ein schlimmes Ende."

Indessen nahte der September heran. Die Felder waren leer, das Laub begann abzufallen und mancher Hektische fühlte die Schere an seinem Lebensfaden. Auch Johannes schien unter dem Einflusse des nahen Aquinoktiums zu leiden; die ihn in diesen Tagen sahen, sagen, er habe auffallend verstört ausgesehen und unaufhörlich leise mit sich selber geredet, was er auch sonst mitunter tat, aber selten. Endlich kam er eines Abends nicht nach Hause. Man dachte, die Herrschaft habe ihn verschickt, am zweiten auch nicht, am dritten Tage ward seine Hausfrau ängstlich. Sie ging ins Schloss und fragte nach. – „Gott bewahre", sagte der Hausherr, „ich weiß nichts von ihm; aber geschwind den Jäger gerufen und Försters Wilhelm! Wenn der armselige Krüppel", setzte er bewegt hinzu, „auch nur in einen trockenen Graben gefallen ist, so kann er nicht wieder heraus. Wer weiß, ob er nicht gar eines von seinen schiefen Beinen gebrochen hat! – Nehmt die Hunde mit", rief er den abziehenden Jägern nach, „und sucht vor allem in den Gräben; seht in die Steinbrüche!", rief er lauter.

Die Jäger kehrten nach einigen Stunden heim; sie hatten keine Spur gefunden. Herr von S. war in großer Unruhe: „Wenn ich mir denke, dass einer so liegen muss wie ein Stein, und kann sich nicht helfen! Aber er kann noch leben; drei Tage hälts ein Mensch wohl ohne Nahrung aus." – Er machte sich selbst auf den Weg; in allen Häusern wurde nachgefragt, überall in die Hörner geblasen, gerufen, die Hunde zum Suchen angehetzt – umsonst! – Ein Kind hatte ihn gesehen, wie er am Rande des Brederholzes saß und an einem Löffel schnitzelte; „er schnitt ihn aber ganz entzwei", sagte das kleine Mädchen. Das war vor zwei Tagen gewesen. Nachmittags fand sich wieder eine Spur: abermals ein Kind, das ihn an der andern Seite des Waldes bemerkt hatte, wo er im Gebüsch gesessen, das Gesicht auf den Knien, als ob er schliefe. Das war noch am vorigen Tage. Es schien, er hatte sich immer um das Brederholz herumgetrieben.

„Wenn nur das verdammte Buschwerk nicht so dicht wäre! da kann keine Seele hindurch", sagte der Gutsherr. Man trieb die Hunde in den jungen Schlag; man blies und hallote und kehrte endlich missvergnügt heim, als man sich überzeugt, dass die Tiere den ganzen Wald abgesucht hatten. – „Lasst nicht nach! lasst nicht nach!", bat Frau von S.; „besser ein paar Schritte umsonst, als dass etwas versäumt wird." – Der Baron war fast ebenso beängstigt wie sie. Seine Unruhe trieb ihn sogar nach Johannes' Wohnung, obwohl er sicher war, ihn dort nicht zu finden. Er ließ sich die Kammer des Verschollenen aufschließen. Da stand sein Bett noch ungemacht, wie er es verlassen hatte; dort hing sein guter Rock, den ihm die gnädige Frau aus dem alten Jagdkleide des Herrn hatte machen lassen; auf dem Tische ein Napf, sechs neue hölzerne Löffel und eine Schachtel. Der Gutsherr öffnete sie; fünf Groschen lagen darin, sauber in Papier gewickelt, und vier silberne Westenknöpfe; der Gutsherr betrachtete sie aufmerksam. „Ein Andenken von Mergel", murmelte er und trat hinaus, denn ihm ward ganz beengt in dem dumpfen, engen Kämmerchen. Die Nachsuchungen wurden fortgesetzt, bis man sich überzeugt hatte, Johannes sei nicht mehr in der Gegend, wenigstens nicht lebendig. So war er denn zum zweiten Mal verschwunden; ob man ihn wiederfinden würde – vielleicht einmal nach Jahren seine Knochen in einem trockenen Graben? ihn lebend wieder zu sehen, dazu war wenig Hoffnung, und jedenfalls nach achtundzwanzig Jahren gewiss nicht.

Vierzehn Tage später kehrte der junge Brandis morgens von einer Besichtigung seines Reviers durch das Brederholz heim. Es war ein für die Jahreszeit ungewöhnlich heißer Tag; die Luft zitterte, kein Vogel sang, nur die Raben krächzten langweilig aus den Ästen und hielten ihre offenen Schnäbel der Luft entgegen. Brandis war sehr ermüdet. Bald nahm er seine von der Sonne durchglühte Kappe ab, bald setzte er sie wieder auf. Es war alles gleich unerträglich, das Arbeiten durch den kniehohen Schlag sehr be-

58

schwerlich. Rings umher kein Baum außer der Judenbuche. Dahin strebte er denn auch aus allen Kräften und ließ sich todmatt auf das beschattete Moos darunter nieder. Die Kühle zog so angenehm durch seine Glieder, dass er die Augen schloss. „Schändliche Pilze!", murmelte er halb im Schlaf. Es gibt nämlich in jener Gegend eine Art sehr saftiger Pilze, die nur ein paar Tage stehen, dann einfallen und einen unerträglichen Geruch verbreiten. Brandis glaubte solche unangenehmen Nachbarn zu spüren, er wandte sich ein paarmal hin und her, mochte aber doch nicht aufstehen; sein Hund sprang unterdessen umher, kratzte am Stamm der Buche und bellte hinauf. – „Was hast du da, Bello? Eine Katze?", murmelte Brandis. Er öffnete die Wimper halb und die Judenschrift fiel ihm ins Auge, sehr ausgewachsen, aber doch noch ganz kenntlich. Er schloss die Augen wieder; der Hund fuhr fort zu bellen und legte endlich seinem Herrn die kalte Schnauze ans Gesicht. – „Lass mich in Ruh! was hast du denn?" Hiebei sah Brandis, wie er so auf dem Rücken lag, in die Höhe, sprang dann mit einem Satze auf und wie besessen ins Gesträpp hinein. Totenbleich kam er auf dem Schlosse an: in der Judenbuche hänge ein Mensch; er habe die Beine gerade über seinem Gesichte hängen sehen. – „Und du hast ihn nicht abgeschnitten, Esel?", rief der Baron. – „Herr", keuchte Brandis, „wenn Ew. Gnaden da gewesen wären, so wüssten Sie wohl, dass der Mensch nicht mehr lebt. Ich glaubte anfangs, es seien die Pilze." Dennoch trieb der Gutsherr zur größten Eile und zog selbst mit hinaus.

Sie waren unter der Buche angelangt. „Ich sehe nichts", sagte Herr von S. – „Hierher müssen Sie treten, hierher, an diese Stelle!" – Wirklich, dem war so: der Gutsherr erkannte seine eigenen abgetragenen Schuhe. – „Gott, es ist Johannes! – Setzt die Leiter an! – So – nun herunter! – Sacht, sacht! lasst ihn nicht fallen! – Lieber Himmel, die Würmer sind schon daran! Macht dennoch die Schlinge auf und die Halsbinde." – Eine breite Narbe ward sichtbar; der Gutsherr fuhr zurück. – „Mein Gott!", sagte er; er beugte sich wieder über die Leiche, betrachtete die Narbe mit großer Aufmerksamkeit und schwieg eine Weile in tiefer Erschütterung. Dann wandte er sich zu den Förstern: „Es ist nicht recht, dass der Unschuldige für den Schuldigen leide; sagt es nur allen Leuten: der da" – er deutete auf den Toten – „war Friedrich Mergel." – Die Leiche ward auf dem Schindanger verscharrt.

Dies hat sich nach allen Hauptumständen wirklich so begeben im September des Jahrs 1788[*]. – Die hebräische Schrift an dem Baume heißt:

„Wenn du dich diesem Ort nahest, so wird es dir ergehen, wie du mir getan hast."

[*] Hier liegt eine chronologische Inkonsequenz im Erstdruck vor. Wenn die Person nach den Ereignissen aus dem Oktober 1760 und der darauf folgenden Flucht nach 28 Jahren im Dezember 1788 zurückkommt, kann sie sich nicht im September desselben Jahres erhängen. Um einer korrekten Chronologie Rechnung zu tragen, müsste es an dieser Stelle „1789" heißen. Würde man die zuvor genannte Zeitangabe in „Dezember 1787" ändern, wäre der im Text drei Mal genannte Zeitraum einer Frist von 28 Jahren, die seit der Flucht vergangen waren, nicht mehr zutreffend. Ob lediglich ein Irrtum Drostes vorliegt oder die gestörte Chronologie im Sinne der planmäßigen Verunsicherung der Leser mittels verschiedener Verrätselungsstrategien der Autorin bedeutungstragend ist, wurde in der Forschung kontrovers diskutiert. Da keine eindeutige Klärung erzielt werden kann, wird hier auf eine Korrektur verzichtet.

1   *Da bewegte sich von der Breder Höhe herab*
    eine Gestalt langsam gegen das Dorf;
    der Wanderer schien sehr matt oder krank ...

Sabine Ernst
Santa Maria

Ein gelb-braunes Gleißen zieht über den Himmel, als er die Autobahn verlässt.

Doch bevor er die Sonnenbrille vom Rückspiegel nehmen kann, hüllt sich der Horizont wieder in regenschweres Grau. Der Druck zwischen seinen Schulterblättern ist im Lauf der letzten Stunde fast unerträglich geworden. Vollkommen auf den Schmerz fixiert, bemerkt er erst im allerletzten Moment, dass die Ampel an der Kreuzung zur Schnellstraße Rot zeigt. Ein harter Tritt auf die Bremse bringt den Wagen zum Stehen, hinter ihm ertönt empörtes Hupen. Er lässt sich gegen die Rückenlehne fallen und atmet tief aus. Noch vier Kilometer, dann hat er es geschafft. Dann ist er endlich zu Hause. In Brederholz, seinem Geburtsort.

Vor 28 Jahren hat er ihn verlassen. Hat geglaubt, es wäre für immer. Wie eine Ewigkeit kommt es ihm vor, bis die Ampel auf Grün springt.

Was sie damals von ihrem Leben in Brederholz mitgenommen hatten, hatte in zwei Koffer gepasst. In den großen aus braunem Kunstleder, um den ein alter Gürtel geschlungen war, weil ein Schnappschloss nicht mehr fasste, und in einen karierten Stoffkoffer mit Reißverschluss. Damals war er dreizehn gewesen, schon zu alt, um seinen Spielsachen nachzutrauern. Aber sein Fahrrad hatte er abgeschlossen in den Gartenschuppen gestellt. Fast neu war es gewesen. Als die Mutter die Haustür des Fachwerkkottens verriegelt hatte, hatte er nach ihrer Hand gegriffen und in Richtung Obstgarten gedeutet.

Bitte ... können wir nicht ... ist doch bald Weihnachten.

Anstelle einer Antwort hatte die Mutter das Schlüsselbund in den Briefkasten geworfen. Noch heute erinnert er sich an den metallischen Aufschlag der Schlüssel im Kasten und an das klare Winterlicht. Immer noch sieht er die Atemwolken vor ihren Mündern, spürt den eisigen Griff des Dezembermorgens. Als sie mit ihren zwei Koffern die verschneite Dorfstraße hinuntergegangen waren. Fest entschlossen, alles hinter sich zu lassen. Das Fahrrad, das Haus, die Erinnerungen und auch das Grab auf dem Dorffriedhof.

Hier ruht in Gott
Hermann Mergel
1942–1981

Fast ein Jahr lang hatte Margret Mergel das Grab ihres Mannes gepflegt. Hatte Unkraut gezupft, Stiefmütterchen und Eisbegonien gepflanzt und im Herbst das Immergrün mit Tannen abgedeckt. Aber sie hatte sich geweigert, das ewige Licht anzuzünden.

Niemand wollte ihre Schreie gehört haben. Keine Hand hatte mehr die Vorhänge zur Seite geschoben, wenn am späten Freitagabend ein Martinshorn die Nachtruhe des Dorfes gestört hatte. Man hatte gewusst, wohin der Rettungswagen fuhr und wer ihn gerufen hatte. Ein blasser Junge, der mit geschlossenen Augen auf seinem Bett kauernd darauf wartete, dass das betrunkene Grölen, die wimmernden Laute und die Geräusche zerbrechenden Geschirrs und splitternder Möbel endlich verstummten.

Ein böses Ende hat es genommen, hatte man später hinter vorgehaltener Hand geflüstert. *Ein bitterböses Ende! Jämmerlich verreckt ist der Hermann. Erfroren, in seinem eigenen Obstgarten. Sternhagelvoll soll er aus der Kneipe gekommen sein am Abend vor Dreikönig. Der Fritz hat ihn morgens unter dem alten Birnbaum entdeckt. Ach Gott ja, die Margret, die findet schon wieder einen Mann. Aber ihr armer Junge! Der wird doch den Anblick sein Lebtag nicht mehr los.*

Die Straße beschreibt einen weiten Bogen. Rechts ragen die Eichen des Roderholzes in den bleifarbenen Himmel. Irgendwo dahinter liegt der Zellerkolk. Durch die feuchten Stämme schieben sich Nebelfetzen, zu Schwaden geballt schweben sie über die Fahrbahn. Er schaltet die Scheinwerfer ein. Zwei Jahre älter als sein Vater damals ist er jetzt. Der Mann, an den er die Erinnerung verweigert und der beinahe jede Nacht durch seine Träume geistert. Vor vier Tagen, kurz bevor er Dubai verlassen hat, hat er wieder von ihm geträumt. Das froststarre Gesicht gesehen, die Kristalle auf Haaren, Brauen und Wimpern, die geschlossenen Lider ... Er ist ganz sicher, dass sich die Lider irgendwann öffnen und kalte Augen ihn anstarren werden. Aber bis jetzt kommt immer vorher der Moment, für den er fast dankbar ist. Der erlösende Augenblick, wenn ihn sein rasendes Herz aus dem Traum befreit.

Noch einen halben Kilometer bis zum Parkplatz Telgengrund. Hier ganz in der Nähe ist es passiert. Sein Puls jagt, kalter Schweiß bedeckt Stirn und Schläfen. Er fühlt sich schwach, wie kurz vor einer Ohnmacht, schert auf die Abbiegespur ein. Ein verklinkertes Toilettenhäuschen, Metallmülleimer neben den Parkbuchten, Container-LKW.

Er hält an. Der Heckenrosenbusch vor ihm trägt purpurne Früchte. Die Windschutzscheibe beschlägt von seinen Atemstößen. Er dreht den Zündschlüssel um und steigt aus. Über die Fahrertür gebeugt atmet er so lange die regenfeuchte Luft ein und aus, bis sein Herz wieder ruhig schlägt. Er geht um den Wagen herum, holt die Jacke mit dem Lammfellfutter aus dem Kofferraum, zieht sie an, schlägt den Kragen hoch. Der Herbst ist ihm so fremd. In seiner Erinnerung ist in Deutschland entweder Sommer oder Winter. Er lebt schon so lange im Ausland. In Ländern, in denen es kaum unterschiedliche Jahreszeiten gibt. Er zieht die Jacke enger um den Körper, steckt die Hände in die Taschen und geht langsam zurück in Richtung Einfahrt. Seine Schritte werden schneller, irgendwann beginnt er zu rennen. Außer Atem erreicht er den Randstreifen mit dem vom Regen flachgedrückten Unkraut. Ein blauer Kleintransporter rast hupend und Wasserfontänen aufwirbelnd an ihm vorbei. Er starrt den Rücklichtern des Wagens nach, bis sie hinter einer Kurve verschwinden. Dann wendet er sich von der Straße ab und folgt den Reifenfurchen im Gras. Sie enden an einer Buche, deren Äste bis zur Erde herabhängen. Zwischen den ineinander verflochtenen Zweigen klafft eine Bresche. Sofort entdeckt er die frische Wunde in der Rinde.

Von der Straße abgekommen. Keine Bremsspuren. Technisches Versagen möglicherweise. Vielleicht auch ein Herzinfarkt.

Er geht näher heran. Endlose Sekunden verstreichen, bis er sich gefasst hat, sich hinknien und seine Hand auf die rissige Borke legen kann.

„Warum hier?", flüstert er. „Warum ausgerechnet hier, Hannes?"

„Warum nicht?", antwortet eine leise Stimme. „Kennst du einen besseren Ort, um zu sterben?"

Santa Maria, so nannte Hannes ihren Geheimplatz unter der großen Buche. In den letzten Kriegswochen hatten SS-Männer dort Standgerichte abgehalten. Leichen angeblicher Deserteure waren an den Ästen hängengelassen worden, bis sich die Krähen darüber hergemacht hatten. In den späten Fünfzigern hatte dann ein Liebespaar die rätselhafte Inschrift entdeckt. Irgendjemand hatte zwei Meter über dem Boden einen Teil der Rinde entfernt, so dass eine Art natürliche Tafel entstanden war. Schwünge, Striche und Punkte waren tief in das glatte Rechteck geschnitzt worden. Es sei hebräisch, hatte damals der Pfarrer erklärt.

Wenn du dich diesem Orte näherst, so wird es dir ergehen, wie du mir getan hast.

Der Verfasser der Inschrift blieb unbekannt. Die Entdeckung wurde zwiespältig aufgenommen. Der Kreisheimatpfleger jubelte, der Bürgermeister fürchtete einen politischen Affront, obwohl in Brederholz und Umgebung niemals Juden gelebt hatten. Aber irgendwann gehörte der Spruch dann zum Dorf wie der Zellerkolk und die Lenorenheide.

Hannes machte ein Riesengeheimnis um dieses „Santa Maria". Zuerst glaubte Fritz, Hannes meinte damit die heilige Maria. Weil der Baum doch so prächtig war, ein Geschenk der Natur und damit ein Abbild von Gottes Allmacht und Herrlichkeit. Aber Hannes hatte sich nur grinsend an die Stirn getippt. Fritz hatte in der

66

Schulbibliothek Lexika gewälzt und schließlich sogar Dr. Simon um Rat gefragt. Aber weder mit Christoph Kolumbus' Flaggschiff noch mit dem Dom von Florenz hatte er richtig gelegen. Hannes rückte einfach nicht mit der Sprache heraus und so beschloss Fritz, nicht mehr danach zu fragen. An einem Augustmorgen, die Schulglocke beendete gerade die große Pause, schlich Hannes sich von hinten an, warf die Arme über Fritz' Schultern und nahm ihn in den Schwitzkasten.

„Santa Maria", raunte er ihm ins Ohr. „Heute Abend, klar?"

Hannes Atem roch nach Leberwurst. Wenn er, was selten genug vorkam, ein Pausenbrot dabei hatte, dann war garantiert grobe Leberwurst drauf. Fritz hasste Leberwurst.

„Punkt acht." Hannes drückte fester zu. „Wehe, du erscheinst nicht."

Fritz rollte mit den Schultern, um dem schweißigen Klammergriff zu entkommen. Dann stieß er mit aller Kraft den rechten Ellbogen nach hinten.

„Mann!", stöhnte Hannes, schob die Hand unter sein T-Shirt und rieb sich die Rippen. „Bist du bescheuert?"

„Tut mir leid", murmelte Fritz. „Komm, wir müssen rein!"

Hannes reagierte nicht. Die Hand immer noch unter dem T-Shirt, starrte er Gitta Hülsmeyer nach, die gerade die Schultreppe hinauf ging. Als die Doppeltür hinter ihr ins Schloss fiel, stieß er einen Pfiff durch die Zähne aus und warf der Tür eine Kusshand zu.

„Also, um acht." Hannes stopfte den Hemdzipfel in die Jeans zurück und schob die Hände in die Gesäßtaschen. „Und bring 'nen paar Kippen aus dem Vorrat von deinem Alten mit, okay?"

Fritz horchte in Richtung Küche. Seine Mutter spülte Geschirr, nie ließ sie etwas stehen. Nicht nur die Küche, das ganze Haus war blitzblank, wie geleckt. Behutsam klappte er die Barfachtür der Eichenschrankwand herunter. Das Fach besaß eine automatische Innenbeleuchtung. Die Rückwand bestand aus einem Rauchglasspiegel, der die Anzahl der Flaschen zu verdoppeln schien. Der Eierlikör und der Campari waren noch fast voll. Sein Vater hatte Bier und Klare getrunken.

Trink klar, zahl bar, sprich wahr!

Warum hatte seine Mutter nur den Schnaps behalten? Alle Klamotten seines Vaters hatte sie kurz nach der Beerdigung weggegeben. Sie brauchte doch keine Angst mehr zu haben. Warum nahm sie nicht endlich die Flaschen und kippte den Inhalt in den Küchenausguss? War es ihre Art, sich daran zu erinnern, dass kein Mann sie jemals wieder im Suff grün und blau schlagen sollte? In der Küche wurde es still. Höchste Zeit, sich eine der Zigarettenschachteln zu greifen, sie vorn in den Bund der Jeans zu schieben, das T-Shirt darüber zu ziehen und ein unschuldiges Gesicht aufzusetzen. Gerade hatte er die Tür zugeklappt, als auch schon seine Mutter im Wohnzimmer erschien.

„Ich treffe mich noch mit Hannes", sagte er schnell. „Ist das okay?"

Seine Mutter setzte sich auf das Ledersofa und griff nach der Fernbedienung, die vor ihr auf dem Tisch lag.

„Ich bleib auch nicht lange." Die Titelmelodie der Tagesschau dröhnte durch das Zimmer. „Wenn es dunkel wird, bin ich wieder da."

Er wollte ihr einen Kuss geben, konnte sich aber nicht hinunterbeugen, ohne die Zigaretten zu zerdrücken.

„Bis gleich, Mama."

Als er die Haustür schloss, glaubte er, zwischen seinen Schulterblättern ihren Blick zu spüren.

„Furztrocken!" Im Schneidersitz lehnte Hannes am Stamm. „Scheiße, die Dinger werden ja mit jedem Tag heftiger."

Er unterdrückte ein Husten.

„Sind fast alle", murmelte Fritz.

„Ab nächste Woche also wieder Kim." Hannes verbarg die halb gerauchte Zigarette in der hohlen Hand. „Kim – für Männerhände viel zu schick!"

„Zu viel Werbefernsehen macht blöd."

Achselzuckend blies Hannes einen Rauchring.

Fritz legte das Kinn auf die angezogenen Knie. Irgendwo in der Ferne bellte ein Hund. Ein tiefes Blaffen, mal laut, dann wieder leiser, bis es sich schließlich verlor. Auch Hannes' unterdrücktes Stöhnen verstummte endlich. Es wurde still. Beinahe so still wie zu Hause und doch ganz anders. In „Santa Maria" bedeutete es Ruhe. Zu Hause hallte das Schweigen von den Wänden wider. Wenn Mama schwieg, legte sich ein Kokon aus dröhnender Stille über das Haus. Machte die Zimmer klein und eng, sog alle Luft heraus. Mamas Schweigen gab es schon vor dem Dreikönigstag. Mamas Schweigen war mit ihm auf die Welt gekommen. Es war sein stummer Zwilling, der jeden Tag neben ihm am Tisch saß und nachts das Bett mit ihm teilte.

Trocken schluckend schnippte Hannes die Kippe weg und lehnte den Hinterkopf an den Baumstamm. Mit halb geschlossenen Augen starrte er in das Laubgeflecht. Fritz stieß ihn mit dem Ellbogen an. Die einzige Reaktion war ein leises Ächzen. Fritz ließ das Kinn wieder auf die Knie sinken. Die Dämmerung brach herein. Wie ein großes Tier robbte sie über die westliche Wiese heran. Seine Schattenzunge verdunkelte das von der Sonne verbrannte Gras, kroch auf die Buche zu.

Wenn du dich diesem Orte näherst ...

Vor drei Tagen hatte er „Der Fluch der Pharaonen" ausgelesen. Wie hatten noch die Worte über der Grabkammer Tutanchamuns gelautet?

Wer die Ruhe des Pharao stört ...

Fritz sah Hannes an, der immer noch mit den Nachwirkungen der Rothändle kämpfte. Seine Augen waren geschlossen, sein Mund stand halb offen.

Das dunkle Tier kam immer näher. Wie oft hatte Oma Hilde vom Geisterfiedler erzählt, der späte Wanderer in den Zellerkolk lockte. Und früher trugen die Mägde beim Schilf schneiden ihre Taufkreuze und besprengten das Ried mit Weihwasser.

... die gebannte Spinnlenor, die die Haspel dreht im Geröhre ...

Im Moor ging die verrückte Lotte um und der Mann, der unter dem Birnbaum ...

Vor der Buche erhob sich das Tier auf die Hinterpfoten.

„Hannes!"

Noch schämte er sich für das Zittern seiner Stimme.

Eine schwarze Tatze teilte die Zweige ...

„Hannes!!!"

„Was?" Hannes riss die Augen auf. „Wo brennt's denn?"

Blitzschnell zog sich die Pranke zurück. Aber sie war da gewesen, ganz deutlich hatte er sie gesehen. Er sah sie fast jeden Abend. Immer um dieselbe Zeit. Seit Januar folgte ihm dieser dunkle, kalte Schatten.

„Waaas?" Hannes gähnte. „Das Zeug hat mich voll umgehauen."

Im Schnee hatte er die Spuren des Tieres gesehen. Sie führten von der Haustür zum Birnbaum.

„Santa Maria!" Hannes räusperte sich und holte tief Luft. „Insel, die aus Träumen geboren, ich hab meine Sinne verloren, in dem Fieber, das wie Feuer brennt ..."

Das Schattentier verschwand, löste sich auf wie ein Vampir beim ersten Morgenlicht.

„Roland Kaiser?!" Fritz sprang auf und schmetterte die Faust gegen den Stamm. Hannes Kopf zuckte zur Seite „Ich reiß mir wochenlang den Arsch auf wegen ... scheiß Roland Kaiser?!"

„Santa Maria!" Hannes pulte einen Tabakkrümel von seiner Unterlippe und wischte den Zeigefinger am Hosenbein ab. „Oh oh oh ... Santa Maria ..."

Seine Stimme kippte.

„Und dafür habe ich im Lexikon nachgeschlagen, den Simon gefragt ..."

„Du hast Dr. Simon gefragt?" Hannes richtete sich auf. „Hab ich dir denn schon erzählt, dass er am nächsten Freitag Geburtstag hat?"

„Schon tausendmal!" Fritz verdrehte die Augen. „Hör mit diesem Mist auf. Der Simon ist nicht dein Vater. Der Simon ist unser Mathelehrer. Und nett ist er nur zur dir, weil er als Pauker nett sein muss. Zu mir ist er doch auch nett."

„Weil er Mitleid mit dir hat. Wegen der Sache mit deinem Alten."

„Und mit dir ... mit dir hat er Mitleid, weil du die totale Mathepleite bist."

Für einen Moment erschien die Pranke wieder zwischen den Zweigen.

„Egal." Hannes zog die Nase hoch. „Zu seinem Geburtstag schenke ich Dr. Simon eine Uhr."

„Du tust was?"

„Ich schenke ihm eine Uhr."

„Bist du jetzt völlig bekloppt?" Fritz schlug sich mit der flachen Hand vor die Stirn. „Die darf der doch gar nicht annehmen. Und wo willst du denn überhaupt das Geld dafür herkriegen?"

„Oma Hilde hat immer gesagt", murmelte Hannes, „... in der Not frisst der Teufel die Wurst auch ohne Brot."

„Oma Hilde ist seit Ewigkeiten tot."

„Morgen nach der Schule beim Spar."

Fritz zuckte zusammen, als Hannes die Handfläche mit voller Wucht auf seinen Oberschenkel klatschen ließ.

„Punkt fünf vor eins. Und wehe, du kneifst!"

Auf dem Parkplatz hinter dem Supermarkt knallte die Sonne auf die Dächer der wenigen Autos. Vom Marktplatz klang das Angelusläuten der Marienkirche herüber. Über dem Dorf hing eine träge Stille. Als sie die Ladentür des Sparmarktes aufdrückten, wollte Frau Hülsmeyer gerade abschließen. Ohne ein Wort waren sie direkt auf die Eistruhe zugesteuert. Aber da hatte Frau Hülsmeyer auch schon die Abdeckung aufgeschoben, zwei Capri Orange herausgeholt und sie Fritz in die Hand gedrückt.

„Wie geht's denn deiner Mutter, Junge?", hatte sie mit einem mitleidigen Lächeln gefragt und dabei die Hand gehoben, als ob sie ihm durch die Haare fahren wollte. Er hatte sich geduckt, Danke gesagt und ein Eis an Hannes weitergegeben.

„Wird schon wieder", hatte Frau Hülsmeyer gesagt und dann hatte sie ihm doch noch durch die Haare gestrichen. „Sollst mal sehen, mein lieber Junge. Die Zeit heilt alle Wunden. Kommt Zeit, kommt Rat."

Jetzt starrte Fritz ungläubig auf die beiden Butterpakete in Hannes ausgestreckten Händen. Beste Qualität aus Holland, die in der Gluthitze bereits die Form verlor.

„Wie ... wann ... wann ... hast du die denn eingesteckt?"

„Nachdem die Hülsmeyer das Eis rausgerückt hat. Als sie mit der Lieber-Junge-Nummer anfing, bin ich schnell zur Milchtheke rüber. Dein Dackelblick war ziemlich gut. Aber ich war auch nicht schlecht. Die Alte hat nichts geschnallt."

„Du bist fies, Hannes." Fritz warf einen schnellen Blick in Richtung Hintertür. „Tante Hülsmeyer schenkt uns Eis und zum Dank dafür beklaust du sie. Was willst du denn überhaupt mit dem Zeug anfangen? Etwa deiner Mutter mitbringen?"

Hannes verdrehte die Augen und tippte sich mit dem Zeigefinger an die Stirn.

„Die ist doch schon ganz weich. Los, schmeiß sie weg!"

„Oma Hilde hat immer gesagt, mit Lebensmitteln spielt ..." Hannes unterbrach sich. Sein Blick hing an dem dunkelblauen Mercedes des Bürgermeisters. „Ich hab 'ne Superidee. Pass mal auf, dass keiner kommt."

Bevor Fritz eingreifen konnte, platzierte Hannes die beiden goldfarbenen Pakete rechts und links oberhalb der Windschutzscheibe. Er trat einen Schritt zurück, verschränkte die Arme und nickte zufrieden mit dem Kopf.

„Bist du verrückt?", zischte Fritz. „Das gibt 'ne Riesensauerei."

„Na und?!"

„Der kann doch nichts mehr sehen durch die dreckige Scheibe. Stell dir vor, der knallt an 'nen Baum und fährt sich tot. Dann sind wir schuld."

„So blöd ist kein Mensch!"

Hannes öffnete mit spitzen Fingern die Goldfolie und wischte sich die Hände an der Hose ab. Zwei gelbe Fettströme quollen über das getönte Glas und sammelten sich auf den Scheibenwischern.

„Hol die Butter da runter, Hannes! Oder ich mach's."

„Du lässt schön die Finger davon! Das Zeug bleibt, wo es ist, und damit basta!"

Der nächste Tag war ein verkaufsoffener Samstag, in der Stadt waren die Läden in der Fußgängerzone bis 18 Uhr geöffnet. Fritz hatte seiner Mutter erklärt, er wolle mit Hannes den neuen James Bond ansehen. Insgeheim hatte er gehofft, sie würde es ihm verbieten. Oder sich erkundigen, ob der Film ab zwölf oder sechzehn wäre. Aber sie hatte nichts gesagt, nur in ihrem Portemonnaie gekramt und ihm einen Zehnmarkschein in die Hand gedrückt. Wann er wiederkommen würde, hatte sie auch nicht wissen wollen.

Jetzt hockte er neben Hannes auf der Rückbank des Busses. Ihm war ein bisschen übel. Er schob es auf das Geschaukel, die holprige Straße und die schlechte Luft. Der Bus war fast leer. Nachdem sie das Ortsschild passiert hatten, schaltete der Fahrer das Radio ein. Am Rückspiegel baumelte ein Babyschuh. Die Bewegung des Schuhs verstärkte die Übelkeit. Fritz starrte aus dem Fenster. Eine Hitzekuppel flirrte über den Feldern. Um sich von dem flauen Gefühl im Magen abzulenken, begann er die Strohräder zu zählen. Als er bei fünfundzwanzig angekommen war, stieß Hannes ihm den Ellbogen in die Rippen.

„Glotz nicht in der Gegend rum!" Er schob die Hand in die Hosentasche und fingerte einen runden Gegenstand heraus. „Lass uns lieber den Plan noch mal durchsprechen."

„Aber der Fahrer ..."

„Der hört Radio." Trotzdem senkte Hannes die Stimme. „Hier ist das Medaillon von Oma Hilde. Hab ich letzte Woche in der Kramschublade vom Küchenschrank gefunden."

Er ließ das Schmuckstück aufschnappen. Fritz starrte auf das verblichene Photo eines Mannes mit Mittelscheitel und Schnauzer.

„Wer ist das?"

„Keine Ahnung." Hannes deutete auf eine Öse. „Da fehlt die Kette. Hör zu, wir machen es so. Wir gehen in den Laden, du sülzt dem Juwelier was von deiner toten Oma ..."

„Sie war deine Oma!"

„Scheißegal." Hannes winkte ab. „Jedenfalls erzählst du, dass deine Mutter nächste Woche Geburtstag hat und du ihr eine Kette für das Ding schenken willst. Weil da drin ist ein Bild von deinem Opa, der ... sagen wir mal ... der im Krieg geblieben ist und weil das Medaillon der Oma gehört hat ..." Für einen Moment verlor er den Faden. „Jedenfalls sagst du, wenn die Kette wieder dran ist, dann hat deine Mutter ihre toten Liebsten immer bei sich. Du kennst dich doch mit diesen Sachen aus. Dir fällt schon was ein. Und wenn nicht, dann kommt der Dackelblick und alles läuft wie von selbst."

„Und was machst du?"

„Was werd ich schon tun?" Hannes drehte den Kopf und sah ihn an, als rede er mit einem Kleinkind. „Ich schnapp mir die Uhr aus der Auslage und dann nichts wie raus aus dem Laden."

Das Juweliergeschäft Grünbaum gegenüber von Karstadt gab es schon so lange Fritz denken konnte. Jetzt kam es ihm so vor, als würde er seit Stunden mit Hannes Schulter an Schulter vor dem Schaufenster stehen und in die Auslage starren. Das Objekt ihrer Begierde lag auf einem schwarzen Samtkissen und kostete 780 DM.

Hannes schien sich nicht von dem Anblick losreißen zu können. Seine Ohren waren knallrot vor Aufregung. Fritz' Mund war trocken, seine Knie fühlten sich so weich an, als könne er keinen Schritt mehr machen. Auch Hannes wirkte nicht mehr so sicher wie vorhin im Bus. Er schien zaghaft, beinahe ängstlich. Noch einmal hatte Fritz versucht ihm die Sache auszureden. Aber er hatte abgewinkt und behauptet, er sei voll konzentriert. Sie müssten halt warten, bis es im Laden voller sei. Aber die Leute mit den Einkaufstüten hasteten vorbei und so starrten sie weiter in den leeren Verkaufsraum mit den dunklen Holzfronten, den Glasvitrinen und dem grünen Fliesenboden.

Als Fritz schon hoffte, Hannes habe endlich aufgegeben, spürte er einen Knuff im Rücken, der ihn in Richtung Tür stieß. Ein Gong ertönte, und ein Mann in einem dunklen Anzug erschien im Laden. Die wenigen Strähnen seines sandfarbenen Haares waren sorgfältig zur Seite gescheitelt. Als er ihnen zulächelte, zeigte er lange, gelbe Zähne und Fritz dachte wieder an den Fluch der Pharaonen.

„Ein überaus schönes Stück." Herr Grünbaum schloss das Medaillon und nickte. „Die Namengravur im Deckel ist sehr sorgfältig ausgeführt. Solide Handarbeit. Das Silber müsste allerdings ein bisschen aufpoliert werden. Und du möchtest also die passende Kette dazu?"

Fritz nickte.

„Wie viel willst du anlegen?"

„Weiß nicht genau", murmelte Fritz. „Was kostet denn so was? Fünfzig Mark?"

„Damit kommen wir bestimmt hin." Der Juwelier öffnete eine Schublade und legte eine mit Samt bespannte Platte auf den Glastresen, auf der sich mit Stecknadeln befestigte Ketten befanden. „Wie wär's mit dieser? Panzerglieder, sehr reißfest. Liegt preislich bei 52,80. Was meinst du?"

Fritz schwieg.

„Gefällt sie dir nicht?"

„Doch, doch."

„Warte mal, ich glaube, die hier ist besser." Sorgfältig löste der Juwelier eine Kette aus der Befestigung und ließ sie durch die Finger gleiten. „Kommt auf 39,20. Dann hast du noch ein bisschen für den Blumenstrauß über. Oder für einen Pralinenkasten."

Er lächelte ihm aufmunternd zu, und Fritz starrte wieder auf diese Zähne. Herr Grünbaum hatte überhaupt kein Zahnfleisch, sein Gesicht war ganz mager. Und er roch merkwürdig. Nach alten Kleidern, Zigarrenrauch und etwas Süßlich-Herbem. Ein Geruch, den Fritz genau kannte, aber er weigerte sich, ihm einen Namen zu geben. Wieder krampfte sich sein Magen zusammen und er bereute das Softeis, das sie sich vorhin gekauft hatten.

„Wir probieren sie mal aus."

Als sich Herr Grünbaum zu ihm hinunter beugte, traf ihn der Geruch wie ein Keulenhieb.

„Dann kannst du es besser beurteilen."

Papa hatte auch Veilchenpastillen gelutscht! Das Knistern des rot-weißen Beutels, wenn er in die Jackentasche griff und zwei Pastillen herausfingerte, das feuchte Schmatzen, wenn er sie gegen den Gaumen presste ... Immer wieder hatte Papa ihm welche gegeben. Wenn er wegsah, hatte er sie in die hohle Hand gespuckt.

Wider Willen entfuhr ihm ein unterdrücktes Stöhnen.

Herr Grünbaum musterte ihn prüfend.

„Du bist ganz blass um die Nase, mein Junge. Ist dir nicht gut?"

„Doch, doch."

„Bist du sicher?"

„Ja."

Gerade wollte Herr Grünbaum den Kopf senken, um die Kette durch die Öse zu fädeln, als sein Blick auf Hannes fiel. Er hatte den Samtvorhang vor der Auslage zur Seite geschoben, hielt ihn mit der linken Hand umklammert und tastete mit der Rechten im Schaufenster herum. Herr Grünbaum ließ Kette und Medaillon fallen.

„Junge!" Sein ungläubiger Blick wanderte zwischen Schaufenster und Tresen hin und her. „Junge, bist du verrückt? Was machst du denn da?"

Wie vom Blitz getroffen fuhr Hannes herum. Für den Bruchteil einer Sekunde schoss so etwas wie Schuldbewusstsein über sein Gesicht, dann hob er die leeren Hände zu einer entschuldigenden Geste, zuckte mit den Schultern und grinste breit.

„Dir werd ich's zeigen!" Zornesröte stieg in das fahle Gesicht des Juweliers. „Erst klauen und dann noch frech werden!"

Mit schnellen Schritten kam er hinter dem Tresen hervor und

wollte auf Hannes zulaufen. Aus einem Impuls heraus streckte Fritz das rechte Bein vor. Der alte Mann stolperte und ruderte mit den Armen, um das Gleichgewicht wiederzufinden. Er taumelte zwei Schritte vorwärts, drehte er sich um die eigene Achse und schlug mit dem Kopf auf die Kante des Glastresens. Dann sackte er zu Boden.

„Raus hier! Raus hier, bevor jemand kommt!"

Fritz begriff zwar den Sinn der Worte, aber er konnte sich nicht bewegen. Seine Augen hingen an der roten Pfütze, die sich einen halben Meter vor ihm auf dem Fliesenboden sammelte und die langsam auf seine Füße zukroch.

Der Puls ... der Puls ... taste nach dem Puls ... ein Spiegel ... einen Spiegel vor den Mund ... Fenster auf ... die Seele fliegt in den Himmel ...

Heftiges Reißen an seinem T-Shirt holte ihn aus seiner Erstarrung.

„Wir müssen abhauen!" Hannes packte seinen Arm und zog ihn vorwärts. „Abhauen, verstehst du?"

Der Gong der Eingangstür ...

Wer die Ruhe des Pharao stört ...

Draußen steht das schwarze Tier.

Es wartet auf ihn.

Kein Entrinnen.

Dieses Mal gibt es kein Entrinnen ...

Es ist kalt. Um zehn fährt die Heizung auf Nachtabsenkung herunter. Fritz hat die Wolldecke fest um seinen Körper gestopft. Eine leere Chipstüte liegt auf seinem Bauch. Über den Bildschirm des Fernsehers läuft der Abspann. Den Ton hat er leise gestellt, um Mama nicht zu stören.

„Wir ziehen los mit ganz großen Schritten ..."

Fritz richtet sich auf, greift nach der Tüte, knüllt sie zusammen und wirft sie unter den Tisch.

„... und der Hermann fasst der Heidi ..."

Papa singt, das ist gut. Schlecht ist, wenn er nicht singt. Wenn er singt, ist er mit dem Abend zufrieden, hat beim Skat gewonnen, Spaß mit den Kumpeln gehabt. Nicht singen bedeutet Gefahr im Verzug. Aber jetzt singt er. Gleich wird er die Tür aufschließen und die Jacke an den Garderobenhaken hängen. Die Stiefel wird er anlassen. Nach so einem Abend kann sich selbst Papa nicht bücken, ohne vornüber zu kippen. Dann macht er die Wohnzimmertür auf. Mit beiden Händen stützt er sich im Türrahmen ab, wiegt den großen Körper vor und zurück. „Ab ins Bett, Junge. Marsch, Marsch!", sagt er, bevor er sich auf das Sofa fallen lässt. Er zündet eine Zigarette an und legt den Kopf an die Rückenlehne. Er starrt durch den Rauch zum Fernseher, langsam fallen ihm die Augen zu. Die Hand mit der Zigarette sinkt zwischen die gespreizten Beine, der Aschenkegel wird lang und länger, bricht schließlich ab.

Behutsam wird Fritz die Kippe aus Papas Fingern nehmen und sie im Aschenbecher ausdrücken. Angespannt wird er lauschen, bis Papas Atemzüge endlich regelmäßig werden. Bevor Fritz ins Bett geht, breitet er noch die Wolldecke aus und schaltet den Fernseher ab.

Auch heute Abend wird Fritz das tun, was er schon so oft getan hat.

„... das hebt die Stimmung, ja da kommt Freude auf ..."

Der raue Gesang bricht ab. Ein Augenblick der Stille, dann klirren Schlüssel aneinander. Wieder Stille, unterdrücktes Murmeln. Stochern im Schlüsselloch, dem ein leiser Fluch folgt.

Ein Hieb mit der flachen Hand gegen die Tür.

„Margret!"

Ein Schlag mit der Hand, ein zweiter mit der Faust, wieder unbeholfenes Stochern, schließlich ein Tritt.

„Margret!!"

Fritz schleicht in den Flur, wagt nicht, die Deckenlampe anzuknipsen. Im flackernden Licht des Fernsehers erkennt er Mamas Schlüsselbund, der von innen im Schloss der Haustür steckt.

„Mach ... mach schon die Scheißtür auf. Verdammt!!"

Jetzt zittert das Holz unter den Schlägen.

Fritz braucht nur den Schlüssel herauszuziehen oder die Klinke herunterzudrücken.

Aber er kann es nicht.

Er darf es nicht.

Weil er weiß, dass sich Papa binnen der wenigen Minuten in einen rasenden Zorn hineingesteigert hat, den Mama büßen wird.

Fritz drückt die Hände auf die Ohren, hört trotzdem das Brüllen.

Papa sind inzwischen die Worte ausgegangen, er traktiert die Tür mit Fäusten und Füßen.

Fritz sieht zur steilen Treppe zum Obergeschoss hinauf. Oben bleibt alles dunkel. Mama scheint nichts gehört zu haben. Diese Schlaftabletten sind stark. Der Doktor hat ihr nur sechs Stück gegeben. Zu wenig, um sich umzubringen, aber genug, um wie ein Stein zu schlafen. Papa wütet immer noch vor der Tür. Und plötzlich weiß Fritz mit tödlicher Sicherheit, dass er den richtigen Zeitpunkt verpasst hat. Wenn er Papa jetzt hereinlässt, wird er mit großen Schritten eben diese Treppe hinaufstürmen und Mama an den Haaren aus dem Bett zerren.

„Du blöde Schlampe!"

Er wird seine Fäuste in ihr Gesicht dreschen.

„Das hast du dir so gedacht, was?"

Er wird ihr mit seinen Stiefeln in den Unterleib treten.

„Aber nicht mit mir!"

Er wird ihren Kopf auf den Fußboden knallen.

„Mit mir nicht! Hast du das kapiert? Nicht mit mir!"

Wenn er jetzt die Tür öffnet, wird Papa Mama umbringen.

Fritz nimmt die Hände herunter, geht ins Wohnzimmer und schaltet den Fernseher aus. Draußen ist es jetzt still. Auf Zehenspitzen schleicht er die Treppe hinauf, öffnet die Tür des Elternschlafzimmers und sieht hinein.

Mama hat ihm das Gesicht zugewandt. Ihre Augen sind geschlossen, der Atem geht regelmäßig. Aber selbst im Schlaf verliert sie nie den angestrengten Zug um den Mund, der sie so verbraucht aussehen lässt. Auch ihre Hände sind zu Fäusten geballt.

Er geht zu Bett und schläft sofort ein.

Am Morgen steht eine fahle Sonne am frostklaren Himmel.

Fritz streckt die Hand aus und schaltet das kleine Radio auf dem Nachtschrank an, das er zu seinem letzten Geburtstag bekommen hat. Die Nachrichten sind gerade zu Ende. Eine Männerstimme sagt, dass die Temperaturen im westlichen Münsterland in der Nacht historische Tiefstwerte erreicht haben.

Er weiß nicht, wie lange er unter dem Baum gesessen hat. Es ist fast dunkel, die Wunde am Baumstamm ist nicht mehr zu sehen. Ein letztes Mal tastet er danach und streicht mit der Hand über die raue Rinde.

Sie hatten Glück gehabt, der Juwelier war nicht gestorben. Trotzdem waren sie bestraft worden. Das Medaillon hatte sie verraten. Das Medaillon mit der Namengravur im Deckel.

Seine Mutter hatte die Schande nicht ertragen und war fortgezogen. Aber Hannes hatte warten müssen, bis man nicht mehr mit den Fingern auf ihn gezeigt hatte. Eigentlich komisch, dass sie so enge Freunde geblieben sind, selbst nachdem er ins Ausland gegangen ist. Jedes Jahr hat Hannes ihn besucht. Auf der Bohrinsel im Golf von Mexiko, auf der Großbaustelle in Bahrain, in Singapur ist er sogar dreimal gewesen. In jede Ecke der Welt ist Hannes ihm gefolgt. Nur nicht nach Dubai.

Mühsam kommt er auf die Beine. Vom langen Sitzen in der feuchten Kälte ist er ganz steif.

Er krümmt den Rücken, legt die Hände auf die Knie und wartet ab, bis der Schmerz auf das normale Maß abebbt. Als er aus der Astkuppel heraustritt, ist das Grau des Tages nur noch ein fahler Streif am Horizont. Die Reifenspuren im Gras sind verschwunden. Seine tastenden Schritte werden sicherer, trotzdem bleibt er immer wieder stehen, als zöge ihn etwas zum Baum zurück. Ein letztes Mal dreht er sich um.

Über der Buche steht ein flaches Trapez aus schwarzen Leibern, verharrt zitternd und zieht einen Augenblick später weiter in Richtung Autobahn.

Er sieht den Krähen nach, bis sie mit der Farbe des Himmels eins werden. Lauscht dem auf- und abschwellendem Kreischen, bis es vom Summen seines Blutes übertönt wird. Schritt für Schritt geht er dem Strom aus Scheinwerferkegeln entgegen. Eine Flut aus Licht kommt auf ihn zu. Er schließt die Augen vor der blendenden Helle, breitet die Arme aus und verlässt die Wiese.

„Mach ein Fenster auf, Hannes!", flüsterte er. „Der Weg nach oben führt durch das offene Fenster."

Robert Hültner
Die Winkelhannes-Protokolle

I. Die Befragungen

(Dokumente durch Kriegseinfluss und Bewahrschäden teilver-
dorben/Vermutete Datierung: Zwischen 12.–20. Februar 1783.
Mit den Ermittlungen vor Ort waren die Gerichtsdiener des Haxthausen'schen Gerichts beauftragt, deren Namen nicht mehr zu-
verlässig zu eruieren sind.)

1. Frau Jente Soistman, Witwe des Schutzjuden Aaron Soistman von Ovenhausen

*Frau Soistman, wie zu erfahren war, lagen Ihr verstorbener Ge-
mahl und Hermann Winkelhannes miteinander in Streit. Worum
ging es dabei?*

Um den Stoff für ein Chamisol, den Winkelhannes bei meinem Mann bestellt und abgeholt hatte, den er aber nicht bezahlen wollte. Dabei war Aaron noch so gutmütig, ihm mehrmals
Aufschub zu gewähren.

*Wurde die Bezahlung bewusst verweigert, oder handelte es sich
um eine Nachlässigkeit des Schuldners?*

Der Winkelhannes sagte, dass er den Stoff nicht bezahlen wolle. Dabei hatte er sich sogar einen Rock daraus machen lassen und
spazierte damit herum.

Wie begründete er dennoch seine Weigerung?

Er stritt erst die Kaufsumme ab und behauptete, dass diese
nicht in dieser Höhe vereinbart gewesen sei. Des weiteren beschwerte er sich, dass die Ware schlecht ausgefallen sei.

*War der Hermann Winkelhannes auf eine Reduktion des Prei-
ses aus?*

Ja. Er bot einen unverschämt niedrigen Betrag an, weniger als
ein Viertel des vereinbarten. Da er dies auch noch mit Beleidigungen verband, lehnte Aaron ab, weiter mit ihm zu verhandeln.

Welcherart waren dieses Beleidigungen?

Er sagte, man wolle ihn betrügen. Weiteres bezog sich in sehr schmutziger Weise auf unsere Religion. Mein Mann wies ihn schließlich aus dem Haus.

Gebrauchte er dabei körperliche Gewalt?

Dazu wäre Aaron nicht in der Lage gewesen. Der Winkelhannes war größer und kräftiger als er.

Bedrohte der Hermann Winkelhannes dagegen Ihren Gatten?

Ja. Er rief, er wolle ihn durchprügeln.

Kam es dazu?

Nein. Zu dieser Stunde waren einer der Hausknechte und mehrere Kunden in unserem Gewölbe. Sie wiesen den Rüpel auf das Ungehörige seines Auftretens hin und nahmen eine feindliche Haltung gegen ihn ein. Darauf ging er fort.

Kam es später noch einmal zu einer Begegnung zwischen den Zweien?

Erst wieder beim Haxthausen'schen Gericht. Aaron hatte dort Klage eingereicht.

Zu welchem Urteil kam der Droste?

Er stellte fest, dass Aaron als unbescholtener Händler bekannt sei und ihm, da er seinen Anspruch durch sein Anotierbuch sowie mit einem Zeugen belegen konnte, der volle Preis zustehen würde.

Hat sich der Beklagte vor Gericht einsichtig gezeigt?

Da ihm der Droste ernsthafte Vorhaltungen gemacht und ihm, sollte er weiterhin störrisch bleiben, eine Strafe in Aussicht gestellt hatte, sagte der Winkelhannes baldige Satisfaktion zu.

Hielt er diese Zusage ein?

Nein. Kaum hatten wir das Gericht verlassen, beleidigte er Aaron und mich wieder auf das Schändlichste.

In welcher Weise?

Ich möchte es nicht sagen.

Andere Zeugen berichten uns, dass er folgendes rief: Aaron Soistman sei ein verfluchter Schinder von einem Juden, der ihn betrügen wolle. Können Sie das bestätigen?

Ja. Aber ich bitte, nicht weiter zu insistieren.

Rief er auch: Wenn du mir noch einmal ankommst, schlag ich dir die Jacke so voll, dass du den Rest deines Lebens an mich denkst?

So etwas, ja. Aber ich habe nicht alles hören können, weil ich vor Scham geweint habe.

Weshalb schämten Sie sich?

Es umstanden uns einige Menschen, die in der Sache nicht informiert waren. Sie glaubten dem Winkelhannes und nahmen gegen uns Haltung ein.

In welcher Weise?

Sie stimmten ihm zu. Er solle sich das von einem Juden nicht gefallen lassen. Aaron habe dem Drosten bestimmt Geld zugesteckt, um zu diesem Urteil zu kommen.

Stimmte letzteres?

Fragen Sie doch den Drosten!

Bitte beruhigen Sie sich, Frau Soistman. Wir möchten nichts anderes, als den Mord an Ihrem Gatten aufzuklären. Es ist unsere Pflicht, auch solche Fragen zu stellen.

(Die Befragung muss unterbrochen werden, da die Soistman überraschend von einem nervösen Anfall ergriffen wird und in die Obhut Verwandter gegeben werden muss.)

2. Johan Schmidtsens von Bellersen, Förster am Haxthausen'schen Gericht

Herr Schmidtsens, bitte wiederholen Sie, was Sie am 12. Februar, dem Tag des Mordes an Aaron Soistman, wahrgenommen haben.

Ich habe am späten Nachmittag den Winkelhannes gesehen, wie er vom Dorf auf den Wald zugegangen ist. Da ich ihn im Verdacht hatte, dass er Holz stehlen wollte, folgte ich ihm. Waldfrevel hat in den vergangenen Jahren in unserer Umgebung stark zugenommen, weshalb mich der Droste nachdrücklich angewiesen hatte, auf der Hut zu sein.

Hat sich Ihr Verdacht bestätigt?

Nein. Ich bin dem Winkelhannes bis in die Schlucht des Heilig-Geist-Holzes gefolgt – so wird ein Waldstück in der Gemarkung Bellersen genannt, es liegt etwa eine halbe Stunde vom Dorf entfernt. Soviel ich aber von meinem Posten aus sehen konnte, schnitt er nur einen Buchenknüppel ab, entfernte die Zweige und ließ sich dann auf den Boden nieder, um, soweit ich es erkennen konnte, eine Pfeife zu rauchen. Nachdem ich zuvor schon feststellen konnte, dass der Winkelhannes kein Beil mit sich trug, es außerdem zu dunkeln begann, begab ich mich wieder ins Dorf zurück.

Hat er Sie gesehen?

Bestimmt nicht. Er hätte sonst auf mich reagiert.

Wie wirkte er auf Sie?

Er schien mir einerseits sehr in sich versunken, gleichzeitig aber auch erregt. Er begleitete fast jeden seiner Schläge mit einem zornigen Ausruf. Und nachdem er den Knüppel fertig geschnitten hatte, ließ er ihn einige Male durch die Luft schwirren.

Konnten Sie verstehen, was er rief?

Nein, dazu war ich zu weit entfernt.

Wirkte er betrunken auf Sie?

Das kann ich nicht mit Sicherheit sagen. Es wäre jedoch möglich. Ich bitte aber zu bedenken, dass es bereits dämmerte. Die Sicht war nicht mehr gut.

Traten Sie auch deshalb den Rückweg an, weil Sie Angst davor hatten, vom Winkelhannes entdeckt zu werden?

Nein. Er war zwar als rabiater Bursche bekannt, aber schließlich war ich bewaffnet. Ich fragte mich jedoch, weshalb ich mich ihm zeigen sollte, da er offensichtlich nur einer wunderlichen Laune folgte. Und da ich ihm nichts Strafbares vorwerfen hätte können, wäre ein möglicher Streit mit ihm völlig unnötig gewesen. Wie Sie vielleicht wissen, geraten wir Förster oft genug in Streit mit den Dorfleuten, und unser Ansehen ist bei ihnen nicht das beste. Und da, wie bereits gesagt, kein Verbrechen oder Vergehen vorlag, hielt ich es in diesem Augenblick für vernünftiger, einem möglichen Zwist aus dem Weg zu gehen.

Sie kehrten also ins Dorf zurück, wo Sie auf den Aaron Soistman aus Ovenhausen trafen. Wo war das?

Einige Schritte vor dem Dorf, nahe der Wassermühle.

Sie kannten den Soistman?

Ein wenig. Er war Schutzjude und eigentlich als redlicher Händler bekannt.

Warum sagen Sie ,eigentlich'?

Das hat nicht viel zu bedeuten. Aber Sie wissen ja, wie die Leute sind. Wenn der Soistman einem mit einer Summe unter die Arme griff, behandelten sie ihn ehrerbietig. Wenn er jedoch kam, um den Wucher einzustreichen –

Den Zins, wollten Sie sagen. So lautet heute der korrekte Begriff.

Ja, richtig. Dann jedenfalls schlug die Stimmung meist ins Gegenteil um.

Was sprachen Sie mit dem Soistman?

Nicht viel, er bat mich um Feuer für seine Pfeife, was ich ihm nicht abschlug. Außerdem war mir eingefallen, dass ich noch einige Fuchsfelle hatte, die ich ihm anbieten wollte. Er lehnte jedoch ab. Er sagte, er sei in Eile und habe leider keine Zeit mehr, sich meine Ware anzusehen.

Machten Sie öfters Geschäfte mit ihm?

Worauf möchten Sie hinaus?

Bitte beantworten Sie unsere Frage, Herr Schmidtsens. Standen Sie bei ihm auch in Schuld?

Ich lieh mir vor einigen Jahren eine kleinere Summe von ihm. Es ging um die Mitgift für meine älteste Tochter. Wenn Sie jetzt aber versuchen sollten, mich in ein schiefes Licht zu setzen, muss ich entschieden protestieren.

Niemand versucht das, Herr Schmidtsens. Aber Sie müssen die Entscheidung, welche Fragen wir für nötig halten, uns überlassen. Kommen wir daher wieder auf den Soistman zurück. Wirkte er verängstigt auf Sie?

Nein. Er war nur ein wenig unruhig, weil er an diesem Tag noch nach Ovenhausen gehen wollte, die Sonne aber bald untergehen würde. Worauf ich ihm sagte, dass er gut daran täte, sich zu beeilen. Die Nacht, sagte ich, meine es nicht gut mit den Menschen.

Wie kamen Sie auf eine derartige Bemerkung?

Ich weiß es nicht mehr. Es war eine ungewisse Eingebung, wie ich sie manchmal habe, ohne je sicher zu sein, ob sie sich bewahrheitet.

Anschließend verabschiedeten Sie sich vom Soistman?

So war es. Er schlug den Weg in die Richtung des Heilig-Geist-Holzes ein.

Woher wussten Sie, dass er diesen Weg nehmen würde?

Weil er es sagte, und weil es der kürzeste ist.

Danach haben Sie nichts mehr von ihm gesehen, richtig?

Richtig. An diesem Abend sah ich nur noch, wie er den Rand des Waldes erreichte und in ihm verschwand. Und falls Sie auch das interessieren sollte: Ich begab mich anschließend nach Hause, aß mit der Familie zu Abend und ging zu Bett. Sollten Sie jedoch die Unverfrorenheit besitzen, das Zeugnis meiner Gemahlin anzuzweifeln, werde ich mich beim Drosten über Sie beschweren. Sie haben es nicht mit dem Bauernpöbel zu tun, sondern mit einem Staatsbeamten.

Das ist uns bewusst. Dennoch wäre es auch in Ihrem Interesse, sich im Ton ein wenig zu mäßigen, Herr Schmidtsens. Wir tun lediglich, was unsere Pflicht ist, und es geht hier um Mord. Daher noch einmal zurück zum Winkelhannes. Sie sagten, er sei als ,rabiater Bursche' bekannt gewesen.

Es hieß jedenfalls, dass er sehr aufbrausend sein konnte, wenn er meinte, man achte ihn nicht gebührend.

Ist das häufig geschehen?

Als er noch ein Junge war, soll er öfters verspottet worden sein. Ich nehme an, dass es mit seinem Elternhaus zusammenhing. Die Winkelhannes bewohnen eine reichlich heruntergekommene Kate am Dorfrand, und sie bebauen nur einige Fußbreit Ackers. Hinzu kam, dass der Vater schlecht wirtschaftete und schon damals der Trunksucht ergeben war.

Folgte ihm sein Sohn hierin nach?

Ich kann nur sagen, dass der Vogt von Ovenhausen, bei dem er Dienst tat, mit seiner Arbeit zufrieden war. Er war außerdem ein schmucker, kräftiger Kerl und spielte auch leidlich Fiedel, weshalb er bei Mädchen des Dorfes als ,Elegant' nicht ungern gesehen war.

Nahmen Sie an der Sitzung des Haxthausen'schen Gerichts vor drei Wochen teil, als die Klage des Soistman gegen den Winkelhannes verhandelt wurde?

Ja, ich war anwesend. Der Bursche wurde gehörig gestutzt, der Soistman erhielt Recht.

Wie reagierte der Winkelhannes darauf?

Er nahm die Vorhaltungen des Drosten kleinlaut hin und sagte umgehend Bezahlung zu. Als er jedoch vor der Tür war, rief er dem Soistman zu, er wolle ihn kaltmachen.

Was genau waren seine Worte?

Er sagte: ,Ik will de kalt maken, du Drecksjoud.' Nach dem, was später geschehen ist, habe ich mich wieder daran erinnert.

Hatten Sie den Eindruck, dass er es damit ernst meinte?

Damals nicht. Ich bin jemand, der von den Menschen erst einmal nichts Schlechtes denken will. So etwas kann einem schon einmal in der Hitze eines Streits entfahren, dachte ich. Außerdem umstand ihn vor dem Gerichtshaus einiger Pöbel, der ihn bestärkte. Ich erinnere mich daran, dass ihm einer sagte: ,Wie viel braucht es für den wackeren Mann, wenn er seine Schulden beim Juden zahlen soll? – Bloß einen scharfen Knüppel!'

Schritten Sie ein?

Das ist nicht meine Aufgabe, und ich sah auch keine Veranlassung. Dergleichen Gerede ist öfter zu hören. Man hätte viel zu tun, würde man sich jedes Mal in die Streitereien anderer einmischen. Der Scherz schien die Lage außerdem zu entspannen, denn alles lachte, auch der Winkelhannes.

3. Carl Ophoelz von Bellersen, Wirt des ,Dorfkrugs'

Herr Ophoelz, Sie waren Zeuge eines heftigen Streits zwischen dem flüchtigen Winkelhannes und dem Händler Soistman von Ovenhausen. Wann und wo trug sich dieser zu?

In meinem Gasthof, während einer Hochzeit Ende Oktober des vergangenen Jahres.

Was können Sie davon berichten?

Es war gegen sieben Uhr abends. Wir hatten eine größere

Feier auszurichten, zu der auch viele Gäste aus den umliegenden Gemeinden gekommen waren. Die Stimmung war anfangs sehr gut, die Eltern der Brautleute hatten es an nichts fehlen lassen. Auch der Winkelhannes war geladen, weil er als tüchtiger Fiedler geschätzt war. Ich erinnere mich, dass er guten Mutes war, und auch, dass er in einem neuen blauen Rock umher stolzierte. Er machte Eindruck damit, aber man konnte sich auch fragen, wie sich ein einfacher Knecht derartiges leisten konnte.

Hatten Sie eine Antwort dafür?

Damals nicht. Ich war, wie Sie sich denken können, gerade mit anderen Dingen beschäftigt. Ich bin auch zu der Überzeugung gekommen, dass sich ein Wirt nicht allzu viele Gedanken über sein Gäste machen sollte, solange sie ihre Zeche ordentlich begleichen. Ob da einer seine Kleider auf Pump gekauft hat, oder ob er sich nächtens in den Wäldern ein wenig Zubrot verdient, geht mich nichts an.

Sie wollen damit andeuten, dass der Winkelhannes zu den Holzdieben gehört haben könnte?

Ich wollte damit nur ausdrücken, dass ich mich nicht auch noch darum kümmern kann, woher die Leute ihr Geld haben. Was den Winkelhannes betrifft, so kann ich nur sagen, als dass er sich an diesem Abend nicht schlechter als Andere betragen hatte, und man auf ihn, obwohl sein Elternhaus nun einmal nicht sonderlich gut beleumdet war, gut reflektierte. Nicht zuletzt die Mädchen.

Das änderte sich aber offensichtlich, als der Soistman auf ihn zutrat.

Das ist richtig. Den Beginn des Streits habe ich jedoch nicht verfolgen können. Ich kam erst hinzu, als die beiden sich bereits gegenseitig anbrüllten.

Was hörten Sie?

An die Worte erinnere ich mich nicht mehr. Klar aber war, dass der Soistman den Winkelhannes an die Bezahlung einer Rechnung erinnert haben musste. Das wies dieser mit groben Beleidigungen zurück.

Der Streit fand also vor versammelter Hochzeitsgesellschaft statt?

Allerdings. Wobei es scheint, dass der Soistman seine Mahnung zunächst eher diskret geäußert hat. Schließlich war auch er als Gast geladen, und er musste bedacht haben, dass es sich schwerlich geziemt, in einer derartigen Situation einen öffentlichen Streit zu beginnen. Der Winkelhannes aber schien sofort mit lauter Empörung reagiert zu haben, wodurch sich alle Blicke sofort auf ihn und den Soistman richteten. Ich glaube, er kalkulierte, dass sich die anderen Gäste auf seine Seite schlagen würden, wenn er den Soistman als Wucherjuden und ähnliches beschimpfte. Aber er war, erinnere ich mich, bleich wie ein Tuch.

Wucherjude? Dieses Wort fiel? Welches noch?

Was oft gesagt wird. Blutsauger, Betrüger, dreckiger Jud.

Gelang es dem Winkelhannes denn, Stimmung gegen den Soistman zu machen?

Es gab einige, die ihm beipflichteten. Andere aber wiederum nicht. Sie verhöhnten ihn als Hungerleider, als Schuldenmacher und Blender. Es mögen einige darunter gewesen sein, deren Mädchen der Winkelhannes zuvor schöne Augen gemacht hatte.

Wie endete der Streit?

Nun, da der Winkelhannes vor Zorn raste und kurz davor war, den kleinen Soistman zu Klump zu schlagen, musste ich ihn schließlich hinauswerfen lassen.

Der Soistman blieb?

Ich muss sagen, dass er sich sehr unvernünftig verhielt. Er lief ebenfalls jammernd hinaus und soll, so habe ich hinterher erfahren, versucht haben, dem Winkelhannes seinen Rock zu entreißen. Meine Leute mussten die beiden trennen.

Kam einer der beiden wieder zurück?

Nein. Der Winkelhannes rannte wohl in Richtung des Waldes davon, und dem Soistman ist vom Bräutigam und den Brauteltern gesagt worden, dass er nicht mehr erwünscht sei. Man fand es allgemein unpassend, seine Forderung ausgerechnet bei einer Hochzeit angebracht zu haben.

Wissen Sie, ob die Angelegenheit noch irgendwelche Folgen hatte?

Nein. Sie wurde bald vergessen. Es gibt schließlich hierzulande kein Fest oder keine Hochzeit, bei der es nicht immer wieder zu kleineren Querelen kommt.

4. Frau Jente Soistman, Witwe des Aaron Soistman

Frau Soistman, wir hoffen, dass Sie sich ein wenig erholt haben.

Ein wenig. Fragen Sie. Ich möchte ja auch, dass der Mörder meines lieben Mannes entdeckt wird. Wenngleich ich keinen Zweifel habe, dass es dieser Lump aus Bellersen war.

Vermutlich haben Sie Recht.

Zweifeln Sie etwa daran? Weshalb hätte er fliehen sollen, wenn er nicht der Schuldige war?

Seine Flucht macht ihn verdächtig, gewiss. Aber damit ist seine Schuld noch nicht vollständig erwiesen. Er könnte auch deshalb geflohen sein, weil seine Weste wegen anderer Missetaten nicht völlig sauber war. Wenn wir also nicht genügend weitere Belege für seine Schuld finden, könnte es ihm gelingen, vor Gericht seinen Kopf aus der Schlinge zu ziehen.

Aber wie viele Beweise brauchen Sie denn noch?

Soviel als nur möglich. Immerhin ist es noch nicht allzu lange her, dass der Förster Boger ebenfalls angefallen und fast erschlagen worden ist, als er versuchte, einen Holzdieb aus der Schleming'schen Bande zu stellen. Und wir haben durchaus schon erleben müssen, dass ein Verdächtiger allein deshalb geflohen ist, weil er schon den Verdacht als unerträgliche Schmach empfunden hat. Und weil er, obwohl unschuldig und nur durch einen unglücklichen Zufall in Verdacht geraten, der Rechtsprechung misstraute.

Bis Sie mit Ihren Befragungen fertig sind, ist der Lump endgültig über alle Berge.

Machen Sie sich keine Sorgen, Frau Soistman. Der Winkelhannes hat keinen Groschen in der Tasche. Einer wie er wird der wachsamen Obrigkeit bald als bettelnder Vagant ins Augen fallen. In deutschen Landen kann sich niemand dauerhaft verstecken, und sei das Erdloch noch so tief, in das er sich verkrochen hat. Bitte berichten Sie uns also jetzt, was am 12. Februar geschehen ist.

Mein Mann sagte mir am Morgen, dass er nach Vörden gehen wollte, um einen Kauf abzuschließen, und er nannte dabei den Schlachter Salomon. Danach wollte er weiter nach Bellersen gehen. Dort, sagte er, seien noch einige Schuldner anzumahnen, zu Abend wolle er wieder zurück sein. Als er nicht kam, machte ich mir noch keine Gedanken, da sich seine Besuche beim Salomon öfters hinzogen und er dort gelegentlich übernachtete. Als er aber auch am drauffolgenden Abend nicht erschien, wurde ich unruhig. Gleich am nächsten Tag ließ ich mich von unserem Hausknecht nach Vörden bringen, wo mir gesagt wurde, dass Aaron hier war, die Geschäfte aber rasch abgewickelt worden seien, weshalb er sich gegen Mitte des Nachmittags nach Bellersen aufgemacht habe. Also fuhr ich auch dorthin. Von Förster Schmidtsens hörte ich dann, dass Aaron am frühen Abend das Dorf wieder in Richtung Ovenhausen verlassen hatte.

Warum sprachen Sie gerade den Schmidtsens an? Kannten Sie ihn?

Nicht sehr gut. Ich kam auf ihn, weil er einer derjenigen war, den Aaron abzumahnen hatte.

Der Förster Schmidtsens war ein Schuldner Ihres Mannes?

Ja. Ich kenne die Höhe der Summe zwar nicht, weiß aber, dass sie nicht unerheblich gewesen ist. Und er war seit einiger Zeit mit dem Zins in Verzug.

Gut. Was unternahmen Sie, nachdem der Förster sie davon unterrichtet hatte, dass Ihr Mann das Dorf wieder verlassen hatte?

Ich fuhr wieder nach Ovenhausen zurück, in der Hoffnung, dass Aaron in der Zwischenzeit eingetroffen sein könnte. Dem war jedoch nicht so, und ich war ratlos, da ich auf dem Weg zwischen Bellersen und Ovenhausen keine Spur von ihm gefunden hatte, wie man mir auch in allen Gehöften entlang der Straße nichts davon hatte berichten können, dass er gesehen worden wäre. Ich ließ mir aber sagen, dass Aaron eine Abkürzung genommen haben könnte. Nachdem ich zuvor ja gehört hatte, dass er erst zu Beginn der Dämmerung aus Bellersen aufgebrochen sei, schien es mir nicht ausgeschlossen, dass er diesen Pfad eingeschlagen haben könnte, um nicht in die Dunkelheit zu geraten. Er war ängstlich, und er liebte die Nacht nicht.

Warum suchten Sie nicht gleich auch diesen Weg ab?

Weil ich keine Kenntnis davon hatte, dass es ihn überhaupt gab. Ich glaube auch, dass Aaron ihn vorher nicht kannte. Er war sehr auf seine Sicherheit bedacht und hatte mir zu Beginn seiner Reisen immer genau gesagt, welche Route er nehmen wollte.

Es ist also möglich, dass ihm erst in Bellersen die Abkürzung durch das Heilig-Geist-Holz empfohlen wurde?

Ich habe jedenfalls keine andere Erklärung.

Sie betraten also diesen Weg?

Ja. Man gab uns freundlicherweise noch einen Hund zur Seite. Wir waren aber noch nicht sehr weit gekommen, als wir von einem Gewitter überrascht wurden. Wir erreichten die Schlucht und suchten Schutz unter einer hohen Buche. Der Hund erschrak sich vor dem Krachen der Blitze und lief davon. Als das Gewitter vorüber war, suchten wir nach ihm, konnten ihn aber nicht mehr finden. Stattdessen entdeckte ich, nur wenige Schritte von unserem Unterstand entfernt, im Gestrüpp etwas Weißes, und ...

Und Sie fanden Ihren Mann ...

Zuerst nur seinen Gehstock. Ich erkannte ihn gleich ... im gleichen Moment kam der Hund zurück, er trug einen Schuh im Maul und führte uns zu einer flachen Grube, über die Laub gedeckt war ...

Frau Soistman, bitte sagen Sie uns, wenn Sie die Befragung unterbrechen möchten. Wenn Sie es wünschen, können wir gerne eine Pause machen.

Danke, es ist nicht nötig. Aber mehr kann ich Ihnen nicht sagen, da ich wohl ohnmächtig geworden sein musste und erst Stunden später wieder zu mir kam. Ich erfuhr, dass man die Leiche schon geborgen und auch bereits Jagd auf den Mörder gemacht habe, dieser aber geflohen sei. Da ich mich vor innerer Schwäche kaum mehr bewegen konnte, veranlasste der Droste, einen Wagen für mich und Aaron anzuschirren, mit dem wir schließlich nach Ovenhausen heimkehrten. Ich war in den folgenden Tagen sehr krank und wäre am liebsten meinem Mann in das Grab gefolgt. Das ist alles, was ich Ihnen sagen kann. Wenn Sie keine weiteren Fragen mehr haben, würde ich mich jetzt gerne wieder zurückziehen. Ich bitte Sie um Verständnis.

Nur noch dies, Frau Soistman: Waren Sie es, die die Gerichtsdiener auf die Spur des Winkelhannes als dem möglichen Untäter führte?

Nein. Ich war noch nicht wieder bei Sinnen, als man sich zu ihm aufmachte. In ganz Bellersen aber schien niemand einen Zweifel zu haben, dass er es war, der den Mord begangen hatte. Als man mich aber fragte, ob ich diesen Verdacht bestätigen könnte, fielen mir wieder alle Hässlichkeiten und Drohungen ein, mit denen er Aaron überschüttet hatte. – Sagen Sie mir bitte nur noch, ob man wenigstens schon eine Spur von ihm hat.

Noch nicht. Es ist aber bereits landesweite Recherche ausgeschrieben. Wir sind ganz sicher, dass er sich noch in der Umgebung befindet und wir ihn bald aufgespürt haben werden.

II. Briefe, Aktennotizen, Rapports

1. Droste Freiherr v. Haxthausen an den Präsidenten des Fürstbischöflichen Gerichts zu Paderborn
(Dokument teilverdorben, vermutlich April/Mai 1783)

Ew. Gnaden möchten darüber in Kenntnis gesetzt sein, dass sich am gestrigen Tage eine Deputation von Israeliten unter Anführung des Rabbiners der Gemeinde Ovenhausen hier einfand und um Unterredung bat, die ich nicht abschlagen konnte. Die Glaubensbrüder des Verblichenen zeigten sich noch immer erbittert über die Untat, wie auch darüber, dass die Landesstreifungen in den vergangenen Monaten keinen Erfolg erbrachten und kürzlich abgesetzt wurden, da sich der Hermann Winkelhannes nach unserer Kenntnis außer Landes begeben hat. Letzte vage Kunde erreichte uns aus dem Lippeschen, verbunden mit der Mutmaßung, dass der Flüchtige nach Holland entwichen sein könnte.

Nach einiger Einleitung sagte der Rabbi, er und seine Glaubens-

brüder hätten eine große Bitte. Man ersuche untertänigst, an der Buche, bei welcher der Aaron Soistman sein Leben hat hingeben müssen, eine Inschrift anbringen zu dürfen, und man bezahle, sollte Schaden entstehen, jeden geforderten Preis. *Da ich nicht umhin konnte, dem Kummer der Israeliten Verständnis zu zollen, und sie weiters beteuerten, den Baum nicht umschlagen, sondern nur mit einem Einschnitt des Gedenkens versehen zu wollen, erteilte ich die Permission, ohne eine jede Bezahlung. Jedoch erkundigte ich mich, welcherart diese Inschrift sein sollte, worauf der Rabbiner angab, man verfasse sie in hebräischen Zeichen, worauf ich mich verwundert zeigen musste und darauf drang, mir dennoch den Text zur Kenntnis zu geben. Der Rabbiner erklärte mir darauf, dass man beabsichtige Gott anzurufen, dem Malefikanten das gleiche Schicksal wie dem durch seine Hand Verblichenen zuzueignen. Ich erschauderte nun doch und stellte fest, dass es sich nach meiner Ansicht um eine Verfluchung handele, und ich Bedenken hätte, dadurch einen düsteren Ort zu schaffen, anstatt eines Verstorbenen zu gedenken und um dessen Seelenheil, wie auch um göttliche Liebe und Versöhnung zu bitten. Der Rabbiner jedoch hielt mit theologischen Spezifikationen dagegen, deren Kern war, dass diese Anrufung keinesfalls ein Fluch sei, sondern allein zum Ziel habe, Gott um Gerechtigkeit unter den Menschen anzuflehen. Nachdem der Missetäter sich der weltlichen Gerechtigkeit offenbar entzogen habe, wäre diese Anrufung ihres Herrn das Einzige, was sie tun könnten. Damit gehe es viel mehr darum, der beschädigten Seele der armen Frau Jente Soistman zur Ruhe zu verhelfen, deren Schmerzenswunde sich sonst nicht schließen könne.*

Da ich, wie ich in aller Freimütigkeit gestehe, dieser Beteuerung nichts entgegensetzen konnte und zudem ein großes Interesse daran hatte, dass es zwischen den Israeliten und uns wieder zu einem passablen Accord kommen sollte, hatte ich gegen diese Inschrift keine Einwände, zumal sie nur von Israeliten lesbar sein würde.

Ich bestand jedoch darauf, dass der Name des flüchtigen Hermann Winkelhannes nicht verwendet werden sollte, eingedenk der Worte von Ew. Gnaden vor einigen Tagen in dieser Causa, dass *le vrai n'est pas toujours vraisemblable, sowie der Tatsache, dass vor* seinem Tode ein Mitglied der Schleming'schen Bande, genannt der Lumpenmoises, bei einem Verhör eine rätselhafte Selbstbeschuldigung tat, nämlich, er bereue tief, einen seiner Glaubensbrüder im Wald erschlagen, doch nur sechs Groschen bei ihm gefunden zu haben. Demnach ist nicht ausgeschlossen, dass der Mörder des Aaron Soistman nicht doch unter den Holzbanditen zu finden ist.

2. Hermann Georg Winkelhannes an den Fürstbischof von Paderborn

(Signt. Algier den 8. November 1787)

Ich, Hermann Winkelhannes, von Bellersen im Paderbornschen in der Diözese Kurfürstentum Köln gebürtig, meines Vaters Hermann und meiner Mutter Maria Elisabeth ehelich gezeugter Sohn, stand in spanischen Diensten beim Regiment Provante und geriet in sklavische Gefangenschaft und bin nun schon zwei Jahre in diesem erbärmlichen Leben. Es ist mir fast unmöglich, über das Elend von Christen zu schreiben, und es würde sogar ein steinernes Herz zum Mitleiden bewegen, wenn es sähe, wie sie von diesen Barbaren traktiert werden und wie sie bei schlechter Nahrung und miserabler Kleidung schwerste Arbeit tun müssen. Ich selbst habe Gott sei Dank einen guten Patron bekommen, welcher Erster Minister des Bey ist, und wo ich an Unterhalt und Kleidung keinen Mangel leide, wohl aber daran, dass ich als Sklave dem Christentum entzogen bin und meinen Glaubenspflichten nicht nachkommen kann. Da ich keinen Trost und keine Hoffnung habe, dass sich dieser traurige Zustand für mich ändern könnte, setze ich nun mein Vertrauen auf Ihro Hochfürstliche Gnaden und bitte kniefällig mit bitteren Tränen, sich meiner zu erbarmen und dieses jämmerliche Los zu beenden und mir wieder in mein liebes Vaterland zu verhelfen. Es ist wahrlich eine große Summe, mit der ich mich frei kaufen könnte, nämlich dreihundert Dukaten, aber der Allmächtige Gott wird es Ihrer Hochfürstlichen Gnaden reichlich vergelten. Ich schließe mit bitteren Tränen und Hoffnung an Ihro Hochfürstliche Gnaden.

Ein alleruntertänigster Untertan und Diener
Hermann Winkelhannes, Sklave in Algier

(Randnotiz des Fürstbischöflichen Sekretariats: *Es ergeht Anweisung, der Bitte keine Folge zu leisten, da Demandant im stärksten Verdacht des Mordes steht.*)

3. Unterredungsnotiz des Kanzlei-Sekretärs der Königlich Preußischen Regierung zu Paderborn mit Freiherr v. Haxthausen vom 15. April 1807

Der Droste v. Haxthausen ersuchte S. Exzellenz um Unterredung in der Causa Winkelhannes, Hermann Georg, aus dem Dorfe Bellersen. Genannter sei vor einigen Tagen nach vierundzwanzig Jahren wieder im Ort erschienen und im Gericht der Drostschaft stelle sich die Frage, wie man mit ihm verfahren sollte, indem Genannter des Mordes an einem israelitischen Kaufmann im Jahre 1783 beschuldigt sei. Genannter befände sich in einem körperlich äußerst lamentablen Zustand und habe erklärt, erst kürzlich aus algerischer Sklaverei entlassen worden zu sein. Dem Ersuchen des Drosten kann aus Gründen der Abwesenheit von S. Exzellenz nicht stattgegeben werden, dringlich gewünschte Weiterleitung wird jedoch zugesagt.

4. Notiz des Sekretärs der Präsidial-Kanzlei der Königlich Preußischen Regierung zu Paderborn vom 18. April 1807

S. Exzellenz v. Coninx verfügt in der Causa Winkelhannes, die Drostschaft möge per Kanzlei-Courier angewiesen werden, keine Arretierung oder anderweitige Kränkungen am Genannten vorzunehmen und diesen der Obhut der gemeindlichen Fürsorge zu belassen, indem Genannter ein halbes Lebensalter in muselmanischer Gefangenschaft habe zubringen müssen, was nach dem Gesetz der Todesstrafe gleichzusetzen sei. Mitzuteilen sei dem Drosten weiters, dass es überdies fraglich ist, ob erneute Untersuchungen in der Causa Soistman ratsam seien, da viele der Beteiligten und Zeugen nicht mehr am Leben sind, wie auch erwogen werden müsse, dass erneutes Aufstören einer Angelegenheit, die zu seiner Zeit einen äußerst

*schädlichen Rumor zwischen dem Volke und den Israeliten hervor-
gerufen hatte, diesem wieder Nahrung geben könnte.*

5. Gerichtlicher Rapport des Drosten Freiherr v. Haxthausen an die Präsidialkanzlei der Königlich Preußischen Regierung zu Paderborn

(Dokument teilverdorben, vermutlich November oder Dezember 1807)

S. Exzellenz möchten davon in Kenntnis gesetzt sein, dass am vorgestrigen Tage der Hermann Georg Winkelhannes von Bellersen in leblosem Zustande entdeckt wurde. Die Nachschau durch den Gerichtsdiener Malchus ergab, dass Genannter durch Erhängen an einem Baumast zu Tode kam und nach bisheriger Erkenntnis eine Selbstentleibung vorliege. Da nicht allein in der Person des Dahingeschiedenen, sondern auch bezüglich des Ortes seiner Auffindung einige Rätselhaftigkeiten zu konstatieren waren, ordnete das Gericht eine weitere Untersuchung durch den Gerichtsdiener an, deren Ergebnis ich hiermit zu Rapport geben will.

Genannter Winkelhannes tauchte vor mehreren Monaten nach langer Abwesenheit wieder in Bellersen auf, von wo er gebürtig, und wo noch einige Anverwandte leben. Sein Zustand und Aussehen waren derart jammervoll, dass die Identifizierung nur gelang, weil er selbst seinen Namen bekannte. Zur Bestätigung seiner Person bat ich ihn zu mir, wo er mir, wenngleich in kaum verständlichem Gemisch aus Deutsch, Holländisch, Französisch und Italienisch von seinem Schicksal Kunde gab. Demnach begab er sich nach seiner Entweichung zunächst nach Werl, wo er die Muttergottes um Vergebung seiner Sünden gebeten und ihr sein ganzes Geld geopfert haben wollte. Dermaßen erleichtert, verdingte er sich danach in Holland als Tagelöhner, um daraufhin bei einem Genueser Kauffahrer anzuheuern, welcher Waren in die Levante verschiffte. Bei der Passage durch das Sizilische Meer wurde das Schiff von Piraten aufgebracht, er selbst nach Algier verschleppt. Auf dem dortigen Sklavenmarkt wurde er vom Wesir des Bey erworben, wo er es dank seiner Tüchtigkeit und seiner Sprachkenntnis zum Haushofmeister gebracht haben wollte.

Als sein Herr jedoch in Ungnade gefallen und stranguliert worden sei, habe sein eigentliches Unglück begonnen, da er ab nun als freier Sklave galt und bei glühendster Hitze und ungenügender Kost schwerste Arbeiten zu verrichten hatte. Sein kräftiger Körper hielt dies einige Jahre aus, doch als er einmal stürzte und sich viele Knochen brach, warf man ihn ohne Pflege in ein Siechenloch, weshalb er in der Folge schief und verkrüppelt geriet. Erst der Bonaparte habe die Beendigung der Sklaverei erzwungen, worauf man ihn schließlich mit einigen Gulden beschenkt an der italienischen Küste ausgesetzt habe, von wo aus er nach seiner Heimat wanderte.

In der Hoffnung, die alten Spekulationen im Mordfalle Soistman beenden zu können, befragte ich den Winkelhannes danach. Nachdem ich ihm eindrücklich versichern konnte, dass er keine Strafe mehr zu befürchten habe, gestand er die Tat, schränkte aber ein, dass er den Soistman nicht habe totschlagen wollen. Erst als dieser sich heftig gewehrt und im Kampf gegen einen Stein geschlagen und heftig geblutet habe, habe er zu sich gesagt: ‚Nu is et doch verbi, nu sust’n anck ganz daut schlahn.‘ Danach sei aber große Angst über ihn gekommen, er habe sich zu Hause verkrochen und sei, als er die Gerichtsdiener von beiden Seiten kommen sah, aus dem Fenster in den Garten gesprungen und so entkommen.

Er beteuerte übrigens mit Nachdruck, die Tat nicht geplant zu haben. Er habe sich vielmehr erst dazu entschlossen, nachdem man ihm gesagt hatte, dass er vielleicht bald Gelegenheit erhielte, dem Soistman eine verdiente Tracht Prügel zu verabreichen, indem man versuche, den Verhassten in seine Nähe zu lenken. Sein Gedächtnis sei jedoch zu lückig oder von zu viel grauenvollen Erlebnissen überdeckt, als dass er sich nach so langer Zeit noch an den Namen des Informanten erinnern könne.

Um gänzlich Sicherheit zu erhalten, wollte ich mit dem Winkelhannes die nämliche Location aufsuchen, an der der Soistman zu Tode gekommen ist, was er jedoch mit heftiger Bewegung ablehnte. Er gab vor, von grausen Gespenstern und Gesichten gepeinigt zu werden, wenn er nur in die Nähe dieses Ortes käme. Worauf ich ihm eröffnen musste, dass der Platz tatsächlich einst von den Juden markiert worden war. Er erkundigte sich, wes Inhalts diese Inschrift war, und ich gab ihm meine Erinnerung wieder, was ihn sehr zu bestürzen schien. Ich suchte ihn zu beschwichtigen, indem ich darauf hinwies, dass es sich um einen hebräischen Spruch handele, wohingegen er doch christlichen Glaubens sei. Tatsächlich erleichterte ihn mein Hinweis, denn er sagte am Ende, er wolle sich weiters keine ernsten Gedanken mehr machen, schließlich habe er schon schwer gebüßt und auch in der ärgsten Sklaverei immer zu seinem Glauben gehalten, obwohl ihm Vorteile in Aussicht gestellt worden waren, wenn er ihm abgeschworen hätte. Da der Arme ersichtlich an Körper und Seele schon genug Qualen erdulden hatte müssen, pflichtete ich ihm mit Überzeugung bei.

Nach seiner Heimkehr fand der Winkelhannes Unterschlupf im Hause seines Bruders, wo er jedoch sehr ungnädig behandelt wurde. Was verständlich ist, da er kaum noch arbeiten konnte und sich nur ein wenig Almosen verdiente, indem er seine orientalischen Aventuren des Öfteren erzählte, weshalb er im Volk nur noch der ‚Algerier‘ genannt wurde. Im Spätherbst dieses Jahres sprach er schließlich auch wieder bei mir vor und bat, als Hausknecht in meine Dienste aufgenommen zu werden, da er bei seinem Bruder kaum Essen erhalte, in einer kalten Kammer hausen müsse und fürchte, den Winter nicht zu überleben. Da mir die Vorstellung, einen Mörder im Hause zu haben, unangenehm war, musste ich das Ansinnen zurückweisen. Obwohl ich ihm einige Groschen überreichte, ging er mit Anzeichen großer Betrübnis davon.

Wie im Nachhinein in Erfahrung zu bringen war, suchte der Winkelhannes noch bei einigen andere Höfen, darunter beim hiesigen Vogt, um Hilfe an. Doch auch hier wies man ihn zurück, auch deshalb, weil er laut weinend lamentierte, von allerlei Gespenstern gejagt zu werden, was die Zuhörer in Angst und Schauder versetzte. Zuletzt schlug er in Holzhausen an die Türe und stürzte, als man ihm öffnete, leichenblass und in furchtbarer Angst ins Haus. Man solle ihn, sagte er, um Gottes und aller Heiligen willen in dieser Nacht bei sich behalten, denn er sei eben durch das Heilig-Geist-Holz gewandert und dabei auf ein riesiges Weib gestoßen, das ihm ein schweres Dornenbündel aufgebürdet habe, dessen Spitzen sich tief in sein Fleisch gebohrt hätten. Man verabreichte ihm daraufhin mehrere Glas Branntwein, auf die hin er sich nach einer Weile wieder beruhigte und sagte, nach Hause gehen zu wollen.

Am folgenden Tage erhielt ich davon Kunde, dass der Domherr in der Frühe auf den Pflüger Kerkhoff getroffen sei, der ihm davon berichtet hatte, der Algerier sei im Heilig-Geist-Holz an einer Buche, welche vom Volke als die Judenbuche bezeichnet wurde, hängend aufgefunden worden. Eine Nachforschung bei den Nachkommen des Soistman und anderen Israeliten ergab keinen Hinweis, der eine weitere Nachschau etwa danach begründet hätte, ob einer von ihnen nach langer Zeit Rache geübt haben könnte. Die Israeliten gaben an, es sei ihr Gott gewesen, der an den Menschen erneut seine göttliche Gerechtigkeit geübt, sowie ihnen seine Güte bezeugt habe, denn nun könne das dunkle Mal verblassen, das dieser Mord in ihre Seelen getieft habe.

Nachdem der Leichnam des Winkelhannes ins Dorf gebracht war, ließ ich die Gemeindevorsteher zu mir kommen, schilderte ihnen meine Kenntnis dieses traurigen Schicksals und ersuchte, diesen Menschen nicht hinter der Kirchhofmauer einzuscharren, sondern ihm ein ehrliches Begräbnis zu geben. Dies wurde mir versprochen und auch gehalten.

Des weiteren werde ich bei geeigneter Gelegenheit den Baum fällen lassen, darum betend und von Herzen hoffend, dass mit der Vernichtung seiner Zeichen auch ihre bittere Begründung für immer aus unserer Welt verschwinden möge.

Hugo Dittberner
Der Weg zurück

*„Wenn du dich diesem Orte nahest, so wird es dir ergehen, wie du
mir getan hast."*

Der Neffe will es wissen. Das ist gut. Wir warten an der Pforte
zum Judenfriedhof. Noch sieben ganze Grabsteine stehen dort,
vor deren verlöschenden Inschriften ich schon manchmal buch-
stabierend und rätselnd geblieben bin. Vorn die deutsche Schrift,
auf der Rückseite die hebräische. Oder sind sie umgedreht worden, als sie nach dem Krieg und vielen Jahren als Grenzsteine im
Acker geborgen und neu aufgestellt wurden?

Der Neffe weiß es auch nicht. Er ist uralt und doch einmal
aus Kanada gekommen, um das Grab seines Onkels zu besuchen. Nicht orthodox; kaum gläubig, gerade in dem Maße, zu
dem sein Familienschicksal verpflichtet. Und froh, dass es den
Friedhof, die Grabsteine überhaupt gibt. Die hebräischen Inschriften sind deutlicher geblieben, wundern wir uns. Als kä-
men sie der Ewigkeit näher, möchte ich scherzen, hüte mich
aber. Wollen die Gräber der Juden nicht in Ewigkeit erhalten
bleiben?

Auch er kann die hebräische Schrift nicht übersetzen und von
der deutschen nur eben den Namen des Onkels lesen: „Blume-
nau" und schon mühsamer „Philip" entziffern, eben die letzte
Zahl des Todesdatums :„8". 1928, weiß er von seinem Vater, dem
lange Gestorbenen, noch länger Vertriebenen.

Sonderbar, den Gefilden der Vorfahren so nah und doch so
fremd zu sein, sagt er in seinem Deutsch, das er vor vielen Jahr-
zehnten noch lernen und dann immer wieder lesen musste. Denn
immerhin ist er 79. Am Telefon jedoch hatte die Stimme wie die
eines sechzigjährigen Verwandten geklungen, den man seit Jahr-
hunderten nicht mehr gehört hatte.

Es hat keinen Zweck, wir werden nicht mehr herausbekom-
men, sagt er, vielleicht war ich zu hoffnungsvoll. Oder von der

Literatur verzogen, fügt er sinnend hinzu: Kennen Sie die „Judenbuche" von Annette von Droste-Hülshoff?

Natürlich, sage ich. Er selbst hatte sie ja in unserem Telefongespräch erwähnt und, als ich sogleich schwärmte, bedenkliche Sätze moniert und sogar zitiert: „Packt den Juden! Wiegt ihn gegen ein Schwein auf!", dass man von „einem Hund von einem Juden", vom flüchtigen Friedrich Mergel aber nur von „einem Esel von einem Burschen" sprach – – und ich hatte daraufhin die alte Schullektüre noch einmal und erst richtig gelesen und meine Aufmerksamkeit gemäßigt.

Auch ich denke beim Anblick der hebräischen Schrift auf den Grabsteinen also an die rächende und richtende Inschrift in jener Erzählung. Und an ihre Haltbarkeit.

Dreißig Jahre in der Rinde, sage ich. Oder man hat sie auswendig gewusst. Aber das Zitat ist dort überliefert, sage ich, sogar auf Hebräisch. Und die deutsche Übersetzung ist der Clou am Ende der Novelle.

Bei „Clou" legt er den Kopf ein wenig schief, den Kopf eines Blumenaus. „Sittengemälde", korrigiert er. In Vancouver heißt er jetzt „Bloom" und ist ein Mann, der viele tausend Patienten verarztet hat, Generationen von Kanadiern. Mehr und mehr eine Fron, hatte er am Telefon geklagt, weil er nicht aufhören konnte zu praktizieren nach dem Tod seiner Frau. Seine Kinder waren auf die Pause in Europa gekommen, in der Heimat seiner Vorfahren. Ihrer ja auch.

Ja, wie lange hält Schrift? Auf Stein, denkt man doch, länger als am Baum, sage ich. Oder ist es umgekehrt? Oder, versuche ich nun doch, gegen das Feld um uns atmend, zu scherzen, hängt es vom Inhalt ab? Mein ist die Rache ...

Aber George Bloom will sich auf diesen Ton nicht einlassen und murmelt: Unvorstellbar ist diese Welt geworden, unvorstellbarer jedenfalls als die Welt der „Judenbuche". Er hat das alte Reclam-Heft dreimal gelesen, das dritte Mal, bevor er sich in das Flugzeug setzte. Und er hat den Wald, die Blaukittel, die in einer frühen industriellen Raubwut die Bäume umlegen, den tückischen Jungen und den unaufmerksamen Förster mit dem geschulterten Gewehr vor Augen. Er hört jenes Warnpfeifen, das die Holzfrevler schnell verscheuchen will und den Mörder, den ersten Mörder in dieser Geschichte, heranruft.

Das Wort „Holzfrevler" mag George Bloom übrigens, auch „Blaukittel". Obwohl das wohl ein wenig leichtfertig ist?, fragte er, nach einer Stunde Telefongespräch mehr Vertraulichkeit wagend. Und so habe auch ich „Die Judenbuche", diese Lektüre meiner Schulzeit, wieder gelesen, und verstehe jetzt seine Anwandlung, gerade im Poetischen die Spur des Unheimlichen, Ungeheueren aufzunehmen aus einer Zeit, als der Fluch noch geholfen hat. Ja, das ist mehr als Brechts „ungeheuer oben", oder weniger, je nachdem, murmele auch ich. So dass wir beide nur noch zu murmeln scheinen.

Drei Birken, ein Zwillingsbaum darunter, eine Eiche stehen auf dem kleinen Areal, das viel zu groß ist für zweimal sieben Grabsteine, so dass der Rasen drum herum allerdings leichter von der Gemeinde gemäht werden kann. Denn Angehörige, Juden überhaupt, gibt es bei uns nicht mehr, nicht einmal die Judengasse. Wer die Wiederherstellung des Judenfriedhofs, der auf einer alten Karte „Begräbnisplatz" hieß, nach dem Krieg veranlasst oder verlangt hat, ist im Ort nicht bekannt. Es war 1946 oder 1949, erfuhr ich nur. Und mehr als diese sieben ganzen und sieben nicht mehr ganzen Grabsteine waren nicht mehr aufzufinden; der Rest wurde für den Wegebau zerschlagen oder zermahlen.

Ich hatte mir vorgestellt, mit dem zeitweiligen Heimkehrer einen langen Gang durch die Gemeinde zu machen, bis er die alte Erde wieder unter den Füßen spüren, Duft und Landschaft wieder in sich aufnehmen könnte und für ein Gespräch gelöst würde, das uns beiden gut tun sollte. Aber er geht am Stock und wie ein lebenslanger Städter, für den schon die tausend Schritte hinaus zum Judenfriedhof eine hinreichende Strecke ist. Und wir beide sollen genau hier und auf dem Rückweg miteinander zurecht kommen.

Die deutschen Landschaften haben immer noch etwas Märchenhaftes, sagt er, als wir eine Weile gegangen sind, um den gemeinsamen Schritt wiederzufinden. Es kann immer noch jederzeit etwas aus dem Gehölz brechen.

Ein Wildschwein heutzutage!, scherze ich und denke, er kann die „Judenbuche" nicht vergessen; die ein Jude vielleicht auch mit einer anderen Verpflichtung liest als unsereiner, fällt mir ein, mit größerer Inanspruchnahme durch die Schrift des Judengerichts und in Anbetracht, dass 60 Juden für den Erhalt der Buche und ihres Richterspruchs 200 Taler an den Gutsherren bezahlt haben.

Wo ist denn die Aue?, fragt er, und ich bin ganz verblüfft.

Das wissen Sie nicht? – Sind Sie denn nicht hier geboren?

Ich bin in Kanada geboren. Meine Eltern sind 1928 nach Kanada ausgewandert, erklärt er in einem Ton, als sei nun er erstaunt. Und da erst fällt mir ein, gehört zu haben, dass es in unserm Dorf nach 1928 keine Juden mehr gegeben habe, weshalb man sich von der Anklage wegen der Verbrechen im Dritten Reich nicht persönlich gemeint fühlen könne.

Die Aue, sage ich und umfasse mit einer weiten Bewegung das Auetal, liegt auf der anderen Seite des Dorfs.

Mein Onkel ist eines Nachts in der Aue ertrunken, erzählt George Bloom langsam, – obwohl er schwimmen konnte.

In der Aue?, frage ich konsterniert. War Hochwasser?

Auf dem Heimweg, hieß es –

Aber die Aue ist ein Flüsschen! Nicht viel breiter als der Bach, an dem wir hier entlanggehen und der in der Aue mündet!

Ich weise auf Bäume und Buschwerk am Weg gegenüber dem Judenfriedhof, so dass wir uns umsehen, ob wir den Bach erspähen oder wenigstens hören können.

Dann muss hier in der Nähe die Badeanstalt sein, in der die Jugend das Schwimmen gelernt hat.

Nun weiß ich, dass lange vor meiner Zeit, denn wir sind Zugezogene, einmal eine Badeanstalt oder jedenfalls ein Schwimm- und Planschbecken hier in der Nähe existiert haben soll, und so sage ich: Nein, die gibt es hier schon lange nicht mehr. Ich glaube, daraus ist eine Weide geworden, oder zunächst ein Schutt-platz und dann darauf eine Weide. Auf der anderen Seite des Bachs ...

Ich bin in Kanada geboren, allerdings in Ostkanada, aber auch auf dem Land. – Nicht so wie hier, so märchenhaft, fügt er hin-zu. Das können Sie sich vorstellen.

Ich stelle es mir längst vor. Kann mich aber nicht dagegen wehren, eine Szenerie aus Washington Irving im Auge zu haben, wahrscheinlich völlig abwegig, da in den Vereinigten Staaten, viel-mehr in den Kolonien und noch vor Cooper ...

Der Vater wollte immer noch mal die alte Heimat besuchen und das Grab seines Bruders sehen, nach dem Krieg. Nachse-hen – sagt man nicht so?

Wozu ich nicke, abgelenkt von meinen Gedanken und ihren Lieblingsbildern, denn die Landschaftsschilderungen von Wa-shington Irving und von James Fenimore Cooper weisen durch-aus Ähnlichkeiten mit denen der Droste auf. Landschaften, in de-nen man verloren gehen kann – erleichtert, aber auch beängstigt, mit einem Sog versehen, dort zu verschwinden ...

Aber er ist darüber hinweggekommen, er musste davon abse-hen, er konnte keine Zeit finden, zählt George Bloom auf, seiner deutschen Sprachlust frönend. Immer, wenn ich ihn besuchte, hatte er einen Satz für die alte Heimat übrig. Obwohl wir, seine Frau und seine Kinder fragten: Was willst du denn da, nach den Erfahrungen?

Und was hat er gesagt?, frage ich, weil George Bloom nicht wei-terspricht.

Er hat nur diesen Satz gesagt, gebetsmühlenartig. Auch ein schönes Wort ... Er will noch einmal nachsehen. Nur das. Nur der Gedanke beschäftigte ihn.

Und dass Sie Deutsch lernten!, fällt mir Gott sei Dank ein. Ich sage das in einem möglichst warmen Ton, um uns wieder die frische Luft zuzuführen, in der wir, langsam und humpelnd zwar, aber doch einträchtig und friedvoll gehen.

Ja, Eichendorff ... und auch die Droste.

Und Heine?

Auch Heine. All die Reclam-Schätze in dieser alten deutschen Druckschrift.

Fraktur, sage ich, und ich entblöde mich nicht, mich an die versunkene Redewendung zu erinnern: Mit jemand Fraktur reden!

Ja, Fraktur.

Da erst fällt mir ein, dass Fraktur gerade die Schrift mit nicht gerundeten Buchstaben ist, die alte deutsche Schrift aber die runde mit vielen Schwüngen und Häkchen – vor der Fraktur. Aber ich mag es nicht mehr korrigieren; wissen wir doch beide, was gemeint ist.

Dann haben Sie, nehme ich stattdessen den Faden wieder auf, von Ihrem Vater auch „Die Judenbuche" bekommen.

Ich habe sie geerbt. Ich konnte die Reclam-Hefte gut bei mir tragen, in der Klinik, beim Besuch der Patienten. Und auch in der Praxis! Wenn in der Praxis-Ordnung für nichts anderes Platz ist. Sie stören die anderen Menschen nicht, wenn man sie in der Tasche bei sich hat, und sie sind trotzdem für jede Pause bereit, oder?

Ja, stimme ich fast fröhlich ein. Ich benutze sie auch so.

Es ist also noch „gebräuchlich", betont er befriedigt – oder doch nur bestätigt?

Ich wappne mich vorsichtshalber und schärfe meinen Spürsinn, ob er es ehrlich mit mir meinen kann.

Er fährt eher noch sonorer und fast pathetisch fort: Und deshalb habe ich von uns Geschwistern den gesamten Reclam-Schatz geerbt, weil die anderen nicht so „gestrickt" sind wie ich. Ich war auch der Älteste.

Der als Erster die Erzählungen der Eltern gehört hat, stimme ich ein.

Es gab keine Erzählungen, korrigiert er. Dazu hatten meine Eltern keine Zeit. Erst, als ich sie während des Studiums besuchte, hörte ich die anderen Namen öfter, den Philips vor allem.

Kennen Sie den Zappel-Philipp?, frage ich, ein wenig bang.

Ich war kein Zappel-Philipp, erklärt er. Bei uns gab es keinen

Zappel-Philipp! Nicht einmal den fliegenden Robert, obwohl das ein angenehmerer Zeitgenosse zu sein scheint ...

Ich höre Stolz heraus, auf die Geläufigkeit wohl, mit der er, George Bloom, die Klaviatur des alten deutschen Repertoires beherrscht. Als wolle er als ein Gebildeter mit dem Nachfahren sprechen!, geht mir durch den Kopf, und es meldet sich eine alte, fast schon abgeklungene Scham. Das jüdische Gericht in Ermangelung des deutschen über Friedrich Mergel; und der klägliche Versuch des einst so stolzen Aufschneiders, sich als Johannes Niemand zu entziehen. Hatte nicht Sebastian Haffner nach seiner Emigration den Deutschen als Dr. Jekyll and Mr. Hyde dem englischen Publikum erklären wollen oder müssen? Unter einem Pseudonym übrigens, klappt es in mir nach.

Meine Güte!, ruft George Bloom plötzlich, als wolle er beiseite wischen, was ich denke und was wir hier veranstalten. Oder was bedeutet dieser energische Ruf aus dem Hinterhof sonst?

Ja?, frage ich also brav.

Das sagte mein Vater, wenn ihm der Kragen platzte – oder wenn ihm etwas über die Hutschnur ging, wenn wir kleinere Brötchen backen sollten ... So viel fällt mir hier ein, im durchaus schönen Auetal!

Auf dem Boden der Tatsachen, ergänze ich.

Aber während ich noch nach der scherzenden Laune suche, ist mir der Ton, der sich zwischen uns, und wohl vor allem durch mich, eingeschlichen hat, wie mit dem berühmten Ruck, unerträglich geworden. Ich nehme meinen ganzen Mut zusammen und frage George Bloom direkt: War es ein Unfall?

Er bleibt stehen, und indem er mir in die Augen schaut, sagt er langsam: Es war wohl ein Unfall, soweit ich wissen kann ....

Aber durch die folgende Geschichte wurde es ein anderer Unfall, ein endgültiger.

Mir wollen die Tränen kommen, aber ich nehme mich zusammen, muss zugleich denken, was George Bloom sagen würde, wenn ich diese Lieblingswendung Thomas Manns laut werden ließe. So kann ich die Tränen vermeiden.

Ich danke Ihnen, dass Sie sich für mich Zeit genommen haben, ich danke Ihnen aufrichtig, sagt er und wendet sich zum Weitergehen. Wenn wir wieder in die Zivilisation kommen, haben wir es abgetan ... Nein, nein, so sind wir nicht! Kommen Sie!, sagt er und fasst mich begütigend am Arm.

So können wir eine Weile schweigend nebeneinander gehen, entlang den ersten Häusern des Dorfes, die ich hinter ihren Hecken und Gärten von so vielen einsamen Gängen kenne. Es wäre an der Zeit, ein anderes Thema zu finden oder über das alte und immer weiterwirkende mit einem neuen Impuls zu sprechen, aber mir fällt nichts ein. In Gedanken versuche ich, noch einmal „Die Judenbuche" durchzugehen, dass ihre Erzählung sich im Revolutionsjahr 1789 erfüllt und der Adel, der verantwortliche Guts- und Rechtsherr, erst sehr spät und die Geschichte, die er vorher quasi versäumt hat, gütig aufhebend. Aber wie soll ich, wie kann ich das in solch einem Gehen sagen! Und wie viel weniger noch aus der Zeit, die seitdem bis zum wiederholten Hören der Geschichte in der Jugend der Droste und gar dem Schreiben dann Anfang der 40er Jahre des folgenden Jahrhunderts verfloss und sie sagenhaft machte – wie viel davon kann man beiläufig erwähnen, ohne albern zu werden oder wissenschaftlich werden zu müssen!

So gehen wir nebeneinander in George Blooms Humpelschritt und schweigen, und da auch er offenbar nichts zu sagen weiß oder für nötig hält, kommt der Geräuschmantel des Dorfes näher und hüllt uns ein. Es wird anstrengend, in dieser Anspannung mit einem recht auffälligen Fremden den Nachbarschaften näher zu kommen.

Zur Entlastung sehe ich hoch, hoch in den Himmel. Es ist ein Sommerhimmel mit einer prächtig umstrahlten weißen Wolke. Und nun erst höre ich die Vögel, und ich erinnere mich an die unvergesslichen Verse, die ich in jüngeren Jahren nicht selten zitiert habe: „Und über uns im schönen Sommerhimmel / War eine Wolke, die ich lange sah / Sie war sehr groß und ungeheuer oben / Und als ich aufsah, war sie nimmer da."

Ich überlege, ob ich George Bloom frage: Kennen sie Bert Brechts Gedicht – da ertönt nicht weit von uns ein mächtiges Gähnen, so überwältigend und herrschsüchtig die ganze Gegend einnehmend, dass wir erschrocken den Schritt verhalten.

Wer war das?, fragt George Bloom, und als ich nicht gleich zu antworten weiß: Ist das das alte deutsche Gähnen?

Eher erschüttert scheint er als amüsiert, wie der rasch gesuchte leichte Ton suggerieren will.

Auch ich bin neugierig, finde aber die Antwort erst, als wir nach ein paar Schritten an der Hecke vorbei sind und freien Blick auf einen Hundezwinger und eine Laube haben. Da fällt es mir ein, und ich muss auflachen: Das ist überhaupt kein Mensch! Das ist ein Hund!

Ein Hund?, fragt George Bloom mit der wach gewordenen Sorge des Fachmanns.

Ja, das ist die dänische Dogge von Herrn Goldoni.

Goldoni?, fragt er, nun gänzlich ungläubig.

Ich weiß, was Sie denken. Aber es stimmt tatsächlich. Und er ist weder verwandt, noch verschwägert – und auch kein Pseudonym! Fast schon ein Ureinwohner, jedenfalls länger hier ansässig als wir ...

Um ihn mit dem Einbruch dieses Ungeheuren zu versöhnen, erzähle ich die Geschichte von Herrn Goldoni und seinem Hund und unserem Dorf. Wie sehr Herr Goldoni und seine an der Leine geführte dänische Dogge, zumal seit Herr Goldoni im Ruhestand ist, zum Dorf gehören, weil sie täglich zweimal ganz und einmal halb, Herr Goldoni pfeifend, das Dorf umkreisen. So oft, dass die Dogge schon grau ums Maul geworden ist ... Wir alle sehen und hören sie. Das Hören ist keine reine Freude, denn weder ist die Aspiration noch die Tonführung des Pfeifens in Ordnung – und schon gar nicht das Repertoire. Über drei, vier Melodie-Fragmente einiger Volkslieder oder Schlager, die man gar nicht identifizieren möchte, tönt Herr Goldoni nicht hinaus. Ob man will oder nicht, man kommt deshalb nicht umhin, auf- und hinzublicken und das vertraute Paar wieder zu sehen. Übrigens mit durchaus wohlwollenden Gefühlen, denn Herr Goldoni hat eine volltönende Stimme, sobald er nur stehen bleibt und spricht. Keinen Unsinn spricht er, denn er bildet sich in Museen und Konzerten weiter und weiß von besonderen Orten und Reisen zu berichten – und er führt seinen Hund immer an der Leine! Was für ihn ganz und gar nicht selbstverständlich ist.

Im Wartezimmer des Arztes hat er erzählt, dass der Hund sein bester Freund ist, der mit ihm am Abendbrottisch sitzt und seine Scheiben Brot erhält ...

So?, sagt der Arzt ein wenig besorgt und sieht sich zerstreut um, da wir, an einer Straßenkreuzung angekommen, stehen bleiben und uns entscheiden müssen, wohin des Weges.

Jetzt trennen sich wohl unsere Wege?, fragt er, und ich meine einen Appell aus seinen Worten herauszuhören, ich weiß nur nicht, welchen.

Oder, frage ich also, wollen Sie jetzt mit mir zur Aue gehen? und deute flüchtig in diese Richtung.

Er folgt meinem Hinweis und sieht eine Weile dort hin, gleichsam hinüber zur anderen und für ihn nicht ganz nahen Seite des Ozeans.

Das ist, glaube ich, nicht nötig, sagt er langsam und blickt zu mir, auf meine Stirn, kommt mir vor. Ich finde den Weg nun gewiss auch allein.

Wir verabschieden uns nach diesem Zögern also mit einem Händeschütteln, ein bisschen länger und herzlicher als inzwischen üblich bei uns. Aber wir sind wohl beide etwas zerstreut oder verlegen, weil wir nichts mehr zu sagen finden. Nicht ganz bei der Sache, könnten wir scherzen.

Nach ein paar Schritten von ihm weg, höre ich sein Ach! Es ist ein leises Ach, aber ich höre es und kehre sofort zu ihm zurück, der sich auch wieder mir zugewendet hat und dort, gestützt auf seinen Stock, auf unserer Hauptstraße steht.

Ich habe ganz vergessen, mich bei Ihnen zu bedanken, Herr Brackmann, sagt er noch.

Doris Gercke
Vom Acker

Den Juden hatten sie erst in den 40er Jahren eingesperrt. Er musste nicht einmal umziehen. Irgendwann warf man einfach seine Nachbarn aus ihren Häusern; niedrige, enge, aneinander gebaute Katen, in denen sowieso nur die gewohnt hatten, die zu nichts fähig waren, außer zum Kinderkriegen. In die leeren Räume durften dann seine Kompagnons einziehen. Man brachte sie aus der Umgebung mitsamt ihren Familien. Der Rest war einfach: Ein Drahtzaun um die Ansammlung von Itzigs. Die würden niemanden mehr stören. Ging eine Mutter mit ihren Kindern in die Stadt und kam am Zaun entlang, das kam vor und wurde wohl als eine besondere Art von Unterricht in Rassenkunde betrachtet, dann hieß es: Seht euch das an. Wie kann man nur so leben. Gut, dass nun ein Zaun da ist. So kann sich niemand mehr anstecken.

Der Jude war in der Stadt bekannt gewesen. Er hieß Klitzing und aus irgendeinem Grund vergaß man bis Ende 1944, ihn umzubringen. Danach hatte niemand mehr Interesse daran, auch wenn der Zaun blieb und der Rassenkunde-Unterricht noch ein paar Monate fortgeführt werden konnte.

Es hatte damit begonnen, dass man den Kindern sagte, sie müssten nicht mehr in die Schule kommen. Nach der ersten Stunde hieß es: „Ihr könnt jetzt gehen. Bleibt zu Hause, bis die Schule wieder anfängt. Man wird euren Müttern Bescheid geben."

Es war April. Die Dorfstraße, an der die Schule lag, war ein Streifen aufgewühlter Morast. Die Geschwister trödelten noch, als andere an ihnen vorbeiliefen und riefen. Sie hörten, der Uhrmacher sei weg und sein Laden stehe offen.

Der Laden des Uhrmachers lag an der Dorfstraße. Jeden Tag auf dem Weg zur Schule und auf dem Heimweg waren sie an seinen Schaufenstern vorübergegangen und hatten voller Verlangen auf die Auslagen gestarrt. Der Uhrmacher gab sich nicht nur mit Uhren ab. Er verkaufte auch Handtaschen und Ketten und Armbänder und Broschen.

Die Tür zum Laden stand tatsächlich offen. Drinnen war es dämmrig und still, obwohl nicht nur die Kinder eingetreten waren. Auch ein paar Erwachsene standen herum, unschlüssig, wie es schien, und dann, irgendwann, griffen sie blitzschnell zu. Auch die Geschwister machten es so.

Ist das nicht gestohlen?, fragte die Kleinere.

Nein, sagte die Große. Es ist nicht gestohlen. Es ist geplündert.

Die Mädchen waren sieben und acht, und die Größere hielt eine runde Brosche in der Hand, die mit roten Strasssteinen besetzt war.

Ein paar Tage später hieß es, auch der Gutsbesitzer sei geflohen. Die Kinder, diesmal eine ganze Bande von Kindern, die sich inzwischen an die Schulfreiheit gewöhnt hatten, zogen sofort los. Sie rannten über den Acker, der schwer und matschig an den Füßen hing, kamen auf den Gutshof und sahen schon von weitem, dass das Herrenhaus offen stand.

Was wollen wir hier?, fragte die Kleine.

Da standen sie zwischen schweren Möbeln und riesigen Schränken.

Oben, sagte die Große, vielleicht kann man oben plündern.

Die Kinder verteilten den Dreck vom Acker im ganzen Haus, bis hinauf in die Schlafzimmer. Da waren Schränke, voll gestopft mit Kleidern aus Seide und Batist und Voile in weiß und blau und bunt.

Wir nehmen jede ein Kleid, sagten die Mädchen. Das ist nicht zu viel geplündert. Vielleicht kommen die Leute zurück. Dann brauchen sie was zum Anziehen.

Der Gutsbesitzer hatte Reitstiefel getragen und neben ihm war sein Hund gelaufen. Wenn er die Kinder auf seinen Wiesen angetroffen hatte, waren sie von ihm verjagt worden. Die Mädchen konnten sich nicht vorstellen, dass so einer wirklich geflohen war.

Als sie am nächsten Tag noch einmal zum Herrenhaus liefen,

es war ihnen klargemacht worden, dass der Gutsbesitzer nicht mehr zurückkommen würde, waren die Schränke leer.

Das Dorf lag im Osten der Stadt, und die Häuser der Kinder lagen am Ostrand des Dorfes. Neun Häuser, gebaut für Parteigenossen, bewohnt von deutschen Müttern mit deutschen Kindern. Alle hatten Kinder, nur die in Haus Zwei und Haus Fünf nicht. Die Frau in Haus Zwei war die Frau vom Luftschutzwart. Abends schlich sie mit ihrem Hund an den Häusern vorüber und kontrollierte die Fenster. Kein Lichtstreif entging ihr, der von verdunkelten Scheiben nach außen drang. Jeden Tag kläffte ihr Hund hinter dem Zaun, wenn die Kinder daran vorbeiliefen. Er biss auch, wenn er eins der Kinder erwischte. Die Leute in Haus Fünf waren alt und verdient. Wenn die Kinder etwas vorhatten, gemeinsame Unternehmungen – Plündern, zum Beispiel, oder einen Sonntagsspaziergang ins Dorf – dann waren sie fünfzehn, mindestens. Die aus Haus Neun nicht mitgerechnet. Die waren schon Soldaten.

Fünfzehn also, knapp gerechnet, und dann eines Tages, Mitte April, mindestens drei weniger. Über Nacht war ein Auto gekommen, hatte vor Haus Eins gehalten und die, die da wohnten, hatten ihre Möbel und ihre Betten aufgeladen. Niemand hatte etwas bemerkt. Am nächsten Morgen war das Haus leer.

Wo sind die hin?, fragten die Mädchen.

Das waren sowieso keine anständigen Leute, antwortete die Mutter.

Ja, das war richtig. Es war noch nicht lange her, dass eins von den Kindern der Familie, die sich nun vom Acker gemacht hatte, gestorben war; ein Mädchen, gestorben, weil es immer zu kurze Röcke trug. Lungenentzündung und tot.

Zwei Tage später kläffte hinter dem Gartenzaun von Haus Zwei der Hund nicht mehr, wenn die Kinder daran vorüberliefen.

Er wird krank sein, sagte die Mutter.

Erst, als in der Nacht die Frau des Luftschutzwarts nicht mehr kam, wurde sie unruhig. Sie ahnte, was geschehen war, und fand am Morgen ihre Ahnung bestätigt. Haus Zwei war nun leer. Jemand musste der Frau, die sich als Luftschutzwart aufgespielt hatte, beim Ausräumen geholfen haben. Sie war unbemerkt verschwunden.

Die Kinder mieden das leere Haus. Es kam ihnen so vor, als könnten der bissige Hund und die giftige Luftschutzwart-Frau sich noch irgendwo versteckt darin aufhalten.

Danach verschwanden die drei Jungen aus Haus Drei. Sie verschwanden mit ihrer Mutter und nur wenig Gepäck. Niemand hatte davon gewusst, dass sie vorgehabt hatten, zu fliehen. Es hatte auch niemand damit gerechnet. Eine Frau mit drei Jungen, ohne Beziehungen zu Autobesitzern, wo sollte die schon hin. Das konnte man dann ja auch sehen: Alle Möbel waren noch da. Koffer nicht; Koffer mussten sie weggeschleppt haben. Aber was kann man in Koffern schon schleppen.

Wenn die Mädchen jetzt mit den anderen Kindern durchs Dorf zogen oder durch den Wald stromerten, war die Gruppe deutlich kleiner.

Und wir? Was ist mit uns?, fragten die Mädchen.

Wir bleiben hier, sagte die Mutter.

Sie blieb der großen Sache treu. So gehörte es sich, und darin bestärkten sie auch der Großvater und die Großmutter, die inzwischen in das Haus Sieben eingezogen waren. Haus Sieben war das Haus, in dem die Mädchen wohnten. Die Großeltern waren auf der Flucht gewesen, nicht weit, nur sechzig Kilometer, aber nun waren sie da und redeten, als gehöre ihnen das Haus. Die konnten auch gar nicht weiter fliehen. Der Großvater war krank.

Sie werden alle auf die Flucht gehen, sagte die Größere. Und wir bleiben dann allein.

Sie sagte das ein bisschen wichtigtuerisch, aber als die Kleine das Gesicht verzog, als wollte sie weinen, fügte sie schnell hinzu: Das macht aber nichts. Wir haben dann viele Häuser zum Spielen.

Unter bestimmten Umständen hätte sie Recht gehabt, aber es kam etwas dazwischen, mit dem sie nicht gerechnet hatte.

An diesem Tag gegen Ende April liegt eine Stille über dem Dorf, die ungewöhnlich ist. Sie kommt aus dem Himmel, der grau und tief über dem Acker hängt. Die Kinder aus den Häusern Vier bis Acht – Eins bis Drei sind ja schon leer und aus Neun, die sind alle an der Front – die Kinder sind nicht draußen. Auch sonst zeigt sich niemand auf der Straße. Die Augen der Frauen in den Häusern sind größer als sonst. Ihre Stimmen sind leiser. Die Alten in den Häusern liegen in den Betten und schweigen. Die Kinder bekommen keine Antwort auf ihre Fragen. Bald fragen sie nicht mehr, spielen nur stumm und lauschen. Nichts ist zu hören, nur die Stille.

Gegen Mittag bringt die Mutter die beiden Mädchen ins Bett. Weil sie sieben und acht sind, haben sie schon lange nicht mehr mittags geschlafen. Die Mutter verlässt das Zimmer und die beiden liegen da in den Kinderbettchen. Sie sind wach, aber sie sprechen nicht miteinander. Sie sind jetzt ein Teil der Stille geworden. Vor den Fenstern ist der Himmel grau. Dann schlafen sie doch ein, gerade so lange, bis ein besonderer Ton sie weckt. Oder klingt der Ton nur besonders, weil er plötzlich die Stille durchbricht, die bis eben über den Häusern gelegen hat?

Hast du gehört?

Ja.

Was war das?

Ich weiß nicht. Jemand hat einen Stein auf den Boden einer umgedrehten Zinkwanne geworfen, glaube ich.

Aber im Hof liegt keine Zinkwanne.

Sollen wir aufstehen und nachsehen?

Sie hat gesagt, wir sollen liegen bleiben, bis sie uns weckt.

Aber wir sind schon wach.

Die Mädchen schweigen. Das fremde Geräusch im Hof wiederholt sich noch einmal, dann ist es still. Anders still als vorher. Als die Mutter ins Zimmer kommt, sehen sie ihr entgegen.

Steht auf und zieht euch an, sagt die Mutter.

Sie ist blass und während sie den Mädchen beim Anziehen hilft und auch die Betten wieder glatt streicht, sind ihre Hände unruhig.

Kommt jetzt, sagt sie.

An der Hand der Mutter verlassen die Mädchen das Kinderzimmer, gehen über den Flur, betreten das Schlafzimmer der Eltern und werden an die Fenster geführt.

Da, sagt die Mutter, seht euch das an. Das ist der Russe.

Auf der Chaussee, die in hundert Metern Entfernung an den Häusern Eins bis Neun vorüberführt – zwischen den Häusern und der Chaussee liegt schwer und matschig der Acker – ziehen Pferdewagen entlang. Sie kommen aus dem Osten, eine unendlich lange, nicht enden wollende Kette von Pferdewagen, mehr und mehr und immer mehr.

Geht zur Seite, sagt die Mutter.

Sie reißt eins der Fenster auf. Nun hören sie Wagenräder auf der Chaussee und die Stiefeltritte der Soldaten auf dem Asphalt. Die Mutter hält ein Laken in der Hand. Sie hängt es aus dem Fenster, klemmt es fest, schließt das Fenster wieder.

Nimm noch eins, für das andere Fenster, sagt die Großmutter, die heraufgekommen ist. Sie spricht nun nicht mehr leise und auch die Stimme der Mutter klingt wie immer, als sie ein paar Worte zur Großmutter sagt. Die Mädchen starren auf die Invasion der Pferdewagen. Man kann sie nicht zählen. Es sind zu viele, ein Band am Horizont wie ein unendlich langer Scherenschnitt. Ein Pferd – ein Wagen – Soldaten – ein Pferd – ein Wagen – Soldaten ...

Es wurde dunkel und nichts geschah. Irgendwann hatte die Wagenkette ein Ende gehabt. In den Höfen aber und auf der Straße vor den Häusern waren keine Kinder. Die Mütter ließen sie nicht nach draußen.

Heute spielt ihr drinnen, hatten sie gesagt und weil es draußen grau und ungemütlich war, hatten die Kinder keine Einwände gehabt. Hin und wieder zogen sich die Erwachsenen zurück, in eine Ecke neben dem Klavier oder in die Küche. Sie sprachen leise miteinander. Ganz deutlich wollten sie die Kinder nicht an ihren Gesprächen teilnehmen lassen.

Gleich, gleich, hieß es, wenn eines der Kinder einen Wunsch äußerte und mit einer Handbewegung wurden sie zu ihren Spielen zurückgeschickt. Am Abend steckte man sie früher als sonst ins Bett. Sie protestierten nicht und schliefen bald ein. Der Tag war ungewöhnlich gewesen, aufregend, obwohl man sie nicht nach draußen gelassen hatte.

Morgen, murmelte die Kleine vor dem Einschlafen, morgen dürfen wir wieder nach draußen.

Na klar, sagte die Große, morgen sind die Russen ja auch wieder weg.

In der Nacht wachten sie auf, weil es vor den Fenstern taghell war, obwohl die Mutter die Vorhänge zugezogen hatte. Es war sehr hell, eine merkwürdig flackernde Helligkeit und es war laut: Musik, Männerstimmen, Pferdewiehern, Gebrüll und Gelächter. Vorsichtig schoben die Mädchen den Vorhang ein Stück zur Seite und sahen nach unten in den Hof. Ein Feuer, ein riesiges Feuer leuchtete ihnen entgegen; ein Feuer, das beinahe bis nach oben an ihre Fenster reichte. Auf dem Hof und im angrenzenden Garten gab es keinen einzigen freien Platz mehr. Soldaten, die um kleinere Feuerstellen saßen, die hin und her liefen, die tanzten und sangen, dazwischen Pferde und kleine Wagen, kleine Kanonen und laut, laut war es und sah lustig aus.

Die Mädchen liefen in das Zimmer der Mutter. Die stand am Fenster, so, wie die beiden eben am Fenster des Kinderzimmers gestanden hatten, und starrte nach draußen.

Kommt her, sagte sie, seht euch das an. Habt ihr schon einmal so ein Gewimmel gesehen?

Auch auf dieser Seite des Hauses: Große und kleine Feuer, tanzende und singende Männer, die braune Uniformen trugen und flache Stoffmützen auf den Köpfen hatten. Reiter saßen auf kleinen Pferden, die versuchten, in all dem Gewimmel einen Platz für ihre Hufe zu finden.

Womit haben die das Feuer gemacht? Was verbrennen die da?, fragte die Großmutter. Sie stand im Nachthemd hinter den Kindern. Ihre grauen Haare baumelten in zwei dünnen Zöpfen auf ihre Brust.

Nichts, was uns gehört, sagte die Mutter. Da, siehst du, da drüben steht ein Wagen mit Holz. Sie holen das Holz aus dem Wald. Ihr müsst keine Angst haben. Ich glaube nicht, dass die gefährlich sind. Geht wieder schlafen.

Die Mädchen gehorchten, sahen aber noch einmal aus ihrem Fenster, bevor sie sich wieder ins Bett legten.

Es sieht aus, als ob einer unser Haus auf einen Ameisenhaufen gestellt hat. Und nun sind die Ameisen aufgeregt und wimmeln umher. Alles bewegt sich, sagte die Größere.

Aber unser Haus bewegt sich doch nicht, sagte die Kleine, schon im Halbschlaf.

Am Morgen war der erste Weg der Mädchen ans Fenster: Nichts. Da war niemand mehr, der tanzte. Kein Feuer brannte, ja, nicht einmal niedergebrannte Feuerstellen waren zu sehen. Wo Musik gewesen war, da war nun Stille. Ich hab sie aber gesehen, sagte die Kleine, und die Große sagte: Wir haben sie gesehen.

Nun seht euch das an. Das ist ja widerlich. – Die Stimme der Großmutter, unten im Haus.

Schick die Kinder nicht auf die Straße. Das Gesindel wird über sie herfallen. Wo sind die Mädchen überhaupt? Du hast sie doch nicht etwa auf die Straße gelassen!

Die Schritte der Mutter, die eilig die Treppe heraufkam und die Tür aufriss.

Kommt da vom Fenster weg. Das müsst ihr euch nicht ansehen.

Die Mädchen wurden zur Seite gezogen.

Zieht euch an, sagte die Mutter, bevor sie das Zimmer wieder verließ.

Da war doch gar nichts, sagte die Große und ging zurück ans Fenster. Die waren doch schon alle weg ...

Ihre Stimme war bei den letzten Worten leiser geworden, war beinahe nicht mehr zu hören.

Was ist denn?

Da standen die Mädchen nebeneinander am Fenster und starrten auf den matschigen Acker, der hinter den Häusern an die Gärten anschloss. Da hinten auf dem Acker waren Menschen. Das mussten Menschen sein, auch wenn sie komisch aussahen. Die meisten saßen im Morast, einige standen herum, so dass der Wind sich in ihren Lumpen verfing und die Lumpen – es waren Lumpen, das waren keine Kleider – um ihre Glieder schlotterten. Im Morast standen Eimer, viele Eimer, in denen Essen war oder irgendetwas anderes, das man aus der Entfernung nicht erkennen konnte.

Was machen die da? Warum sitzen die da?, fragte die Kleine.

Die sitzen da, weil sie mal müssen, antwortete die Große. Die haben kein Klo. Vielleicht sind sie krank. Vielleicht können sie nicht mehr aufstehen.

Die Mädchen wandten sich vom Fenster ab. Angezogen gingen sie die Treppe hinunter.

Pollacken, da sieht man doch, was mit denen los ist. Setzen sich einfach vor unserer Nase auf den Acker und wir dürfen ihnen dabei zusehen, wenn sie ...

Die Stimme der Großmutter wurde leiser, als die Mädchen die Küche betraten. Die kranken Polen blieben noch ein paar Stunden im Morast sitzen, bevor sie, einzeln und in Gruppen, davonzogen, nach Osten, über die Chaussee, auf der die Russen gekommen waren.

Ein paar Tage später stand vor dem leeren Haus der Luftschutzwart-Frau ein Handwagen. Jemand zog ein, jemand, den die Kinder nicht kannten, und doch hatten sie das Gefühl, ihn schon gesehen zu haben.

Klitzing, sagte die Mutter. Den haben sie vergessen und nun kommt er und spielt sich auf.

Ja, das war er. Der Jude Klitzing, der nicht nur Jude war, sondern auch noch Kommunist. Und ab sofort verantwortlich für die Häuser Eins bis Neun; ein kleiner, dunkelhaariger Mann, der von Haus zu Haus ging und den Leuten erklärte, bis wann sie die Häuser zu verlassen hätten. Da wären andere, die dringend ein Haus brauchten. Der Jude war klein und ging schief. Es hieß, er sei geschlagen worden und der schiefe Gang komme von den Verletzungen, die er dabei erlitten hatte.

Der gibt nur an, sagte die Mutter. Der konnte noch nie richtig laufen. Jeden Tag ein Haus. Sie kommen auch noch dran, hatte Klitzing auf der Straße zu ihr gesagt und nun hatte sie Angst, auch wenn sie es nicht zugeben wollte.

Am fünften Tag stand Klitzing vor ihrer Tür.

Zwei Tage, sagte er. Sie haben zwei Tage.

Wo sollen wir hin?, fragte die Mutter.

Klitzing sah sie an, dann wandte er sich ab, ohne zu antworten. In seinen Augen lag Verachtung.

Im Zimmer neben der Küche starb der Großvater. Man musste ihn begraben, deshalb gab es ein paar Tage Aufschub. Die Mädchen durften wieder nach draußen. Es wohnten nun andere Kinder in den Häusern; mit denen konnte man nicht spielen.

Was wollt ihr noch hier, riefen sie. Seht zu, dass ihr verschwindet. Macht euch vom Acker.

2 *Ein Mensch,*
   an dem niemand Freude haben konnte ...

Stefan Brams
Friedrich Mergel – Ein Geständnis

„Ihr nennt uns Menschen, wartet noch damit."
Jura Soyfer

Wieder und wieder fuhr Friedrich Mergel mit seinen kräftigen Fingern über die hebräischen Schriftzeichen. Er spürte die raue, aufgebrochene Rinde der Buche.

Wülste hatten sich gebildet, dort, wo die Männer der jüdischen Gemeinde die ihm fremden Buchstaben eingeritzt hatten, um ihres toten Gemeindemitglieds Aaron zu gedenken und die Menschen für alle Zeiten zu mahnen. Wieder und wieder berührten Friedrichs rissige Finger den Stamm. Fuhren auf und ab. Fast zärtlich strich er über die Ausformungen. Es war ein milder Septembertag, ein leichter Wind strich durch die Blätter, die rötlich-braun schillerten. Der nahe Herbst war bereits zu spüren. Friedrich murmelte seit Minuten leise vor sich hin. Es war die Übersetzung der Inschrift, die ihn nicht losließ. „Wenn du dich diesem Orte nahest, so wird es dir ergehen, wie du mir getan hast." Das stehe da, hatten sie ihm im Dorf zugeraunt. „Wenn du dich diesem Orte nahest, so wird es dir ergehen, wie du mir getan hast", murmelte er. Und wiederholte erneut: „Wenn du dich diesem Orte nahest, so wird es dir ergehen, wie du mir getan hast." Und wieder und wieder und wieder kam ihm dieser Satz über die Lippen. Lauter murmelte er ihn. Lauter und lauter. Schließlich schrie es markerschütternd aus ihm heraus: „Wenn! Du! Dich! Diesem! Orte! Nahest! So! Wird! Es! Dir! Ergehen! Wie! Du! Mir! Getan! Hast!" „Wie du mir! Wie du mir! Wie du mir!", hallte es wider und wider in ihm. Friedrich Mergel sank erschöpft in das weiche Moos und verstummte.

Verflucht ja, ich habe ihn gemeuchelt. Diesen Aaron. Geld wollte er eintreiben – damals mitten auf der Hochzeit. Mitten auf der Hochzeit! Mitten – Das ist doch – Wir feiern – Und der?!

Ich, der Friedrich, mitten im Tanz, mitten im Vergnügen. Und dann der – Da kommt dieser – Mischt sich ein. Wagt es, mich, Friedrich Mergel, zu attackieren wegen der paar Schulden. Vor allen Leuten. Mich, mich Friedrich! Was erlaubt er sich?! Was?! Dieser Jud. Wegen zehn Talern, wegen dieser Uhr. Vor allen Leuten. Sie tobten vor Gelächter auf der Tenne. Über mich, mich, Friedrich Mergel, lachten sie! Reißaus hab' ich genommen. Auf den Hof hinaus. Doch er hinter mir her. Und die Neugierigen auch. Jammernd. Rufend. Jammernd. Rufend verfolgte er mich. „Oh weh mir! Haben sie mir nicht hundert Mal gesagt, Ihr hättet all Eu'r Gut am Leibe und kein Brot im Schranke!", rief er mehrfach aus. Und wieder: „Oh weh mir! Oh weh mir! Oh weh mir!" Und dieses Gelächter. Dann riefen die Gaffer: „Packt den Juden! Wiegt ihn gegen ein Schwein." Dann ist er gerannt. Die Stimmung schlug um. Aber auch ich bin gerannt. Weg! Weg! Nur weg! Weg von dem Gelächter. Weg! Weg! Weg von seinem ewigen Rufen. „Oh weh mir!" Dieser-dieser-dieser – was fällt ihm –? Ich bin gerannt, immer weiter bis tief hinein ins Brederholz. In den dunklen Abend. Ins Dunkel des Waldes. Weg von ihnen. Flucht auch vor dem Herrn Baron. Auch er hatte es gesehen. Alles hatte er gehört. Diese Schande! Was wagt der Jud? Was hat er mir, mir Friedrich Mergel, angetan. Erst am Morgen bin ich heim. Niemand sollte mich sehen. Auch meine Mutter nicht. Die Uhr, die verflixte, ich habe sie in den Koffer getan. Den Koffer mit dem Sonntagsstaat und den beiden Leichenhemden. Eines für die Mutter. Eines für den Vater. Ganz unten hab' ich sie hineingelegt. Unter die Hemden für die Toten. Die verfluchte Uhr. Meine Uhr, die ich unbedingt haben wollte. Neben die Papiere. Ich hab' mich betrunken – mit dem brennenden Wacholder-Schnaps vom Onkel. Eingeschlafen bin ich. Erst meine Mutter hat mich wieder auf die Beine gebracht. Nichts hab' ich ihr gesagt. Mit dem Johannes hab' ich mich getroffen. Die Schmach. Ihm hab' ich alles erzählt. Ihm, dem Niemand. Rache! Hat er gerufen.

Rache! Wir sind wieder auseinander. Rache! Ja! In der dritten

Nacht bin ich wieder in den Wald. Ich wusste, der Jud würde wieder unterwegs sein. Wieder würde er Geld eintreiben wollen. Säumige Schuldner wollte er mahnen. Wie damals mich! Mich, Friedrich Mergel! Übernachten würde er beim Schlächter Salomon, hatte Johannes mir zugeraunt. Durch das Brederholz musste er ziehen. Den schmalen Pfad entlang. Ich würde ihm auflauern. Mich rächen. Ich hörte seine Schritte. Rache! Er war gut gelaunt. Rache! Er pfiff eine fröhliche Melodie, die ich nicht kannte. Rache! Ich hatte einen dicken Knüppel bei mir. Rache! Schlagen würde ich ihn. Rache! Schlagen – bis er tot war. Wie von einer Feder geschnellt bin ich auf ihn zu gesprungen. Rache! Er hat mich nur verwundert angesehen. Mit großen Augen. Rache! Ich hab' zugeschlagen. Nur einmal. Rache! Mit aller Kraft. Rache! Sein Schädel knackte. Er sank sofort zu Boden. Auf der Stelle war er tot. Blut lief aus Mund, Nase, Schädel. Nur kurz hatte er gezuckt. Mir war seltsam leicht. Ich rannte. Er war tot. Johannes half mir. Über Paderborn entkamen wir. Niemand folgte uns. Bis Freiburg sind wir gelangt. Als wandernde Handwerksleut' getarnt.

Für Johannes haben sie mich gehalten, als ich jetzt zurückkam – nach 28 Jahren. Geglaubt haben sie, dass ich er sei. Ich, Friedrich Mergel, sollte dieser Johannes Niemand sein. Ich! Dabei ist er lange schon tot. Erschlagen musste ich ihn. Noch bevor ich bei den Österreichern anheuerte, habe ich es getan. Gereut hatte ihn die Rache an dem Jud. Er wollte umkehren. Heim. Petzen wollte er's. Sein Gewissen erleichtern, dass er mir verraten hatte, wo der Jud – und wann –, dass er mich mit angestiftet hatte, Rache zu üben. Und dass ich zugeschlagen hatte. Aber auch, dass ich es war, der den Brandis einst gemeuchelt. Das wusste er. Auf der Flucht hatte ich es ihm erzählt. Zu viel Branntwein hatte mir die Zunge gelöst. Brandis – dieser Brandis, auch er hatte meine Ehre mit Füßen getreten. Dieser eingebildete Förster. Unsere Bande ausheben, das wollte er. Und Johannes. Der wollte mich verraten. Stellen solle ich mich. Das konnte ich doch nicht. Nicht ich. Ich erschlug ihn, kurz bevor wir im Frühling abrücken sollten mit dem Tross nach Ungarn. In einen toten Brunnenschacht habe ich ihn gestürzt. Niemand würde ihn je finden. Und hier in Bellersen glauben sie, ich hätte es nicht getan. Ich hätte den Jud nicht erschlagen. Der Gutsherr hat es mir selbst gesagt, dass ich unschuldig bin. Mich und Johannes hat er gar bedauert. Ganz umsonst so viel ausgestanden, hat er doch tatsächlich zu mir gesagt, als er glaubte Johannes vor sich zu haben. Eingesetzt hatte er sich sogar über all die Jahre, um unseren Familiennamen zu reinigen von dem Verdacht. Ich, Friedrich Mergel, unschuldig! Drei hab' ich auf dem Gewissen. Drei! Eine schöne Geschichte hab' ich dem Baron und den Dörflern erzählt. Ich sei ein Sklave gewesen, in türkischer Gefangenschaft hätte ich gelebt. 26 Jahre lang. Gehalten worden sei ich wie ein Hund. Grau geworden sei ich über all die Schinderei. Mein Hals sei schief geworden vom Holz- und Wassertragen in der Sklaverei. Es war so leicht. Wie Gläubige hingen sie an meinen Lippen. Diese Einfältigen. Beten sollte ich gar für Friedrich, da er doch verschollen sei. Hatte der Baron gesagt. Auch er zweifelte nicht, auch wenn er an mancher Stelle meiner Erzählung mich befremdet ansah. Wie leicht sie sich täuschen lassen – die Menschen hier. Schon damals hatte ich sie im Griff. Ich, Friedrich Mergel. Mir konnten sie nichts. Mir können sie nichts.

Friedrich Mergel richtete sich wieder auf. Er hob das Seil, das er geschultert hatte, über seinen Kopf, legte es sorgfältig unter die Buche. Sein Blick ging nach oben. Er umkreiste den mächtigen Stamm. War völlig ruhig. Spähte hinauf zu einem kräftigen Ast.

Es war auf einem meiner Botengänge. Es war der erste, der mich wieder in das Brederholz führte. Geld verdiente ich mir so. Ich stieß auf die Buche. Die Buche, wo ich es getan hatte. Ich sah die seltsamen Zeichen. Berührte sie. Ich hörte mich um im Dorf. Wollte wissen, was geschrieben stand. „Wenn du dich diesem Orte nahest, so wird es dir ergehen, wie du mir getan hast", raunten sie mir zu und mahnten, den Ort zu meiden. Unheil drohe dort. Diese Abergläubigen. Ich, Friedrich Mergel, gehe, wohin ich will. Ich meide nichts. Ich meide Niemanden. Im Krieg hab' ich meinen Mann gestanden. Hängen wollten sie mich. Aber ich entkam. Schräg zwar der Kopf fortan. Aber nicht vom Lasten tragen. Pah. Ich, ein Sklave. Pah. Ich habe gekämpft. Mir kann doch dieser Ort nichts anhaben. Nicht mir, nicht Friedrich Mergel. Also ging ich wieder hin. Und wieder. Und wieder. Hier hatte ich es getan. Hier hatten sie ihm ein Denkmal gesetzt. Hier gemahnten sie die Menschen. „Wie du mir! Wie du mir! Wie du mir!" Pah. Sollen Sie doch!

Friedrich Mergel band einen schweren Ast an das Ende des Seils. Dann hob er es empor. Schwang das Seilende in die Luft. Holte Schwung und schleuderte es über den dicken Ast. Das Seil sauste zu Boden. Er schlang das andere Ende fest um den Stamm. Die Schlinge mit dem Ast baumelte nun knapp über seinem Kopf. Aus dem Unterholz zerrte er einen dicken Holzstamm hervor. Stellte ihn unter die hin und her baumelnde Schlinge. Beim Regiment hatte er das Knüpfen der Todesschlinge gelernt. Dem Henker hatte er gerne zugesehen bei seinem Tun. Das Töten war sein Metier geworden. Der Krieg seine Leidenschaft. Doch als er sich an jenem Leutnant vergriff, der seine Ehre beleidigt hatte, musste er fliehen. Über das Mittelmeer entkam er auf einem Handelsschiff nach Holland. Da war da plötzlich dieser Drang. Heimwärts wollte er. Auf einem katholischen Friedhof wollte er bestattet werden, wenn es eines Tages so weit sein sollte. Also machte er sich auf. Als Johannes kehrte er zurück nach Bellersen. Unerkannt wollte er zwischen den Menschen im Dorf leben. Er stellte sich auf den leicht wackelnden Holzklotz. Legte sich die Schlinge um den Hals.

Plötzlich stand sie eines Tages da in meiner Kammer. Die Kleiderkiste der Mutter. Wer hatte sie dort hingestellt? Niemand ward gesehen. Die Leute zuckten nur mit den Schultern auf meine Fragen nach der Truhe. Mit zitternden Fingern öffnete ich sie, als keiner im Haus war. Es roch muffig. Ich griff hinein. Ganz unten lag sie immer noch. Die Uhr. Die verflixte Uhr. Für sie hatte ich den Jud erschlagen. Ein Totenhemd lag noch in der Truhe. Mutter war längst tot. Der Onkel auch. Auch Vater, der Säufer. Für wen war dieses Hemd? Neben der Uhr lagen ein paar Papiere – und ein Brief. Im Schein der Öllampe habe ich ihn geöffnet. Er war von der Mutter. An mich hatte sie ihn adressiert. Als wüsste sie, dass ich wiederkehren würde – eines Tages. Langsam las ich. Ihre Handschrift war nur schwer zu entziffern. Mit zittriger Hand musste sie den Brief geschrieben haben. Eingebrannt haben sich ihre Worte. Friedrich, ich weiß, was Du getan. Nacht hat deine schändliche Tat über mein Leben gebracht. Tiefe Nacht. Solltest du je heimkehren, und ich weiß, Du wirst wiederkommen, dann sollst Du deine Schuld bezahlen. Das Totenhemd ist für Dich. Nicht allein ich weiß, was Du getan. Du wirst bezahlen eines Tages. Mutter. Ich warf das Totenhemd fort. Wer sollte noch von mir wissen? Sie hielten mich doch alle für Johannes. Und doch, Mutters Worte ließen mich nicht los. Tiefe Nacht – Deine Schuld – bezahlen – schändliche Tat – wieder und wieder kreisten ihre Worte in meinem Kopf. Mutter – hatte nicht der junge Brandis mich so komisch angesehen? Wusste er etwas? Bezahlen – meine Schuld bezahlen. Und der Baron? Tat er nur so? Kannte er gar den Brief? Ich Friedrich Mergel, ich lasse mich nicht fassen. Von Niemandem. Ja, ich habe gemeuchelt. Drei Menschen habe ich getötet. Die unzähligen Toten aus dem Krieg nicht mitgezählt. Der Tod – er schreckt mich nicht. Nicht mich, Friedrich Mergel. Mutter. Nacht habe ich über sie gebracht. Die Dörfler erzählen, sie habe in völliger Geistesdumpfheit gelebt. Aber dieser Brief? Geistesdumpf? Lange habe sie noch gelebt. Doch die Menschen waren von ihr abgefallen. Zu wunderlich sei sie gewesen. Der Baron aber schickte ihr täglich Essen und einen Arzt bei Bedarf. Völlig ausgezehrt sei sie gestorben. Nacht hatte ich über sie gebracht. Ich, Friedrich Mergel. Alles hin, alles tot. Durch mich. Nicht nur die drei. Auch meine Mutter. Alles hin, alles tot. Auf den Friedhof bin ich gegangen. Ausschau hab' ich gehalten – nach ihrem Grab. Doch da kam der junge Brandis. Holte mich. Der Baron wollte mich sprechen. Mich, Johannes, wie er meinte. Ich, Friedrich, spann fortan mein Lügenwerk, den Brief meiner Mutter in der Tasche. Ich erzählte meine Lügengeschichte. Doch im Kopf kreisten die Worte meiner Mutter. Nacht – schändliche Tat – über mich – gebracht – Schuld – bezahle – bezahle – du sollst bezahlen – einer weiß es – einer weiß es – wer weiß es? Das Totenhemd für mich. Wer?

Friedrich Mergel löste die Schlinge um seinen Hals ein wenig. Hielt inne.

Nein, ich werde nicht bezahlen. Nicht mit meinem Leben. Ich, Friedrich, werde leben. Ich werde wieder aufbrechen. Zurück an den Bosporus. Schon einmal bin ich gegangen. Warum nicht wieder? Soldaten werden gebraucht. Weg von hier. Keiner wird meine Geschichte erfahren.

Friedrich griff über seinen Kopf zur Schlinge, um sie gänzlich zu lösen. Gehölz knackte. Schritte. Der junge Brandis stand plötzlich vor ihm. Ein Tritt. Der Holzklotz stürzte um. Die Schlinge zog sich zu. Friedrich zappelte wie ein wildes Tier in der Falle. Er wollte schreien. Doch er röchelte nur noch. Der junge Brandis grinste. Ich kenne Deine Geschichte. Du bist nicht Johann. Du bist Friedrich Mergel, der Mörder. Sterben sollst Du, da wo Du es getan. Wie du mir! Hörst Du: Wie Du mir! Meinen Vater hast Du gemeuchelt. Wie Du mir! Friedrichs Beine schlugen hin und her. Wie du mir! Sein Gesicht war schrecklich verzerrt. Wie du mir! Die Augen quollen blutunterlaufen hervor. Wie du mir! Die Schlinge hatte ihm nicht das Genick gebrochen. Er hatte sie doch nicht so kunstgerecht gebunden. Langsam, qualvoll langsam erstickte Friedrich Mergel, der noch immer zappelte, röchelte. Wie du mir! Der junge Brandis sah ihm ungerührt bei seinem Sterben zu. Wie du mir! Blickte in seine Augen, die zu platzen schienen. Das ist für meinen Vater. Das ist für Aaron. Deine Mutter hat es mir anvertraut. Einen Brief hat sie mir hinterlassen, bevor sie starb. Sie wollte sicher sein, dass Du gerichtet wirst. Sie hat ihrem Brief an dich nicht getraut. Ich habe Dich beobachtet. Jeden Tag, seitdem Du wieder hier bist. An Deiner Narbe hab ich Dich erkannt. Da half auch kein Halstuch. Hängen sollst Du, bis Du verfaulst. Friedrich Mergel war bereits tot, als der junge Brandis dies rief. Sein Gesicht war dunkelblau. Eine Fratze nur noch. Die Zunge hatte er sich abgebissen. Seine Leiche baumelte im Wind. Der junge Brandis ging zurück. Zurück ins Dorf. Er lebte, als sei nichts geschehen. Im Dorfe herrschte Verwunderung, dass Johannes nicht mehr zu sehen ward. Nach einiger Zeit glaubten alle, er sei wieder aufgebrochen – in die Fremde. Erst vierzehn Tage später schlug der junge Brandis Alarm. Nach einer Besichtigung des Reviers kehrte er in gespielter Aufregung zurück. Erzählte, er habe sich auf den Rücken gelegt, um ein wenig zu ruhen, und da habe er plötzlich die Leiche am Baum hängen sehen. Die Füße nur kurz über seinem Gesicht. Alles andere erzählte er nicht. Sie fanden selbst heraus, dass der, der da hing, der Friedrich Mergel war. Der Baron erkannte ihn an seiner Narbe, als er die verfaulte Leiche abschneiden ließ. Auf dem Schindanger verscharrten sie ihn. Der Baron hatte es angeordnet. Und alle wissen lassen, dass Friedrich der Schuldige sei. Denn er hatte den Brief seiner Mutter bei dem Toten gefunden. Der Beweis für ihn. Friedrich hatte getan, wie ihm die Mutter geheißen. Der Schuldige ist gerichtet durch eigene Hand. Glaubte der Baron. Und irrte erneut.

Der junge Brandis unterdessen lebte in aller Ruhe weiter unter den Menschen von Bellersen. Als angesehener Förster. Keine Spur würde je zu ihm weisen. Zwei Jahre später ließ er die Buche, sie war morsch, fällen. Die Schrift bewahrte er in seinem Hause für alle Zeit. „Wenn du diesem Orte nahest, so wird es dir ergehen, wie du mir getan hast." Wie du mir! Ja, so stand es geschrieben. Recht hatten sie mit ihrer Mahnung. So hat es sich nach allen Hauptumständen wirklich begeben im September des Jahres 1788. So und nicht anders.

Carlo Schäfer
Ich dich auch

Ich war ganz unten, aber jetzt muss ich für sie da sein. Sie will zu ihrem Bruder, nur zu, er ist ein Schwachkopf, keine Ahnung von Kunst, nichts im Hirn, vegetiert auf dem Lande, hängt romantischen Fantasien nach, aber gut: Viola will zu ihm, wir fahren, es ist ihre letzte Reise, und ich will, dass sie die genießen kann.

Schlecht, schlecht sieht sie aus, ihre Haut ist wie aus Wachs, ein billiges Wachs für Kerzen in einem blechernen Lüster. Wie würde ich diese Haut malen? Ein giftiges Grün auf die Grundierung, gelb lasieren und unter einem stumpfen Weiß einschließen, aber ich höre auf, an meine Kunst zu denken, und sehe ihre großen braunen Augen, die mich gefangen genommen haben, seit dem ersten Tag.

Seit ich sie gesehen habe, wie sie in schnellen Schritten die Straße vor der Schule überquert hat, direkt auf mich zu, so schön sind heutzutage Lehrerinnen, habe ich gedacht und an den Drachen gedacht, der mich einst Lesen und Schreiben lehrte und rechnen und …

„Wo sind die Möbel?", fragt sie mich und reißt mich aus den Gedanken. Was soll ich sagen? Sie hat es wieder vergessen, dass es die letzte Reise ist, ich habe alles verkauft, soll Dohnen doch denken, ich hätte aufgegeben, sollen sie doch alle denken, was sie wollen, wenn es nur gelingt, Violas Leben erträglich zu machen, die letzten Tage dieses Monstrum von Tumor, dieses gefräßige schwarze Ding in ihrem Kopf so weit zu zähmen, dass es sie nur tötet und nicht quält.

„Ich habe eine Überraschung für dich!", lüge ich und zwinge mein Gesicht zu einem Lächeln, schlucke die Tränen, gerade so. „Ich lasse das Haus streichen, die Möbel sind zwischengelagert. Das Haus … ich denke an ein Ocker, ein aufgehelltes Ocker, in den Bädern vielleicht etwas mehr in Richtung Marmorbruch, mit einer Ahnung blau …"

„Ich war zwei Tage weg und das Haus ist leer!"

„Du warst nicht weg. Du hast geschlafen."

Sie schaut mich an. Ich darf ihr nicht böse sein. Solche Verwirrtheiten sind Teil ihrer Krankheit, Vorwürfe, die sie macht, dürfen mich nicht kränken. Ich weiß das alles, aber es geht beinahe über meine Kraft.

„Ja", sagt sie. „Ich habe geschlafen."

Wir fahren. Eine Ahnung aus Nebel über den Feldern rechts und links der Fahrbahn. Der Herbst kommt. Wie unpassend passend. Kitsch ist die Kunst der erfüllten Erwartung. Das hat Dohnen nie verstanden. Einen Flächenmaler hat er mich genannt, Spott und Hohn darüber ausgegossen, dass meine Sammler angeblich ungebildete Geldsäcke seien.

Ich darf nicht daran denken, ich muss mich aufs Fahren konzentrieren.

„Gregor wäre dieses Jahr vierzig geworden", sagt sie.

„Wer?"

„Dein Bruder. Du fährst sehr schnell."

Da kommt sie wieder, diese entsetzliche Wut. Wie damals vor der Augengeschichte, das letzte Bild, das schwarze Bild habe ich gemalt, ohne es richtig erkennen zu können. Die ganze Welt war in wimmelnde Segmente zerfallen. Und es wurde das beste Bild meines Lebens. Daran muss ich denken, ich darf sie die Wut nicht fühlen lassen.

„Dohnen hat das schwarze Bild überhaupt nicht verstanden", bricht es dennoch aus mir heraus. „Niemand hat es verstanden."

Sie schaut mich an. Ein leerer Blick, ganz ohne Gedanken. Meine Arme, sie weiß es nicht besser. Meine arme geliebte Viola.

Warum bekommt in ein und derselben Familie das Mädchen einen so schönen und der Junge so einen vulgären Namen? Haben die Eltern vielleicht geahnt, was für ein Holzkopf sie ihrer Tochter in die Welt folgen lassen? Alfred steht jedenfalls schon vor seinem heruntergekommenen Haus bereit, um mich böse anzustieren, als wir ankommen.

„Grüß dich, Markus", sagt er, als wir aussteigen.

„Faber!"

„Ach ja." Er nickt. „Der Künstlername wird bevorzugt. Vergesse ich immer wieder. Man kann aber auch durcheinander kommen."

Immerhin, er schließt Viola zärtlich in die Arme. Für sie bin ich hier. Ich darf es nicht vergessen.

Ich schütze Kopfschmerzen vor und gehe spazieren. Wie kann man nur in einer derartig redundanten Gegend leben! Es ist einfach unglaublich. Man bleibe mir vom Leib mit den Schönheiten der Natur! Natürlich, da oben am Wald, da finden sich ein paar erträgliche Grüntöne, der lehmige Boden wäre gar nicht so leicht wiederzugeben, der Himmel hat eindunkelnd eine gewisse Dramatik, aber was soll dieses Farbchaos denn bitte sagen? Ich denke mit zärtlicher Nachsicht an die erste Zeit mit Viola. Es hat gedauert, bis ich ihr ihre Naturbesessenheit ausgeredet hatte.

„Faber?"

Ich fahre herum. Eine junge Frau steigt vom Fahrrad, die Wangen gerötet, sie muss erst zu Atem kommen.

„Ich habe Sie schon von weitem erkannt und gerufen, dann habe ich das Fahrrad aus dem Schuppen geholt und bin einfach hinter Ihnen her. Das ist", sie lächelt verlegen, „hoffentlich nicht zu aufdringlich."

Jetzt erkenne ich sie, natürlich! Damals, als ich den Lehrauftrag hatte.

„Sie heißen Gabriela", sage ich. „Sommersemester vor ein paar Jahren."

Sie nickt, freut sich, dass ich sie erkenne.

„Sie haben monochrom gearbeitet, als Einzige ..."

„Wie Sie", sagt sie und wird wieder rot, aber diesmal nicht vom Fahrradfahren.

„Sagen Sie mir nicht, dass Sie in dieser Einöde leben!" Es entfährt mir, ich kann mich nicht beherrschen. Felder, Weg, Wald, Hügel, Täler, das ganze schlammige Chaos der Romantiker, dieser Weltmacht des schlechten Geschmacks. Sie zuckt mit den Schultern.

„Ist sehr schön hier. Und man wohnt preiswert, ist irgendwie immer noch Zonenrandgebiet, auch ohne Zone. Da unten", sie weist in Richtung eines kleinen efeuberankten Hauses am Feldrand. „Das ist meins. Ich unterrichte an der Grundschule im Nachbarort, aber im Grunde will ich immer noch malen. Nur malen."

Ich weiß alles wieder, die Erinnerung kommt. Sie trug die Haare damals kurz, vielleicht tönt sie sie auch, sie schienen mir früher heller. Manchmal hat sie geraucht.

Nach dem Seminar vor dem Gebäude, nach der Liebe im Bett.

„Und was machen Sie hier?", fragt sie.

„Ich besuche mit meiner Frau ihren Bruder, wohnt dahinten."

„Ach, der Journalist!"

„Na ja, Journalist!" Wieder muss ich aufpassen, nicht zu deutlich zu werden. „Auf jeden Fall, da sind wir ein paar Tage."

Sie nickt und beinahe scheint mir, als sähe ich eine Spur der alten Eifersucht in ihren blauen Augen. Sie rührt mich.

„Vielleicht wollen Sie sich mal ein paar Arbeiten von mir ansehen, irgendwann in den nächsten Tagen? Ich bin zu Hause, Herbstferien."

„Viola hat sich hingelegt." Alfred steht schon wieder vor dem Haus bereit, als ich zurückkomme. „Hast du einen schönen Herbstspaziergang gemacht?"

Ich zucke mit den Schultern.

„Na ja", sagt er und kratzt sich in seinem vulgären Vollbart. „Viola und ich gehen heute Abend was essen, willst du mit?"

Ich will natürlich nicht, aber hungern möchte ich auch nicht.

„Da gibt es ein ganz nettes Wirtshaus im Nachbarort", sagt er. „Unseres hier ist auch nicht schlecht, aber da ist Freitag ziemlich viel Betrieb. Viola hat mir gesagt, dass sie auf einem Ohr nicht mehr so gut hört, und wir wollen uns ja unterhalten."

Was schaut er mich so bedeutungsschwanger an? Ich habe nichts anzubieten, muss doch selbst erst damit zurechtkommen.

Die Liebe, sie will mich verschonen, mir keine Angst machen. Der Tumor wächst also immer schneller, beinahe spreche ich diesen Gedanken laut aus, aber nein, nichts wird mich hier zu irgendeiner Vertrautheit verführen.

„Darf ich reinkommen", frage ich möglichst teilnahmslos. „Es ist ziemlich kalt."

„Klar", sagt Alfred und gibt den Eingang frei. „In der Küche ist noch heißer Tee, ich bleib noch einen Moment draußen."

Bei einem weniger dummen Zeitgenossen hätte man glauben können, er habe in der abendlichen Stille noch den ein oder anderen Gedanken zu wälzen, aber Alfred will einfach nur so erscheinen, als tue sich was in seinem Schädel. Wucherte in ihm ein Tumor, es wäre so.

Ich darf nicht wütend werden.

Der Tee ist lauwarm, aber ich bin durstig, würge ihn herunter. Nur wenige Menschen sind in der Lage, einen ordentlichen Earl Grey zuzubereiten. Ich lasse den Blick schweifen – dafür, dass Alfred mit seiner mäßigen Schreiberei grade mal sein Leben fristen kann, ist er recht exklusiv eingerichtet. Neben viel Plunder doch immerhin einige Antiquitäten. Wahrscheinlich an seiner Schwester vorbei geerbt. Aber gut, ein Leben als wohlhabende Frau habe ich ihr ermöglichen können.

Ich merke wieder, wie traurig ich bin.

Ich weiß noch, wie sie sich über den Sekretär gefreut hat, den ich ihr aus Venedig mitgebracht hatte. Ich weiß noch, wie ihre Augen glänzen konnten, wenn sie sich freute. Ich hätte nicht daran denken sollen. Die furchtbare Kritik von Dohnen, die geplatzte Ausstellung in Berlin, plötzlich stand der Gerichtsvollzieher vor der Tür und Gregor ...

Sie überflutet mich, die Schwärze schlägt über mir zusammen.

„Kommt ‚Faber' eigentlich von den Buntstiften?" Ich habe ihn überhaupt nicht hereinkommen hören. Der Schreck reißt mich hoch.

„Nein. Faber, der lateinische Begriff für den tätigen, erschaffenden Menschen. Ich weiß nicht, ob du dir was darunter vorstellen kannst!"

Er setzt sich an den Tisch, gähnt.

„Ich verdiene mir meinen Lebensunterhalt schon auch selbst."

Jetzt muss ich lachen. „Aber ja! Was zahlst du Miete im Monat? Für diese Bruchbude? Viola und ich haben standesgemäß gewohnt! Ich habe ihr alles bieten können."

Er schaut mich lange an. Nickt dann.

„Klar, Bruchbude. Das ist ein Gutshof aus dem 17. Jahrhundert."

Ich bin es gewohnt, dass die meisten Menschen blind wie die Maulwürfe durchs Leben gehen, aber diese Hütte zum Gutshof hoch zu fantasieren, das ist schon große Klasse!

„Natürlich Alfred!" Ich kann gar nicht aufhören zu lachen. „Geh alleine mit Viola essen. Morgen reisen wir ab."

„Vielleicht will Viola bleiben?"

„Sie kann nicht verantwortlich entscheiden. Wir reisen ab."

Ich stehe auf und gehe.

Gabriela ist zu Hause. Sie zeigt mir einige ihrer Bilder. Sie sind nicht gut, abgeschmackte Idyllen, ich hätte etwas mehr von ihr erwartet.

„Sie waren die beste Studentin", versuche ich ihr meine Enttäuschung zu verbergen. „Sie hatten Respekt. Haben akzeptiert, dass ich auf einer förmlichen Anrede bestehe und auf meinem Namen. Haben mich als Künstler anerkannt!"

Sie lächelt. „Ein wenig komisch war es schon, dass wir uns sogar noch gesiezt haben, nachdem wir schon ..."

Es ist rasch vorbei. Ich besitze nicht mehr die Kraft und Ausdauer früherer Jahre. Sie lässt es mich nicht spüren, versucht es zumindest. Wir liegen nebeneinander, sie streichelt meine Brust, mein Gesicht.

„Und doch haben Sie mich erst kaum wiedererkannt", sagt sie.

„Das hat nichts mit Ihnen zu tun", sage ich leise. „Es ist viel passiert, an das ich mich nicht erinnern möchte. Die Vergangenheit darf mich nicht einholen."

Sie schmiegt ihr Gesicht an meine Schulter.

„Und das ist nicht alles", sage ich leise. „Meine Frau stirbt."

Erschrocken richtet sie sich auf und ich kann nicht mehr anders, muss mich mitteilen, endlich loswerden, was mich innerlich zerreißt.

„Also Sie haben es festgestellt?"

Es ist acht Uhr morgens. Wir sitzen an ihrem Küchentisch. Sie hat einen beigefarbenen Morgenmantel an. Hat Kaffee gekocht. Ich bin wieder angezogen, bis auf den Schlips, aber den werde ich anlegen, bevor ich meine Viola wecke. Ich werde ihr bis zum Ende formvollendet gegenübertreten.

„Also Sie haben es festgestellt?", wiederholt sie ihre Frage.

„Ja, das sagte ich doch!" Ich merke, dass ich Kopfschmerzen bekomme. Ich habe seit gestern Mittag nichts mehr gegessen. Ich muss auf mich achtgeben. Viola braucht mich doch.

„Und was sagen die Ärzte?"

„Welche Ärzte?", frage ich. „Es war nach der Augengeschichte und ich konnte wieder richtig sehen. Da sah ich in ihrem Kopf dieses faustgroße Monstrum. Da ist nichts mehr zu machen."

Sie schaut verblüfft und – ehrlich gesagt – auch ein bisschen dumm drein.

„Ich gehe", sage ich. „Ihre Bilder sind miserabel."

„Viola ist nicht da." Diesmal erwartet er mich in der Eingangshalle, thronend auf irgendeinem Bauernsessel, feist.

„Wie, nicht da?", frage ich.

„Sie sucht dich, du warst verschwunden. Sie sucht dich im Wald."

„Sie kann nicht alleine in den Wald, sie ist zu krank."

„Dann lass uns gehen und sie holen."

Ich trotte hinter ihm her. Es ist noch gar nicht ganz hell, zwischen den Bäumen nistet noch der Nebel, Tau hängt in den Büschen. Alfred schreitet kräftig aus, ich kann kaum Schritt halten. Ich habe zu wenig geschlafen, ich habe Hunger. Aber um mich geht es nicht.

Arme Viola. Sie weiß doch, dass ich immer zu ihr zurückkehre. Aber vielleicht weiß sie es jetzt eben nicht mehr.

„Wieso suchen wir hier und nicht woanders?"

Er antwortet nicht, geht einfach weiter. Ich laufe hinterher, bin zu schwach, um mich zu behaupten.

Jetzt sind wir im Wald, ich kann den Weg kaum noch sehen, stolpere, es ist ihm egal.

Eine Lichtung, ich hebe den Blick.

Ein Richtplatz.

„Deinen Bruder habe ich gemocht", sagt Alfred. „Und im Gegensatz zu dir war er ein wirklicher Künstler."

Ich höre ihn sprechen, die Worte, jedes einzelne, zugleich bin ich gar nicht da, unfähig mich zu rühren, sehe die mächtige Buche, den Schemel davor, den Strick, die Schlinge.

„Aber meine Schwester hat dich geliebt, an dich geglaubt, hat zu dir gehalten, und wenn du sie noch so übel behandelt hast."

„Sie ist krank", höre ich mich sagen. „Ich tue doch alles für sie."

Die Sonne schiebt sich zwischen die Wolken, ein giftiges gelbes Licht fällt auf den Galgen.

„Sie ist überhaupt nicht krank. Das hast du dir in deinem Wahnsinn erfolgreich eingeredet. So, wie du ja auch denkst, ich wäre ein mittelloser Provinzjournalist. Dein Bruder war erfolgreich, hat viel Geld verdient, nicht du! Nur, er war wirklich krank. Und als er seine Medikamente nicht mehr hatte, ist er in den Wald gegangen, hat sich erhängt. Und es gab einen Erben. Dich."

Er schweigt, schaut auf mich voller Verachtung.

„Was geht dich Gregor an", frage ich und fühle zugleich, dass ich ihm nicht standhalten kann, die Vergangenheit schlägt über mir zusammen, die Schwärze. „Ich bin blind", sage ich und fange an zu weinen.

„Du bist nicht blind. Aber eines hast du dann doch übersehen: Dass meine Schwester kein dummes Kind ist, auch wenn du sie immer so behandelt hast. Viola hat Gregors Medikamente in eurem Hausmüll gefunden. Sie hat dich darauf angesprochen und du hast ihr so heftig ins Gesicht geschlagen, dass sie beinahe taub auf einem Ohr ist."

„Man hat mir Gregors Lehrstuhl angeboten."

„Ein Semester lang hast du ihn vertreten, dann haben sie dich gefeuert. Dann warst du am Arsch, Viola wollte weg von dir, aber du Armer warst in der Klapse. Und seitdem bist du felsenfest davon überzeugt, dass sie stirbt. Sie hat dein Geschreibsel gefunden. Hast die Möbel verkauft, als sie gerade mal zwei Tage weg war. Den venezianischen Sekretär unserer Eltern, an dem Viola so gehangen hat."

„Sie hat geschlafen."

„Sie war hier."

„Es gibt Studenten, die mich noch heute verehren."

„Es gibt genau eine Grundschultante, bei der warst du ja wohl auch heute Nacht. Ich kenne die Geschichte in groben Zügen. Dass du was mit ihr hattest, hat sie nicht gesagt, aber man musste sie nur anschauen, wenn sie über dich sprach. Das ist vielleicht das Einzige, du kannst gelegentlich Frauen mit deiner kranken Art beeindrucken."

„Muss ich deshalb sterben?"

Alfred geht auf mich zu. Will er mich schlagen?

„Du hast sehr darauf geachtet, dass meine Schwester außen vor bleibt. Gütertrennung bei einer Scheidung. Viola hat mir letzte Woche die Unterlagen mitgebracht. Aber im Falle deines Todes erbt sie alles. Du musst nicht sterben – ich würde es dir nur sehr empfehlen.

Ich schreibe für sämtliche Magazine des Landes und ich werde deine Geschichte groß herausbringen, die letzten Sammler springen ab, die Polizei ermittelt noch einmal die Umstände von

Gregors Tod – nichts von deiner scheinbaren Bedeutung wird übrig bleiben."

„Dohnen hat meine Ausstellungen rezensiert! Dohnen hat mich gehasst, meine Werke verspottet, mir alles Talent abgesprochen, aber er hat mich immerhin wahrgenommen!" Ganz wenig Kraft kehrt in mich zurück. Ich kann wieder klar sehen, Alfred, das geschmacklose magenta-weißgestreifte Hemd, die vulgäre Physiognomie, den talgigen Glanz in seinem Bart. Den Baum, den Schemel, den Strick. „Niemals hätte sich der bedeutendste Kunstkritiker des Landes auf mich gestürzt, wenn ich seiner Aufmerksamkeit nicht wert gewesen wäre!"

Alfred lacht.

„Viola hat keinen Tumor. Mein Haus ist keine Hütte. Und dreimal darfst du raten, ob es Dohnen gibt. Es gibt ihn nicht! Eine weiteres groteskes, selbstverliebtes Produkt deiner kranken Fantasie."

Ich schaue zu Boden. Ich weiß nichts mehr. Es gibt keinen festen Punkt.

Es ist alles vorbei.

„Ich gehe jetzt", sagt Alfred. „Du musst dir nur den Schemel zurechtrücken und selbst die Schlinge umlegen, damit man Spuren von dir daran findet. Ich hätte es sonst gerne übernommen."

So sitze ich jetzt auf dem Schemel, über mir die Schlinge. Ich beende noch die Notizen. Ich dachte, ich könnte mit ihnen in der Gegenwart bleiben, aber es geht eben nicht.

Viola schlug das Buch zu.

„Gut, dass du noch einmal geschaut hast!"

Alfred zog die Augenbrauen hoch und nahm einen tiefen Schluck.

„Ja, allerdings." Er streckte sich, lachte. „Es ist kalt. Ich mach den Kamin an. Gib mir das Geschreibsel des Meisters zum Anfeuern."

„Aber bitte, gern!"

Alfred stand auf.

„Die kleine Fotze joggt da jeden Nachmittag. Die findet ihn. Dann wird es halt eine Weile Trubel geben."

Viola nickte.

„Ich geh mal raus zum Telefonieren."

Draußen ließ sie noch einen Moment den Blick über die Felder streichen. Die Sonne schien blass durch die Wolken, hinten am Wald flogen Krähen, der Wind wehte ihr Krächzen übers Land. Schon stieg Rauch aus dem Kamin.

Sie liebte den Herbst. Jetzt war Zeit für alles, was sie liebte.

Sie nahm ihr Handy, drückte die vertrauten Tasten.

„Ich bin's. Es ist vorbei ... ja, hat geklappt ... Alfred hat das toll gemacht, hat seinen Anteil verdient..." Sie lachte. „Kann er auch brauchen, die Hütte fällt bald zusammen. Stell dir vor, er hat natürlich gleich ... nein, nicht Alfred! ... Wieder mit der Kleinen ... ja ... auf jeden Fall, wie gesagt. Also richtig vorbei ist es natürlich erst in ein paar Tagen ... nein, nein. Da kommt nichts mehr ... ich schätze spätestens nächstes Wochenende bin ich dann bei dir ... Ich dich auch. Ich freu mich auf dich, Dohnen!"

Klaus-Peter Wolf
Der magische Ort

Manche Menschen brauchen Regeln und Gesetze, um sich in engen Grenzen sicher zu fühlen. Andere bekommen darin kaum Luft und spüren sich nur, wenn sie eben diese Mauern einreißen oder wenigstens verletzen. So einer bin ich.

Manche Orte sind ungemütlich und kalt, andere warm und einladend. Manche Orte lassen einen die Leere in sich selbst spüren, andere machen einen froh. Manche Orte stoßen einen ab, andere ziehen einen an. Und dann gibt es noch Orte, die sind magisch.

Die schlimmste Strafe für mich war, wenn ich nicht auf den Spielplatz durfte. Dort war ich frei. Das Klettergerüst mit seinen roten, blauen und gelben Stangen schien bis in den Himmel zu reichen, wenn ich auf dem Rücken im Sandkasten lag und von dort der Nathalie unter den Rock sah. Die war schon zwölf oder dreizehn und kam zum Rauchen hierher.

Sie thronte immer ganz oben auf der letzten blauen Stange, wie die Königin des Spielplatzes, und ließ ihre Beine runterbaumeln. Sie wusste genau, dass die großen Jungs ihr zusahen, sie liebte es, angeglotzt zu werden. Die Farbe ihrer Slips flüsterten die Mitglieder der Gang sich heimlich zu wie Piraten die Entdeckung eines fernen Kontinents.

Meine Mutter konnte Nathalie nicht leiden. Es würde noch schlimm mit ihr enden, prophezeite meine Ma und sie schärfte mir ein, ich solle mich von ihr fernhalten. Manchmal bekam ich wegen Nathalie Spielplatzverbot und Hausarrest.

Wir wohnten im fünften Stock unter dem Dach. Nur in der Mitte der Wohnung konnte meine Mutter aufrecht stehen, deshalb ging sie immer leicht gebückt, den Blick nach unten gerichtet, als würde sie etwas auf dem Boden suchen. Als ich älter wurde, kam sie mir manchmal vor wie ein Pinguin und ich erschrak bei dem Gedanken, dass ein Pinguin ein Vogel ist, der nicht fliegen kann.

Mein Bett stand unter der Schräge. Direkt über mir war das Dachfenster. Wenn der Regen darauf prasselte, schlief ich besonders gut und träumte vom Nachtangeln am Fluss. Einmal, im Dauerregen, habe ich dort mit dem Heinz einen Aal gefangen. Das war eine triumphale Nacht! Ich habe mit den Männern Bier getrunken. Überhaupt, der Heinz war ein guter Kerl. Ich durfte sogar Papa zu ihm sagen, obwohl natürlich jeder wusste, dass er nicht wirklich mein Vater war.

Einen Besseren hat meine Mutter nie gefunden. Die anderen waren schlecht, haben sie nur ausgenutzt und am Ende verlassen. Erst hat sie geheult und immer wieder fast panisch einen Neuen gesucht, so als könnten wir nicht ohne einen Typen leben. Irgendwann hat sie dann aufgehört, sich anzumalen und auszugehen, und stattdessen gesagt, wir bräuchten keinen Mann, wir hätten ja uns.

Sie begann, mich zärtlich „mein Männlein" zu nennen. Zu Hause machte mir das nichts aus und wir gingen nicht viel unter Leute. Besuch bekamen wir praktisch nie. Erst war ich ziemlich stolz, fühlte mich irgendwie aufgewertet. Ich bekam auch sofort mehr Rechte. Zum Beispiel durfte ich jetzt in dem Fernsehsessel sitzen, den sonst immer ihr aktueller Typ beschlagnahmt hatte, und immer öfter bekam ich auch die Hoheit über die Fernbedienung. Aber gleichzeitig kam fast so etwas wie Eifersucht in ihr auf. Ich meine nicht unbedingt auf eine Frau oder ein Mädchen, sondern es war mehr so eine generelle Eifersucht auf alles, was ich allein machte und was außerhalb unserer Wohnung stattfand.

Wenn ich auf dem Spielplatz mit den anderen abhing, dann beobachtete sie mich von meinem Bett aus durch ein altes Opernglas, ein Familienerbstück aus besseren Tagen. Wenn ich in die Wohnung zurückkam, sah ich das sofort. Ihre Knie hinterließen immer Dellen in meiner Bettdecke.

Sie wusste, dass ich geraucht hatte, und schimpfte auf die Gang, weil die ihre Kippen einfach in den Sandkasten schnippten, und manchmal gingen Bierflaschen kaputt. Aber sie tat immer so, als hätte sie es von Nachbarn gehört, dabei war das Opernglas noch feucht vom Schweiß ihrer Hände.

Später dann, als ich mit gebrochenen Knochen im Bett lag, war das Opernglas mein Ausblick in die Welt, es half mir dabei, nicht verrückt zu werden in meinem Dachgeschoss-Gefängnis.

Jeden Abend spielte ich mit meiner Mutter Canasta oder Rommé oder wir legten Patiencen. Sie liebte das Kartenspiel, aber sie hätte es nie öffentlich getan. Das war viel zu verrucht. Sie spielte heimlich, in den eigenen vier Wänden, so wie sie sich mit ihren Typen, damals, als sie noch welche hatte, stumm und verbissen unter der Bettdecke liebte. Im Dunkeln, versteht sich, weil ich nichts davon mitkriegen sollte. Habe ich aber immer, weil ihre jeweiligen Lover keuchten wie Langstreckenläufer und das alte Bett bei jedem Stoß knarrte.

Nathalie hatte viele Verehrer, aber sie ging mit keinem richtig. Sie nahm Zigaretten von jedem. Es kursierte der Witz, ihre Lieblingsmarke sei „van Anderen". Da ich mich mit Zigaretten nicht auskannte, was ich natürlich unmöglich zugeben konnte, kapierte ich den Witz zunächst nicht und versuchte sogar, am Kiosk eine Packung „van Anderen" zu kaufen. Die dicke Marga lachte nur und schickte mich weg.

Ingvar, der meistens nur „der Schwede" genannt wurde, galt als King der Gang. Er war schon zweimal sitzen geblieben und der Älteste von uns. Er hatte immer Geld. Bei ihm konnte man „Shit" kaufen und ein Zeug, das er „Knallstoff" nannte und das man sich in die Nase zog. Irgendetwas hatte er immer mit.

Manchmal gab er eine Runde aus. Wer etwas kaufen wollte, verschwand mit ihm in den Schutz der Büsche, die den Spielplatz umgaben wie ein grüner Festungswall. Ich glaube, er versteckte sein Zeug auch dort, in einer Astgabel, in die ein Specht ein fast kreisrundes Loch gehackt hatte. Jedenfalls trug er es nie bei sich.

Ich wurde Zeuge, wie er von zwei Daimlers gefilzt wurde. Sie stellten sich plötzlich mit ihrem Auto quer und keilten uns richtig ein. Ich hatte eine Scheißangst. Der eine packte Ingvar, der andere mich. Ich fing mir das erste blaue Auge meines Lebens ein. Weil Ingvar nicht herausrückte, was sie haben wollten, mussten wir uns ausziehen. Komplett. Sogar die Socken und die Schuhe. Sie haben mit einem Butterflymesser Ingvars Absätze aufgeschnitten, aber auch da war nichts. Meine Schuhe waren flach.

Ingvar hat selbst als die Daimlers weg waren noch gezittert, aber er tönte groß herum, wie er es denen gezeigt hätte, und die sollten nicht glauben, dass er so blöd sei, den Stoff am Körper zu tragen. Er wolle doch nicht von den Bullen gepackt werden.

Wir flüchteten zum Spielplatz. Ich konnte fast nichts sehen. Mein Gesicht war wie zugeschwollen. Es tut noch heute weh, wenn ich daran denke. Ich bin einfach hinter Ingvar hergelaufen. Ein Autofahrer musste scharf bremsen, um mich nicht zu überfahren. Er schimpfte lauthals hinter uns her.

Aber dann stieg Nathalie vom Spielgerüst und wir wurden wie Helden bewundert. Sie berührte mich mit ihren Fingern und überall, wo sie mich anfasste, hinterließen ihre Fingerkuppen glühende Stellen. Sie hielt meinen rechten Arm, ordnete meine Frisur und ich glaube, ab dem Tag nahmen sie und die anderen von der Gang mich zum ersten Mal zur Kenntnis.

Auch wenn ich ihm gar nicht geholfen hatte, schweißte die Sache Ingvar und mich irgendwie zusammen, auf eine merkwürdige Art waren wir so etwas wie Komplizen geworden.

Ich kiffte mit ihnen und obwohl ich längst hätte zu Hause sein müssen – es war inzwischen dunkel geworden – blieb ich. Ich setzte mich auf eine Wippe, die von unserer Wohnung aus nicht einsehbar war. Nathalie stieg hinter mir auf und hielt sich an mir fest. Sie umklammerte mich richtig. Auf dem anderen Ende hockte die pummelige Marie Mayer mit y. Gemeinsam waren Nathalie und ich schwer genug, um sie oben verhungern zu lassen. Immer wieder hopsten wir hoch und ließen Marie Mayer mit y rauf und runter tanzen, bis sie heulte und schrie, wir sollten sie endlich runterlassen. Aber Nathalie, die irgendeine Rechnung mit Marie offen hatte, fand Gefallen daran, das dicke Mädchen zu quälen. Jeder andere wäre einfach von oben runtergesprungen, aber die Mayer mit y schrie wie am Spieß, als ob wir sie zehn Meter hoch gebeamt hätten.

Mich hatte der Joint gibbelig gemacht. Ich fand alles nur lustig und konnte gar nicht aufhören zu lachen, selbst als Ingvar verlangte, sie müsse sich ausziehen und uns allen ihre Körbchengröße zeigen, lachte ich Tränen.

Am anderen Tag schämte ich mich, aber als es geschah, fand ich es großartig komisch. Sie heulte Rotz und Wasser und zog sich zu unserer Verblüffung wirklich aus. Tommy filmte sie mit seinem Handy und Ingvar wollte wissen, ob „die echt sind" und unbedingt mal anfassen.

Mein Gesicht tat kaum noch weh und ich fand es lustig, wie ich aussah. Ingvar knipste mich und zeigte es mir. Ich hatte viel mehr abgekriegt als er, zumindest im Gesicht.

Und dann erschien meine Mutter auf dem Spielplatz. Das hatte sie noch nie getan. Abends ließen sich hier nie Erwachsene sehen. Tagsüber kamen manchmal Mamis mit ihren Krabbelkindern, aber abends gehörte der Spielplatz uns.

Die dicke Marie Mayer mit y versuchte, an meiner Mutter vorbei zu entkommen, aber meine Ma hielt sie fest und verpasste ihr zwei schallenden Ohrfeigen. Sie schrie, wir hätten wohl eine Orgie gefeiert. Ich verstand Orchidee, vielleicht hatte sie es in der Aufregung sogar gesagt, jedenfalls hatte ich nie vorher das Wort Orgie aus ihrem Mund gehört.

Sie zerrte mich nach Hause und jammerte die ganze Zeit, was sie denn nur bei meiner Erziehung falsch gemacht hätte und ich sei früher so ein anständiger Junge gewesen und das läge alles nur an dem schlechten Umgang. Und ich lachte und lachte und lachte.

Am anderen Morgen, als mein Gesicht grün und blau war und mein Kopf brummte wie eine defekte Klimaanlage, da saß sie grübelnd am Frühstückstisch und faselte etwas davon, ich solle bloß nicht so werden wie mein Vater und der Apfel falle bekanntlich nicht weit vom Stamm.

Ich fuhr sie zum ersten Mal im Leben an. Ich schrie gar nicht laut, aber trotzdem platzte eine Wunde an meiner Lippe auf und Blut tropfte auf mein Hemd, als ich das Maul wohl ein Stückchen zu weit aufriss und spottete: „Ich habe meinen Vater nicht einmal kennen gelernt. Schon vergessen? Er hat sich vor meiner Geburt verpisst! Erzähl mir bloß nicht, ich würde ihn nachahmen. Ich hatte nie die Gelegenheit, ihm etwas abzugucken."

„So spricht man nicht mit seiner Mutter!", zischte sie und rannte raus. Sie schloss sich im Bad ein und ging in die Wanne. Sie liebte es, im eigenen Dreck zu plantschen. Ich duschte lieber. Die Wohnung roch jetzt nach irgend so einem Beruhigungsbad mit Melisse und so.

Ich beschloss, mir ab jetzt die Haare zu gelen und geile Klamotten zu tragen, genau wie Ingvar, der Schwede. Nie wieder würde ich mir von meiner Mutter die Haare schneiden lassen. Nie wieder sollte sie mir Hemden im Sonderangebot kaufen. Nie wieder würde ich einfach anziehen, was sie für mich ausgesucht hatte.

Die Lederjacke bekam ich von Daniel, der mal bei den Daimlers war und den sie rausgeschmissen hatten, angeblich, weil der Boss auf ihn eifersüchtig war, aber in Wirklichkeit war Daniel einfach nur ein Weichei, das mit Papis Kohle eine Menge Wind machte. Ohne die Daimlers stand er ganz alleine und suchte Anschluss. Mit ein paar Porno-DVDs und einem Sixpack Bier wollte er sich bei uns einschleimen.

Ich habe gesagt: „Gib mir die Jacke, Papi kauft dir bestimmt eine neue, wenn du brav bist."

Er hat sie mir wortlos überlassen. Aufgenommen haben wir ihn aber trotzdem nicht. Warum auch?

Ich war inzwischen vierzehn und mehr auf dem Spielplatz, den wir nur noch „den Platz" nannten, als in unserer Dachwohnung.

Das mit dem Dealen stellt sich jeder einfacher vor, als es ist. Man rennt ständig hinter dem Stoff her, wird belogen und beklaut, am Ende verbraucht man mehr als man verkauft und zahlt noch drauf.

Klar hat meine Mutter gemerkt, dass ich ihr Geld geklaut hatte. Aber sie tat dann so, als hätte sie es nicht bemerkt. Es ging doch nicht an, dass ihr Sohn ein Dieb war.

Ich habe immer mehr genommen, ich konnte ja nicht alle Klamotten von Daniel erpressen und mit dem Schweden mitzuhalten, war nicht so einfach. Bei einem Pakistani, der auf dem Flohmarkt selbst gemachten Silberschmuck verkauft hat, haben der Schwede und ich richtig abgeräumt. Wir haben Streit angefangen und seinen Stand umgekippt, und wir haben uns die Taschen voll gestopft mit Halsketten und Ohrringen für Nathalie. Sogar die Mayer mit y hat etwas abgekriegt, so viel hatten wir. Die ging inzwischen mit Tommy, knutschte aber auch mit dem Schweden in den Büschen rum. Die machte es mit jedem, Hauptsache, keiner schickte sie weg.

In meinen Träumen habe ich Nathalie in allen Stellungen geliebt. In meiner Vorstellung war es genau wie in den Pornos, die wir auf dem Rechner guckten, im Klettergerüst, nah aneinander gedrängt, um auf dem kleinen Bildschirm etwas zu erkennen. Wir waren alle scharf auf diese Filme und logen uns vor, so etwas auch schon zigmal gemacht zu haben, so oder so und natürlich auch so und jeder ahnte vom anderen, dass es nicht stimmte, aber irgendwie gerieten wir ganz schön unter Druck, das nachzumachen und dabei mitzuhalten.

Marie Mayer mit y war besonders fleißig im Gegensatz zu Nathalie, von der es eigentlich alle erwartet hatten. Als wir es dann zum ersten Mal richtig gemacht haben, die Nathalie und ich, im Stehen hinter dem Busch bei der Schaukel, da bin ich im Dunkeln in einen Hundeköttel getreten, in so richtig breiige Scheiße und es ging alles ganz schnell und sie war enttäuscht. Sie sagte zwar, es sei „großartig gewesen", aber ihr Gesicht zeigte etwas anderes. Ich konnte mit den Pornodarstellern nicht mithalten und offen gestanden, sie war auch nicht gerade so gelenkig wie Dolly Buster oder Gina Wild.

Sie war zwei Jahre älter als ich, träumte von einer eigenen Wohnung und wollte später mal „das ganze Haus voller Kinder haben" und „einen Mann, der richtig Asche macht, damit es uns allen gut geht".

Ich hoffte, dieser Mann zu werden, und das sagte ich ihr auch und sie lachte mich nicht aus, sondern küsste mich und meinte, ich sei süß.

Alles lief eigentlich prächtig, und Heinz besuchte ab und zu mal wieder meine Mutter. So hatte sie weniger Zeit, sich um mich zu kümmern, was mich echt entlastet hat. Aber dann kam dieser doofe Unfall. Es klingt so lächerlich! Aber ich bin, natürlich vollgekifft, auf dem Klettergerüst eingepennt und abgestürzt. Ich hatte das rechte Bein viermal gebrochen und den rechten Arm zweimal, dazu kam irgendetwas mit der Schulter und natürlich eine Gehirnerschütterung.

Ich musste operiert werden. Drei Wochen verbrachte ich im Krankenhaus, sie hatten mir Edelmetall in die Knochen geschoben und meine Gelenke mit Schrauben neu zusammengebaut.

Tommy und die dicke Marie Mayer mit y kamen mich besuchen. Die andern nicht, nur meine Mutter natürlich. Die kam jeden Tag. Ohne Heinz. Der war da schon wieder nicht mehr aktuell.

Tommy saß grinsend an meinem Bett und fand es unheimlich komisch, Sprüche loszulassen wie: „Andere fallen vom Pferd, werden in einer Schlägerei zusammengedroschen oder brechen sich die Knochen beim Skilaufen, nur du knallst vom Klettergerüst. Das ist echt voll peinlich. Die ganze Siedlung lacht darüber."

„Ich nicht", sagte ich. Aber Tommy gluckste laut und bekam demonstrativ einen Lachkrampf an meinem Krankenbett, der Arsch.

Dann holte meine Mutter mich im Rollstuhl, Kassenmodell, nach Hause. Die Treppe konnte ich alleine auch mit Krücken kaum schaffen. Einen Fahrstuhl gab es nicht und dann saß ich oben bei ihr im fünften Stock praktisch fest. Ich zog mir noch eine scheiß Lungenentzündung zu, musste Antibiotika nehmen, die ich nicht vertrug, und war den ganzen Tag ihrem Gejammere ausgesetzt.

Jetzt tischte sie mir alles auf, plötzlich war ich an ihrem ganzen Leben schuld. Selbst, dass Heinz sie ein zweites Mal verlassen hatte, lag an mir. Ohne mich wäre von Anfang an alles anders, eben besser, verlaufen. Sie hatte sich für mich geopfert und statt dankbar zu sein, war ich ein missratener Sohn geworden, der Drogen nahm. Wegen des bisschen Haschischs machte sie gleich einen Rauschgiftsüchtigen aus mir und ich hätte meine eigene Mutter beklaut.

Also doch! Sie hatte es bemerkt, gleich beim ersten Mal.

Sie schwor, für mich zu beten und ab jetzt „andere Saiten aufzuziehen". Sie sei einfach zu gutmütig gewesen.

Meine schwachsinnigen Lehrer hatten mit ihr bereits einen Plan geschmiedet, wie aus mir ein besserer Mensch und natürlich auch ein besserer Schüler werden sollte. Die Details hörten sich gruselig an. Zum Kotzen gruselig und alles sprach sie in „wenn nicht, dann" Sätzen.

Meine Erziehung begann sofort. Mein Haargel landete im Klo und zweimal pro Woche kam Schlüter zu mir, echt der bescheuertste Mathelehrer, den man sich denken kann. Er hasste mich im Grunde, seit er sich mal auf ein Furzkissen gesetzt hatte, das ich auf seinen Stuhl gelegt hatte.

Aber er kam trotzdem zweimal pro Woche und gab mir kostenlos Nachhilfestunden. Wahrscheinlich war er scharf auf meine Mutter. Die vermutlich auch auf ihn, denn immer, wenn er kam, bretzelte sie sich extra auf. Nix Hauslatschen und Kittel. Nein, Schuhe mit Absatz, Nylons und jedes Mal eine frische Bluse. Für ihn drückte sie sogar die Brust raus und machte das Kreuz gerade. Von wegen Pinguin!

Sie unterhielten sich in meinem Beisein über mich, als sei ich ein defektes Elektrogerät, das zur Reparatur musste. Das war alles oberpeinlich. Und die ganze Zeit hatte sie mich voll unter Kontrolle, während die anderen „Thrill and Chill" auf dem Platz spielten. Sie waren nicht weit von mir. Keine fünfzig Meter Luftlinie von mir entfernt und doch so gut wie unerreichbar.

Ich sah die Gang durch das Opernglas, wie sie auf dem Klettergerüst abhingen, Bierflaschenweitwurf auf den Abfalleimer veranstalteten, kifften und knutschten und Geschäfte machten. Dieser Exdaimler Daniel schmierte immer um Nathalie herum. Manchmal beobachtete ich von meinem Bett aus den Platz sogar, wenn keiner von meinen Freunden da war. Die flackernde lila Getränkewerbung beleuchtete den Platz im Stakkato. An – Aus – An – Aus. Ich wünschte mir nichts mehr, als wieder dort zu sein. Der Spielplatz erschien mir als Ort der Freiheit.

Wenn ich Glück hatte, konnte ich Nathalie in der Spitze des Klettergerüsts sitzen sehen. Je länger ich sie nicht gesprochen hatte, je weiter sie von mir weg war, umso wundervoller erschien sie mir.

Ich schrieb ihr sogar Liebesbriefe. Also, per SMS. Einmal hat sie mir als Antwort ein Foto mit Kussmund geschickt. Schreiben war nicht so ihr Ding. Oft hat sie mir sogar zugewinkt, wenn sie mich mit dem Opernglas am Fenster sah, und einmal hat sie nur für mich ihr T-Shirt hochgehoben und die Brüste wackeln lassen. Ich dachte, ich flipp aus.

Aber dann, zwei, drei Tage später, mein scheiß Mathelehrer führte meine Mutter zum ersten Mal zum Essen aus, da sah ich Nathalie mit dem Schweden knutschen. Ich war toll vor Eifersucht. Ich habe in der Wohnung herumgebrüllt wie ein Schwein, das zur Schlachtbank geführt wird.

Dann sind die beiden in den Büschen verschwunden und was dann passiert ist, war noch schlimmer. Ich glaube nicht, dass sie es absichtlich gemacht haben, aber vielleicht doch … er hatte dieses libanesische Zeug, das einen völlig verrückt macht und die Welt zu einem riesigen Witz werden lässt. Vielleicht fanden sie es auch lustig und wollten sich einen Scherz machen. Jedenfalls rief ihr Handy mein Handy an und dann konnte ich mir ihr Gestöhne anhören. Sie sprachen nicht mit mir. Ich hörte nur seine schweinischen Sprüche und wie er sie zu immer neuen Turnübungen anspornte.

Ich hielt es nicht aus. Ich dachte, ich krepier. Ich brüllte ins Telefon, aber entweder haben sie mich gar nicht gehört, oder es hat ihnen sogar den entscheidenden Kick gegeben. Jedenfalls machten sie tierisch rum und waren laut und schamlos wie die Pornodarsteller in den Filmen, die ich kannte.

Ich packte meine Krücken und humpelte die Treppen runter. Im zweiten Stock bin ich gestolpert und lang hingeknallt. Es hat ewig gedauert, bis ich wieder hoch war.

Ich bin rüber zum Platz und sie waren noch voll dabei, als ich ankam. Ich habe den Schweden mit meiner Krücke gehauen. Erst da hat er mich bemerkt. Ich solle mich nicht so anstellen, hat er gesagt, und ich sei genau so ein blöder Spießer wie meine Mutter. Ich solle mich mal locker machen.

„Der heult ja richtig", hat Nathalie gesagt.

Der Schwede rammelte immer weiter, Nathalie hatte Mühe, ihn abzuschütteln.

„Der pfeift sich immer Viagra rein", sagte sie, „damit er länger kann." Es klang wie eine Entschuldigung und der Schwede lachte.

Ich habe ihm die Krücke noch zweimal ins Kreuz gehauen. Dann zog er sich die Hose hoch, brummte irgendetwas wie „Spielverderber" und trollte sich. Ja, so war der. Er ging einfach. Der hatte seinen Spaß und das reichte ihm. Vom Tor aus rief er noch: „Ich hab keinen Bock auf so einen Stress!"

Nathalie fuhr mich an, ich sei ja wohl total ausgeflippt. Sie könne machen, was sie wolle, und ich solle mir ja nicht einbilden, sie würde mir gehören, so wie ich meiner Mutter gehörte. Das sei nämlich keine Liebe, sondern alles nur völlig kranker Mist. Ich habe sie dann geschüttelt und geschrien, sie solle endlich aufhören und ruhig sein.

Viel mehr weiß ich eigentlich nicht. Meine Erinnerung ist wie zerfetzt. Es gibt keinen zusammenhängenden Film mehr. Nur Bilder.

Ich habe sie gewürgt und sie hat den Mund aufgerissen. Ihre Zunge streckte sich ganz steif zu mir hoch und ihr Zungenpiercing zitterte. Irgendwann hörte sie dann auf, unter mir zu strampeln und dann bewegte sie sich gar nicht mehr, auch nicht, als ich ihr ins Gesicht schlug und sie anbettelte: „Bitte, Nathalie, sag doch etwas!"

Ich weiß nicht, wie lange ich heulend neben ihr gelegen hatte, bis ich kapiert habe, dass sie tot war. Ich hatte sie umgebracht. Meine Nathalie.

Ich schleppte mich ins Haus zurück. Die Nacht war sternenklar und der Mond eine dünne Sichel. Irgendwo stritten sich Katzen und am Ende der Straße lief eine Fete. Sie spielten „Ich & Ich".

Im dritten Stock machte ich schlapp. Die Stufen schienen mir unüberwindbar. Meine Beine wurden steinschwer und unbeweglich. Die Muskeln gehorchten mir nicht mehr. Und dann ging zu allem Überfluss unten die Haustür auf. Es war nicht die Polizei. Es war meine Mutter. Sie hatte sich mit meinem blöden Mathematiklehrer gestritten, kein Wunder, mit dem kriegt jeder Krach, und sie stürmte wutentbrannt die Treppen hoch. Ich hatte keine Chance, schneller in unsere Wohnung zu kommen oder mich zu verstecken. Sie stand schon hinter mir und sie wusste sofort, dass etwas Schreckliches geschehen war.

Aus Angst, die Nachbarn könnten etwas mitbekommen, half sie mir, immer wieder „psst, psst" flüsternd, in unsere Wohnung. Dort brach ich heulend zusammen. Ich lag in embryonaler Haltung auf dem Bett unter der Schräge und weinte nur noch.

Meine Mutter brühte uns einen Tee auf und dann hielt sie mir ein Taschentuch hin. Sie verlangte, dass ich ihr alles genau erzählen müsse, und das tat ich auch. Ich ließ es aus mir rausprudeln und das tat gut.

Sie hörte mir zu, ohne mich zu unterbrechen. Sie putzte mir mehrfach die Nase, wie sie es getan hatte, als ich ganz klein war. Dann, als ich ihr die ganze schreckliche Wahrheit gebeichtet hatte, dass ich das Mädchen, das ich liebte, ermordet hatte, wurde sie sehr streng: „Ich wusste, dass sie dir Unglück bringen und dir irgendwann sehr weh tun würde. So sind diese kleinen Luder. Aber du wolltest ja nicht hören."

„Du hast ja Recht, aber ..."

Sie unterbrach mich barsch: „Aber ab jetzt hörst du auf mich. Wir werden jetzt alles genau so machen, wie ich sage. Sonst wird man uns trennen. Sie nehmen dich mir weg, wenn rauskommt, was geschehen ist."

Sie forderte mich auf, mich zu waschen. Sie selbst lief mit einer Taschenlampe wieder nach draußen. Sie wollte alle Spuren beseitigen.

Dann legten wir uns hin. Ich schlief nicht in meinem Bett, sondern bei ihr, ganz nah an sie gedrückt. Das Kopfkissen roch noch nach Heinz.

Sie streichelte meinen Kopf mit nervösen Fingern. Ich glaube, sie schlief überhaupt nicht. Ich nickte irgendwann ein. Vielleicht hatte sie mir etwas in den Tee getan. Zuzutrauen war ihr das.

Als ich gegen drei Uhr wach wurde, lag sie nicht mehr neben mir. Sie kniete auf meinem Bett und sah aus dem Fenster. Sie hatte mich bemerkt, drehte sich aber nicht zu mir um.

„Geh wieder ins Bett", sagte sie. „Das kleine Biest hat noch keiner gefunden. Es ist Sonntag. Die ersten Kirchgänger, die ihre kleinen Kinder noch ein bisschen schaukeln wollen, werden sie entdecken. Uns bleibt noch viel Zeit."

„Und wenn der Schwede die Polizei ruft ..."

„Dann hätte er es längst getan, mein Männlein. Leg dich wieder hin. Du bist gar nicht dort unten gewesen. Du warst die ganze Zeit hier bei mir und wir haben Rommé gespielt."

Genau das sagte meine Mutter dann auch aus. Die Polizei glaubte ihr. Ich war ein schwer verletzter Junge mit Gipsbein und Gehhilfen. Niemand verdächtigte mich.

Trotzdem musste ich, wie alle geschlechtsreifen männlichen Bewohner unserer Straße, eine Speichelprobe abliefern.

Dann wurde der Schwede festgenommen. Sein Samen hatte ihn verraten. Die Polizei fand auch das Baumversteck mit fast einem Pfund Shit und vielen Trips.

Bei uns mag man keine Drogendealer. Der Schwede hatte vor Gericht keine Chance. Seine Geschichte, ich hätte mit meinen

Krücken auf ihn eingedroschen, glaubte ihm niemand, zumal meine Mutter und irrerweise auch mein Mathelehrer aussagten, wir hätten gemeinsam gegessen und dann Rommé gespielt.

So war ich zwar scheinbar frei, doch in Wirklichkeit begann eine lebenslange Gefangenschaft. Nicht nur für mich, sondern auch für meine Mutter. Für meinen Pauker war sie ab jetzt seine „einmal-die-Woche-Hure".

Ich musste immer gehen, wenn er kam. Komischerweise war das die einzige Zeit, in der ich wirklich frei war und mich nicht der strengen Herrschaft meiner Mutter fügen musste. Ich ging dann immer zum Spielplatz und rauchte dort und schwieg.

Jede Nacht erschien mir Nathalie. Ich sah sie auf dem Klettergerüst thronen und mit den langen Beinen baumeln. Dann ihre gepiercte Zunge flattern, während sie mit weit aufgerissenen Augen nach Luft rang.

Ich beschloss, Nathalie zu folgen, wo immer sie jetzt sein mochte. Es war, als würde sie mich rufen. Ich besorgte mir eine Wäscheleine. Ich sah mich schon im Klettergerüst hängen. Das Bild hatte etwas Tröstliches an sich.

Manche Menschen brauchen Regeln und Gesetze, um sich in engen Grenzen sicher zu fühlen. Andere bekommen darin kaum Luft und spüren sich nur, wenn sie eben diese Mauern einreißen oder wenigstens verletzen. So einer bin ich.

Manche Orte sind ungemütlich und kalt, andere warm und einladend. Manche Orte lassen einen die Leere in sich selbst spüren, andere machen einen froh. Manche Orte stoßen einen ab, andere ziehen einen an. Und dann gibt es noch Orte, die sind magisch.

Und manche Menschen bringen sich an solchen Orten um. Ich zum Beispiel.

Renate Niemann
Der Zwilling

Er hatte sich aufgehängt. Er hatte sich an dem gottverdammten Baum aufgehängt, und zwei Wochen lang schwankte er an einem Kälberstrick im Wind wie eine hölzerne Marionette, und der dicke Ast war der Puppenspieler, der ihn tanzen ließ.

Als man ihn fand, war von seinem Gesicht schon nicht mehr viel übrig. Die Herbsttage waren warm gewesen, und im Wald wimmelte es von Fliegen und Käfern und kleinen Nagern, die sich nicht zweimal hatten zu Tisch bitten lassen, als der Leichengeruch durchs Unterholz gekrochen war. Auch die hartgesottensten Polizeibeamten wurden blass um die Nasen, als sie sich dem Ort der Verwesung näherten und schließlich die Leiche des Friedrich M., oder das, was davon übrig war, von dem Ast abschnitten und auf den Waldboden legten, den eine erste gelbe Laubschicht bedeckte.

Dass es sich bei dem Toten um Friedrich M. handelte, wusste man zu dem Zeitpunkt freilich noch nicht. Er trug keinerlei Papiere bei sich, und es kostete einige Nachforschungen, um ihn zu identifizieren. Am Ende war es ein Brief, der Klarheit brachte. Dieser Brief war von dem Selbstmörder mit eigener Hand geschrieben und an den Pastor von B. geschickt worden.

Dort hatte er zunächst einige Zeit ungeöffnet gelegen, weil die Pastorenstelle der kleinen Gemeinde seit längerem unbesetzt war, und die Post, die im Kasten des Pfarrhauses landete, nicht immer gleich geöffnet wurde. Jeden Sonntag kam ein junger Kaplan, der neben B. auch noch sechs weitere Dörfer mit geistlichem Beistand versorgte, und hielt um elf Uhr die Messe. Nach der Messe schlüpfte er schnell in die Pastorenwohnung, steckte die Post ein, die sich im Laufe der Woche angesammelt hatte, und sprang gleich wieder in seinen Wagen, da um zwölf Uhr dreißig bereits die nächste Messe in der acht Kilometer entfernten Ortschaft D. gehalten werden musste.

Irgendwann am späten Sonntagabend kam der Kaplan dann

dazu, die Post zu öffnen und entweder selbst zu beantworten oder, wenn es angezeigt schien, an den Pastor von H. weiterzugeben.

Der Brief, von dem die Rede ist, begann mit einem Fluch und umfasste mehrere Seiten, auf denen die Handschrift sich an vielen Stellen verzweifelt zu krümmen schien, als habe der Schreiber sie unter großen Schmerzen oder starker seelischer Bedrängnis aufs Papier geworfen. An anderen Stellen war sie unscharf und zerfließend wie ein Gewässer, das sein eigenes Ufer nicht mehr fand.

Der Schreiber musste ein zutiefst zerrissener Mensch sein.

Die halbe Nacht verbrachte der Kaplan damit, unter seiner Schreibtischlampe die Schnörkel und schlangenhaften Linien zu transkribieren, dann las er die Worte wieder und wieder, und beschloss schließlich um drei Uhr in der Frühe, nach einer Tasse Kakao, mit der er sich über eine leichte Depression zu retten versuchte, die Sache mit dem Pastor zu besprechen ...

Verflucht sei der Tag, verflucht sei die Stunde, und verflucht sei der, der diesen Tag werden ließ.

Der Mehlsack auf meinen Schultern war schwer. Er war nicht groß, aber ich hatte ihn weit getragen. Der Onkel war schuld. Hätte er nicht gefragt, und hätte Mutter nicht ja gesagt, und hätte ich nicht zugestimmt ... Mein ganzes Leben wäre anders verlaufen. Vielleicht hätte es sogar ein richtiges Leben werden können ...

Er stand einfach da, auf der anderen Seite des Weges. Blass. Die Schultern mager wie bei einer Vogelscheuche. Die Augen wasserhell. Stand einfach nur da und starrte. Was für ein seltsames Gefühl. Kannte ich ihn von irgendwo? Hatte ich ihn nicht schon einmal gesehen?

Kalt war mir plötzlich, obwohl ich schwitzte. Den ganzen Tag waren wir gelaufen, ich war müde und durstig. Die Zunge klebte mir am Gaumen. Und dieser blöde Junge glotzte rüber, als wolle er jeden Bissen von dem Brot zählen, das der Onkel mir gab, und mir jeden Schluck von dem frischen Traubensaft bitter machen.

„Wer ist das?", fragte ich den Onkel leise.

„*Niemand*", *sagte der Onkel, und zwinkerte mit den Augen, als würde er den Jungen gar nicht sehen. Dann packte er die beiden Säcke und trug sie in die Scheune.*

Der fremde Junge hob die Hand und winkte, kraftlos, als würde er gar nicht richtig leben. Vielleicht war er krank. Oder er bekam nicht genug zu essen.

Ich nahm eins der Brote, um es ihm zu geben, damit er aufhörte zu glotzen. Doch als ich es ihm gerade reichen wollte, drehte er mir den Rücken zu und ging davon. Am liebsten hätte ich ihm einen Stein hinterher geworfen, so wie einem fremden Hund. Hätte ich es nur getan!

Aber den Dingen, die man nicht versteht, will man auf den Grund gehen.

Also lief ich ihm nach, um zu sehen, wohin er ging.

Das war mein erster Fehler.

Die Steine bewegten sich kaum unter seinen Füßen, beinahe so, als ginge da nur ein Schatten. Ich folgte ihm bis zu einer Hütte am Waldrand, jenseits der Schweineweide, ganz im Schatten der Bäume gelegen, wohin die Sonne niemals fiel.

„Lebst du hier ganz alleine?", fragte ich ihn.

Der Junge nickte nur. Vielleicht war er stumm.

„Hast du keine Eltern?"

Er schüttelte den Kopf.

„Wie heißt du?"

„Jo ... hannes ...", sagte er stockend.

Stumm war er nicht, aber vielleicht redete niemand mit ihm. Vielleicht hatte niemand ihm beigebracht, richtig zu sprechen. Ich begann mir den Kopf über ihn zu zerbrechen, und das war der zweite Fehler.

So schleichen sich die Würmer ein und beginnen sich Gänge zu graben in unserem Hirn. Wie Fraßspuren ziehen sich die Gedanken durch unser Leben.

Ich legte das Brot auf ein Brett, das ihm als Tisch zu dienen schien, und schaute zu, wie er es in beide Hände nahm und hastig hinunterschlang, fast ohne zu kauen, wie ein Tier.

„Bettelst du?", fragte ich, denn wie sonst sollte ein Waisenjunge ganz alleine sein Auskommen finden.

Er schüttelte den Kopf.

„Schweine ...", murmelte er, das letzte Stück Brot vertilgend.

Ein Schweinehirt. Zwar hütete ich selbst gelegentlich die Kühe meiner Mutter, aber ich ging auch zur Schule. Nicht besonders gerne, aber lesen und schreiben konnte ich immerhin. Dieser halbstumme Junge hingegen schien ein völliger Trottel zu sein. Hätte ich nur über ihn gelacht und gespottet. In den Schweinedreck hätte ich ihn stoßen und dort liegen lassen sollen!

„Ich muss gehen", sagte ich stattdessen. „Mein Onkel wartet auf mich. Aber vielleicht kann ich dir morgen wieder ein Stück Brot bringen."

Und das war der dritte Fehler.

Hätte ich ihn besser dreimal verleugnet! Ihm dreimal in sein blödes Gesicht geschlagen! Aber die Würmer hatten bereits begonnen, sich ihren Weg zu fressen. Inzwischen war ich überzeugt, ihn schon einmal gesehen zu haben. Es war wie eine Schlinge, in der ich mich fing. Nun hatte ich ihn auf dem Hals. Hatte angefangen, mich um ihn zu kümmern, und musste es auch weiter tun.

Ich lief zurück zum Haus des Onkels, wo bald zu Abend gegessen wurde.

Seit jenem Nachmittag verging kaum ein Tag, an dem ich ihn nicht sah, und manchmal fragte ich mich, ob es überhaupt eine Zeit gegeben hatte, in der er nicht da gewesen war. Eine Zeitlang hatte ich sogar Vergnügen daran, ihn überall mit hinzuschleppen. Er trug mir meine Sachen nach und tat alles, was ich wollte. Ein hungriger Hund ist ein treuer Hund.

Es war so leicht, ihn zu besiegen. Und wer sich ans Siegen gewöhnt, der wird eitel. Neben ihm war ich groß und stark. Darum stand ich gerne neben ihm.

Neben ihm gewandt und klug zu scheinen, war keine Kunst. Er war nicht einmal witzig. Je tiefer er im Schatten blieb, umso heller leuchtete ich, und bald konnte ich auf ihn nicht mehr verzichten. Er hatte niemals eine Meinung. Und er schaute zu mir auf. Das *gehörte wohl dazu. Ich hätte ihm misstrauen sollen. Seiner Unbedarftheit und seinen blöden Augen. Heißt es nicht, der Teufel ist ein Schmeichler?*

Ja, so nenne ich ihn. Den Teufel, den Teufel, den Teufel ...

Als ich ihn zum ersten Mal mit nach Hause brachte, verwechselte meine Mutter uns für einen Moment. Das gleiche blonde Haar. Ich lachte laut.

Mutter! Wie war es möglich, diesen dummen Bengel mit mir zu verwechseln, auch wenn er hundertmal blonde Haare hatte? Diesen ungelenken Spund? Diesen dreckigen Tagedieb?

Ich lachte, weil ich zu dumm war, erschrocken zu sein.

In der folgenden Zeit wuchs ich über mich selbst hinaus. Ich tötete eine wilde Katze im Wald. Kletterte auf die höchsten Felsen und Bäume. Erst durch einen Diener wird man zum Herrn.

Ich hätte ihn fortjagen sollen, zurück in sein eigenes Dorf, damit er aufhörte, wie eine Klette an mir zu hängen. Aber irgendwann war es zu spät, denn die Klette hatte längst begonnen, ihre Widerhaken in mein Fleisch zu bohren, ohne dass ich es merkte. So wurde es immer schwerer, sie auszureißen, ohne mich selbst zu verletzen. Irgendwann hatte ich das Gefühl, es nicht ertragen zu können, wenn Johannes nicht mehr da wäre.

Dann hatte ich diese Idee. Diese schwachsinnige, hirnverbrannte Idee. Ich hätte lieber den Kopf gegen eine Wand schlagen sollen, als solche Dummheiten zu ersinnen, aber ich musste es wohl tun.

Es war ein Herbsttag. Die ersten Blätter wurden gelb. Wir waren im Wald, bei der alten Buche, und ich hatte mein Taschenmesser dabei.

„Wenn du wirklich mein Bruder sein willst, musst du es beweisen", sagte ich zu ihm. „Gib mir deine Hand."

Seine Hand zitterte, als ich einen Schnitt in seinen Zeigefinger machte.

So schlossen wir Blutsbrüderschaft, am Fuße der alten Buche. Ein paar rote Tropfen fielen wohl auch auf die Erde. Die Buche saugte sie gierig auf mit ihren trockenen Wurzeln, und am nächsten Tag waren ihre Blätter leuchtendrot.

Vielleicht war es in diesem Moment, als ich erstmals zu fühlen begann, dass ich mich auf einem Irrweg befand. In meinem Kopf pochte es, als hätte mich ein Virus gebissen, der mir Fieber und Übelkeit verursachte.

Johannes saß auf einem Baumstumpf und glotzte dumm vor sich hin, mit halboffenem Mund und unsauberen Händen, und plötzlich wusste ich, woher ich ihn kannte: Ich hatte ihn manchmal flüchtig im Spiegel gesehen, wie einen Schatten hinter mir.

Ich erschrak. Ich drehte mich um und ließ ihn dort sitzen.

Am Abend aber stand er wieder vor unserer Haustür und wartete, dass ich ihn einließ und Mutter ihm einen Teller Suppe gab. Da wünschte ich ihm Gift in die Suppe, um ihn los zu sein ...

Der Pastor, der bereits lange im Amt war und sich für einen abgeklärten Menschen hielt, fühlte das Bedürfnis, ein Licht in seinem Studierzimmer einzuschalten, obwohl heller Tag war und die Sonne durchs Fenster fiel.

„Kein Entzücken gleicht dem des Narziss, der sein eigenes Spiegelbild entdeckt", murmelte er mit leisem Schaudern. „Und kein Entsetzen ist größer als die Erkenntnis, dass das eigene Gesicht eine Fratze ist ..."

Jahre vergingen. Johannes war in B. geblieben. Er machte Gelegenheitsarbeiten. Dreckarbeiten. Sachen ohne Verstand. Er fand nichts dabei, von Mildtätigkeiten zu leben. Er war ein echter Einfaltspinsel, und wenn die Leute über ihn spotteten, hob er nur gleichgültig die Schultern und lächelte zu seiner eigenen Schande noch. Er war zufrieden mit einem trockenen Kanten Brot und einer Tasse Milchsuppe. Er strebte nach nichts, und nichts war ihm Anreiz genug, sich danach zu strecken. Ich schämte mich für ihn. Am schlimmsten aber war es, wenn die Leute sagten: Wie ähnlich ihr euch beide seid, als wäret ihr tatsächlich Brüder! Dann hätte ich ihn ausradieren mögen, so wie man sich bemüht, einen dunklen Fleck auf seiner Weste zum Verschwinden zu bringen.

Einmal träumte ich, dass ein Alb auf meiner Brust saß und mich erdrücken wollte. Als ich aufstand, um mir kaltes Wasser ins Gesicht zu schlagen, war es wieder, als würde sich im Spiegel hinter mir eine Gestalt bewegen.

War das Johannes? Er glich eher einem Schatten als einem Menschen, und schien auf widerwärtige Art mit mir verschmelzen zu wollen.

Ich schlug mit der Faust ins Spiegelglas. Die Scherben fielen mir vor die Füße. Doch selbst in den Splittern war es noch da, das blasse Gesicht, vervielfältigt wie eine Hydra, und starrte mich an.

Am Morgen wachte ich schweißgebadet auf, mit frischen Kratzern an meiner Hand. Es war kein Platz auf der Welt für uns beide, und ich war entschlossen, ihn loszuwerden. Ich musste ihn mir ausreißen, so wie der fromme Mann in der Bibel sich das Auge ausriss und die Hand abhackte, die ihn ärgerten. Er war nur noch eine Last. Wäre nur diese verfluchte Blutsbrüderschaft nicht gewesen!

Die Buche würde ihre Zeugenschaft niemals vergessen. Fast war es, als hätte ich meine Seele verkauft. Da beschloss ich, sie zurückzukaufen.

Johannes, der nie viel fragte und immer tat, was man von ihm wollte, hatte keine Einwände, als ich ihn bat, mit in den Wald zu kommen.

„Es wird Zeit, dass du dein eigenes Leben führst", sagte ich. „Du kannst nicht ewig nur mein Anhängsel sein."

„Warum nicht?", fragte Johannes, der sich nichts anderes wünschte. „Warum sollte ich nach etwas anderem streben, als bei meinem Bruder zu sein?"

„Wir sind keine Brüder. Das war nichts als eine dumme Kinderei. Du musst zustimmen, dass wir die Brüderschaft auflösen!"

„Aber wenn es nach deiner Meinung gar keine Brüderschaft gibt, wie sollten wir sie auflösen können?"

„Stell dich nicht dumm! Sag, dass du einverstanden bist! Ich hole dir Geld aus Mutters Börse, dann kannst dich selber durchbringen."

„Ich will kein Geld", sagte er störrisch. „Ich habe nie Geld gehabt,

und das hat mir gut gefallen. Wir sind Brüder geworden, und Brüder werden wir immer sein."

„Du sollst verschwinden!"

„Ich kann nicht. Wir gehören zusammen."

„Du bist ein Teufel, der meine Seele frisst!"

„Aber Friedrich, wie soll ich ein Teufel sein, wenn ich dir so ähnlich bin?"

Ich hasste ihn. Wut und Verzweiflung loderten auf wie ein Feuer. Da lag ein großer Stein, und irgendwie kam er in meine Hände. Johannes hob die Arme, griff mir an den Kragen. Aber es half ihm nichts. Ein einziger Schlag genügte, und er regte sich nicht mehr.

Mein Blut kühlte sich ebenso rasch wieder ab, wie es hitzig geworden war. Dann fiel ich auf die Knie und begann mit bloßen Händen eine Grube zu kratzen, an Ort und Stelle zwischen den Wurzeln der Buche. Wie ein Tier arbeitete ich. Meine Finger bluteten, meine Nägel rissen ein, aber als die Abenddämmerung sich senkte, lag Johannes zwischen den Wurzeln des Baumes, die ihn umschlangen wie mütterliche Arme.

Ich wühlte die Grube wieder zu, stampfte das Erdreich platt und häufte altes Laub und Zweige darüber. Erst spät in der Nacht, als ich mit Fieber zu Hause lag, bemerkte ich, dass mir die dünne Kette mit dem Silberkreuzlein fehlte, das ich zur Kommunion bekommen hatte. Vielleicht lag es irgendwo im Laub bei der Buche. Ich wagte aber nicht, noch einmal hinzugehen und danach zu suchen.

Dass zwei Tage später der Kaufmann Aaron, mit dem ich im Streit lag, ausgerechnet an der gleichen Stelle umgebracht wurde, war ein dummer Zufall. Als ich davon hörte, wusste ich, dass ich verschwinden musste.

Ein Mord, ausgerechnet unter der Buche! Man würde mich sofort verdächtigen. Und noch schlimmer, man würde auch den toten Johannes finden, der nur knapp unter der Erde lag. Ich packte hastig ein Bündel und verließ das Dorf, um niemals zurückzukehren.

Bis nach Afrika und Istanbul führte meine Wanderschaft. Zu einem Heimatlosen wurde ich. Den ganzen Erdball habe ich umrundet, nur um dort wieder anzukommen, wo ich losgelaufen bin.

Nun bin ich müde, und es gibt nur einen Weg, um Ruhe zu fin-
den. Zur Buche will ich gehen. Sie soll mich in die Arme nehmen und
in den Schlaf wiegen wie ein Kind. Dann ist es endlich vorbei.

An meinen Händen klebt noch Blut. Die Haut habe ich mir ab-
geschrubbt. Aber ich rieche es noch immer. Wenn ich frische Früchte
berühre, riechen sie nach Moder und Erde. Nach Herbstlaub riechen
sie, und nach Tod. Seit achtundzwanzig Jahren kann ich nicht schla-
fen. Die Buche kennt das Geheimnis. Hört denn niemand das Rau-
nen in ihren Blättern? Hört ihr den Toten nicht ächzen, der zu ihren
Füßen liegt?

Zur Buche will ich gehen, und die gleiche Erde unter meinen Fü-
ßen spüren wie zu meiner Kindheit. Die Buche hat unser beider Blut
getrunken, und es wird sein, als ob ich nach Hause komme …

Das Abendlicht war violett geworden.

„In der Biologie gibt es das Phänomen des parasitären Zwil-
lings", sagte der Kaplan, der ein eifriger Leser wissenschaftlicher
Zeitschriften war. „Vielleicht ist so etwas auch im übertragenen
Sinne möglich, so dass der eine vom anderen zehrt, und der Stär-
kere anfängt, den Schwächeren zu hassen, der ihm wie eine Blei-
kugel am Bein hängt und ihn hindert, so schnell voranzugehen,
wie er möchte."

Der Pastor blieb eine Weile stumm. Dann legte er den Brief in
die abschließbare Lade seines Schreibtisches.

Zwölf Tage vergingen, ehe er bei der Morgenlektüre des Re-
gionalblattes das Hilfsersuchen der Kriminalpolizei entdeckte.
Der Selbstmörder, der sich im Wald erhängt hatte, war immer
noch nicht identifiziert, und der Pastor, der die Zusammenhänge sofort erkannte, entschied, dass der Brief keinem Beicht-
geheimnis unterlag, sondern umgehend der Polizei zugeführt
werden musste.

Die folgenden Recherchen führten schnell zu dem Fall des vor
achtundzwanzig Jahren unter eben jener Buche tot aufgefunde-
nen Geschäftsmanns A.

Die Tatsache, dass es sich bei A. um einen Juden handelte, hat-

166

te damals zu vielen Spekulationen Anlass gegeben. Man sprach von persönlichen Motiven ebenso von einem Raubmord, zog aber auch antisemitische Hintergründe in Erwägung.

Damals war ein gewisser Friedrich M. zusammen mit einem anderen jungen Mann, an dessen Namen sich niemand erinnerte, bei Nacht und Nebel aus dem Ort verschwunden, weswegen man ihn mit der Tat in Verbindung brachte – zumal er mit dem Opfer einige Zeit zuvor eine Auseinandersetzung gehabt hatte, die von zahlreichen Zeugen belegt war. Auf einer Hochzeitsfeier waren sie sich in die Haare geraten.

Ein halbes Jahr später erwies sich diese Spur als Holzweg, denn der wahre Mörder stellte sich, ein Gebrauchtwarenhändler aus einem Nachbarort. Damit war die Unschuld des Friedrich M. erwiesen, und niemand konnte sich einen Reim darauf machen, warum er nach der Auffindung des Toten so Hals über Kopf verschwunden war.

Der Fall wurde wieder aufgerollt. Man suchte zwischen den Wurzeln der Buche und stieß dabei tatsächlich auf die Überreste eines weiteren Menschen. Knochen, ein paar Fetzen vermoderte Kleidung. Der Gerichtsmediziner stellte fest, dass es sich um die Überreste einer männlichen Person von etwa zwanzig bis fünfundzwanzig Jahren handelte, die an Gewalteinwirkung gestorben war. Der Schädel war zertrümmert. In den mürben Knochen der linken Hand hielt das Gerippe ein dünnes Silberkettchen mit einem Kreuz, das er möglicherweise seinem Mörder abgerissen hatte.

Friedrich M. wie auch die Überreste des Toten, den man zu Füßen der Buche fand, wurden anonym auf dem gleichen Gräberfeld in der Nähe der Ortschaft B. beigesetzt.

Der junge Kaplan ging in dieser Zeit häufig in die Kapelle, um eine Kerze für die arme Seele des Selbstmörders anzuzünden. Und jedes Mal steckte er dann auch noch eine zweite Kerze an, für den Erschlagenen, die er an der Flamme der ersten entzündete. Und wenn er ein paar Minuten in stillem Gebet verharrt hatte, während draußen der Wind ganz schaurig um die Ecken strich, zündete er rasch noch ein halbes Dutzend weitere Kerzen an, um Licht in die Dunkelheit der menschlichen Wirrungen zu bringen.

*3   ... erinnerte er unwillkürlich an jemand,
der in einem Zauberspiegel das Bild
seiner Zukunft mit verstörter Aufmerksamkeit
betrachtet.*

Stefanie Viereck
Vor dem eignen Schatten

Meist schlich er geduckt umher, horchend, wachsam. Um sogleich
zur Stelle zu sein, falls man nach ihm verlangte. Zu Diensten.
Scheu und folgsam und gefällig. Als hätte er keinen eigenen Willen, kein eigenes Wesen, sei nichts als ein Niemand. Denn das war
sein Name: Johannes Niemand.

Er hasste seinen Namen. Er hasste den Vater, der ihm den Namen gegeben, ihn damit versengt hatte wie mit einem Brandei-
sen, den verleugneten Sohn, gezeugt unter einem fahlen Mond,
wie die Leute sagten, mit einem Weib, das nicht bei Verstand war.

Die Mutter hauste weltvergessen in einer ärmlichen Waldhütte, auf einer kleinen Lichtung am Rande des Brederholzes. Sie hatte den Jungen aufgezogen, wie sie manchmal junge Kaninchen
aufzog, die sich zu früh und noch halb blind aus dem Bau gewagt
hatten. Sie fütterte sie und spielte mit ihnen, und sie liefen ihr
auf Schritt und Tritt hinterdrein, bis sie nach ein paar Wochen
in der Wildnis verschwanden.

Johannes hatte sie in einem Reisignest neben ihrer Bettstatt gehalten und genährt, bis er sechs Jahre alt war. Aus seiner frühen
Kindheit konnte er sich an nichts weiter erinnern, als an das Reisignest und an die Brüste der Mutter, ein dämmerndes Behagen,
ein Gefühl von Wärme und Geborgenheit. Er war nicht einen Augenblick lang ohne sie gewesen. Anfangs hatte sie ihn in einem
Tuch am Leib getragen, wenn sie Hühner und Ziegen versorgte,
ihre bescheidenen Gemüsereihen jätete, Holz für den Winter zu-
sammentrug oder im Sommer die Früchte des Waldes sammelte
und zum Dörren auf geflochtenen Grasmatten ausbreitete. Später, als er laufen gelernt hatte, war er ihr nicht von den Fersen gewichen, hatte die Nase an ihren Schenkeln gerieben, seinen Kopf
in ihren Bauch gerammt, und fast immer war es ihm gelungen,
sie auf diese Weise zu allerlei zärtlichen und übermütigen Spielen zu verlocken.

Als er begann, auf eigene Faust den Wald zu erkunden, und immer größere Kreise um die Lichtung zog, wandte die Mutter sich von ihm ab und legte einen seltsamen Gleichmut an den Tag. Womöglich glaubte sie, er werde verwildern und verschwinden wie die jungen Kaninchen. Und dann war der borstige Rote gekommen. Der hieß Simon Semmler und war sein Vater, wie Johannes erst später erfuhr. Er schleppte ihn fort, als er sechs Jahre alt war, und richtete ihn mit der Zeit zum brauchbaren Gehilfen ab.

Man stieß ihn und schlug ihn und demütigte ihn, und der paradiesische Dämmer seiner Kindheit rückte in so weite Ferne, dass er lange nicht wusste, ob er die Waldjahre wirklich erlebt oder nur geträumt hatte. Aber dann, zehn Jahre nachdem der Semmler-Vater ihn verschleppt hatte, gelangte er eines Tages auf einem seiner Botengänge zufällig auf die kleine Lichtung, an deren Rande die Hütte stand. Mit klopfendem Herzen trat er näher, pochte zaghaft an die Tür.

In den verschatteten Bildern seiner Erinnerung gab es einen fülligen Leib, der ihn nährte, weiche Haut und seidenfeines Haar, in dem er sein Gesicht barg. Die Frau, die jetzt in der Tür stand, war klein und ausgemergelt und ihr Haar hatte die Farbe von dem Heu eines vergangenen Sommers. Sie beäugte ihn eine Weile stumm, und dann kam Licht in ihre Augen, ein Leuchten, das die ganze Gestalt zu erfassen schien.

Seither sorgte er für sie, brachte ihr Fleisch und Salz und Mehl, Winterholz, warme Kleider, feste Schuhe, manchmal ein hübsches Tuch oder ein Stück Seife, was immer er beiseite schaffen konnte, wenn er dem Semmler-Vater zur Hand ging, der allerlei zwielichtige Händel trieb. Die Mutter bekam kaum je eine Menschenseele zu Gesicht. Sie hatte das Sprechen schon vor langer Zeit aufgegeben, und wenn Johannes bei ihr war, verständigten sie sich mit Blicken, Gesten und kleinen Lauten.

Einmal hatte der Förster Brandis die beiden beobachtet, wie sie einander in die Seite knufften, spielerisch und übermütig wie einst, die Nasen aneinander rieben, sich gegenseitig die Köpfe in den Leib stießen und hell jauchzten vor Vergnügen. Seither hieß es in der Gegend um das Dorf B., Johannes komme ganz nach der Mutter und sei schwachsinnig wie sie. Johannes wusste darum, und obgleich es ihn kränkte, begriff er schnell, wie er sich diesen Umstand zunutze machen konnte. Er gab sich als der, für den man ihn hielt, tat und sagte zumeist törichte Dinge, und je dümmer er sich stellte, desto weniger traute man ihm die dreisten Diebstähle zu, die er mit schlauer Hinterlist beging.

Zu jener Zeit war in den Wäldern um das Dorf B. viel nächtliches Treiben im Gange, und er hatte bald herausgefunden, wie die Fäden liefen, wer von den Wildereien profitierte und vor allem von dem Holzdiebstahl, wer wachte in der Nacht und welche Warnzeichen vereinbart waren. Waldhüter, Wilderer und Holzdiebe lieferten sich wüste Raufereien, in der Finsternis war schwer auszumachen, wer Freund war und wer Feind, und am darauf folgenden Tag wusste kaum einer der Beteiligten, wen er verprügelt und von wem er seinerseits Prügel bezogen hatte. In der Nacht hingegen gab es kein Halten, uralter Zorn machte sich Luft, über Generationen gewachsen aus Armut, Elend und Abhängigkeit. Dass die einen im Dienst der Obrigkeit prügelten, war dabei kaum von Belang.

Johannes wechselte zwischen den Fronten, stibitzte hier einen Hasen aus der Wildererfalle, da ein paar Scheite Holz hinter dem Rücken der Waldhüter, wieselflink und nah am Boden. Manchmal wanderte er mit der Beute viele Stunden lang in einen entfernten Ort, wo man ihn nicht kannte, und tauschte sie dort gegen Salz und Brot und Kleider. Obgleich er blass und mager war und in seiner geduckten Haltung fast wie verwachsen wirkte, hatte er große Ausdauer und konnte viele Stunden in einem schlurfenden Trab die überschatteten Waldpfade entlangzockeln, ohne im mindesten zu ermüden. Nur wenn er eine größere Lichtung oder gar eine offene Fläche zwischen Wiesen und Feldern überqueren musste, fühlte er sich gehetzt, verfolgt und in die Enge getrieben, obwohl das Land sich in sanften grünen oder korngelben Wogen vor ihm auftat und der lichtblaue Himmelsbogen sich in endlose Weiten dehnte. Er floh die Helligkeit in sonderbaren Sprüngen, und erst im Dämmer eines schattigen

Hohlwegs kam er zu Atem und verfiel in seinen gewohnten zockelnden Trab.

So trug er allerlei Dinge zusammen, und mit der Zeit zog in die ärmliche Hütte im Brederholz ein bescheidener Wohlstand ein. Die Wangen der Mutter färbten sich und ihre Augen wurden hell, wenn sie von dem gebratenen Gänsefleisch aß oder an dem honiggelben Stück Seife schnupperte, das sie allerdings niemals gebrauchte, sondern auf einem schmalen Wandregal neben ihrer Bettstatt verwahrte wie eine Reliquie. Wenn er schwer beladen auf die Türschwelle trat, kam sie eilig aus ihrem Ofenwinkel hervor, wo sie bei regnerischem Wetter ganze Tage lang im Halbdunkel kauerte, stieß heisere helle Laute aus, stupste ihn mit der Nase oder stieß mit der Stirn an seine Brust wie eine junge Ziege. Dann lachte er glücklich.

Zwar gab es keine sicheren Anzeichen, aber irgendwann meinte er zu spüren, dass jemand ihm auf die Schliche gekommen war und sein heimliches Tun verfolgte. Jemand, der ihn beim Tauschhandel beobachtete, ihn nächtens mit sonderbaren Vogellauten foppte, die Johannes für neue Warnsignale der Holzfrevler hielt, jemand, der ihn in die Irre lockte und eines Tages womöglich in die Falle.

Er wusste, dass es um ihn geschehen wäre, falls der Semmler-Vater ihm auf die Spur käme. Oder Vetter Friedrich, der seit geraumer Weile dem Simon Semmler zur Hand ging und den scheinbar tumben Niemand seinerseits zum Handlanger und Botengänger bestimmte. Friedrich und Johannes sahen einander zum Verwechseln ähnlich, und doch waren sie wie Licht und Schatten. Der blondgelockte Vetter kam stolz und aufrecht daher, ein eitler Aufschneider und Prahler, während er selbst, geduckt und mit dünnen fusseligen Haaren, wie dessen farbloses Abbild erschien.

Das barsche Gebaren und die herrischen Befehle des Vetters trafen Johannes weit ärger als die Demütigungen des Vaters, denn schließlich waren sie im gleichen Alter. Und manchmal war er nahe daran, blindlings dreinzuschlagen vor Zorn. Aber dann sah er die Mutter vor sich, wie sie ihm entgegenlief und helle Freudenlaute ausstieß, und wieder zwang er sich zur Beherrschung. Er musste an all die Dinge denken, die er sich nur beschaffen konnte, wenn er weitermachte wie bisher, wenn er buckelte und liebedienerte, die Botengänge übernahm und dabei tat, als begriffe er nicht, worum es ging, so dass er sein Wissen für seine eigenen Zwecke nutzen konnte.

Nur in mondlosen Nächten, in der tiefen Schwärze des Brederholzes am Grund einer bewaldeten Schlucht gab er nach und ließ seiner Empörung freien Lauf. Er schüttelte die magere Faust und schrie seinen Zorn hinauf in die Finsternis des Himmels, von wo niemals Antwort kam. Nur der Wind fuhr lärmend durch das Gehölz, seufzte und gluckste, als verhöhnte den Niemand selbst die Natur, belustigte sich über die Racheschwüre des Gedemütigten.

In den Tagen darauf ging er mit verdoppeltem Eifer seinen Geschäften nach. Und selbst als er immer deutlicher spürte, dass etwas nicht stimmte, dass irgendwer ihm auf der Spur war, behielt er in seltsam trotzigem Eigensinn seine Gewohnheiten bei.

Bis er an einem warmen, windstillen Sommertag auf dem Weg zur Waldhütte einen hohen schrillen Ton vernahm, einen Laut, der von einem Tier in Todesangst hätte stammen können. Achtlos warf er den Rucksack fort, stürmte los wie von Sinnen, brach sich Bahn durch das Unterholz, scherte sich nicht um die Brombeerranken, die ihm die Kleider zerrissen, stolperte und schlug sich das Kinn blutig, und als er endlich auf der Lichtung anlangte und innehielt, war niemand zu sehen und nichts war zu hören als sein eigenes Keuchen. Selbst der Wind, so schien es, hielt den Atem an.

Vorsichtig näherte er sich der Hütte, das Pochen der Angst im Hals, stieß die Tür auf und glitt über die Schwelle. Er verharrte reglos, bis seine Augen sich an das Halbdunkel gewöhnt hatten. Das Innere der Hütte war verwüstet, die Bettstatt der Mutter auseinander gerissen, ein Haufen von Stroh und Federn, Tassen und Teller waren zerbrochen, die Asche aus dem Herd war ringsum verstreut und das honiggelbe Stück Seife lag im Eimer für die

Notdurft. Die Mutter konnte er nirgends entdecken. Die Hütte war leer.

Er suchte die Lichtung ab, rief: „Mutter! Mutter!" So rief er sie zum ersten Mal. Es dauerte Stunden, bis er sie fand, weitab von der Hütte in einem Gehölz am Eingang der Schlucht, wo in einiger Entfernung eine mächtige Buche stand. Er hätte sie nicht entdeckt, zusammengekauert im dichten Gestrüpp, wenn ihr Wimmern nicht gewesen wäre, ein Wimmern ohne Unterlass, das einherging mit ihrem Atem. Als er sie behutsam berührte, verstummte sie und blieb hocken, die Arme um die Schultern geschlungen und mit eingezogenem Kopf. Er rüttelte sie sanft, und als sie endlich aufsah und ihn erkannte, ergriff sie ihn mit beiden Händen und drängte sich schutzsuchend an seinen mageren Leib.

Später konnte er fragen, so viel er wollte, er brachte nichts aus ihr heraus, nicht den geringsten Hinweis darauf, was sich zugetragen hatte. Das Merkwürdige war, dass die Mutter bis auf ein paar Kratzer von dem Gestrüpp, in dem sie sich versteckt hatte, unversehrt schien. Und doch wimmerte sie in einem fort, auf dem ganzen Weg bis zur Hütte. Das war das Schlimmste, dieses elende und erbärmliche Wimmern, während sie in verängstigten störrischen Trippelschritten hinter ihm herlief.

Als sie bei der Hütte angelangt waren, hatte der Himmel sich bezogen, vereinzelte Windböen fuhren über die Lichtung, zerzausten die spärlichen Kräuter, die die Mutter vor der Hütte angebaut hatte, und bei jedem Windstoß schlug die unverschlossene Tür krachend gegen die Holzwand. Er konnte die Mutter nicht dazu bewegen, das Innere zu betreten. Sie sträubte sich, stemmte die dünnen Beine in den Boden, hob abwehrend die Arme. Schließlich ging er selbst hinein, begann mit dem Aufräumen und ließ hin und wieder ein leise gurrendes Locken ertönen, bis die Mutter endlich mit vorgestrecktem Kopf und furchtsam schnuppernd über die Schwelle trat.

Er sperrte die Tür ab, machte Feuer, und erst im unsteten Licht der nervösen Flammen entdeckte er den Zettel, der über der verwüsteten Bettstatt an die Wand geheftet war und auf dem in unbeholfener Handschrift stand:

NIEMAND NIMM DICH IN ACHT

Er buchstabierte laut und stockend. Er meinte, Friedrichs Stimme zu hören, dreist, herablassend und verächtlich. „He, Niemand!" Wie er ihm auftrug, seine Stiefel zu putzen. Den Abort zu reinigen. Oder wie er ihn herbeirief, um ihm mit Gönnermiene ein Honigbrot oder einen Apfel zu schenken, wofür er, der Niemand, unterwürfig zu danken hatte.

Und auf einmal wurde der Wunsch zu töten schier übermächtig, ein Wunsch, den er seit langem kannte, der zu ihm gehörte wie seine Hände und seine Füße, der weiter zurückreichte als jeder bewusste Gedanke. Da rannte er aus der Hütte hinaus und rannte und rannte, bis er nichts mehr spürte als das Pulsieren seines eigenen Blutes. Erst nach Einbruch der Dunkelheit hielt er inne und horchte lange hinaus in die Nacht, als käme von dort womöglich Antwort auf seine sonderbaren Gedanken.

Später wusste er nicht mehr, wie lange er so in aller Stille dagesessen hatte. Hin und wieder erklangen im Waldesinneren dumpfe Schläge, die er wahrnahm, ohne sie mit irgendeinem Geschehen zu verknüpfen. Erst in der frühen Morgendämmerung wurde ihm bewusst, dass um ihn her ein geschäftiges Treiben im Gange war, in einiger Entfernung zwar, aber mit den geschärften Instinkten eines Menschen, der von der Gemeinschaft geächtet und es daher gewohnt ist, die Dinge für sich selbst zu deuten, erfasste er rasch, dass die Waldhüter soeben im Begriff waren, die Holzfrevler in die Flucht zu schlagen.

Zunächst dachte er nur daran, sich die Gunst der Stunde zunutze zu machen, und – während die einen die anderen hetzten – so viel als möglich von der zurückgelassenen Beute zur Hütte der Mutter zu schleppen. Lautlos huschte er durch das Unterholz, dorthin, wo er die dumpfen Schläge vernommen hatte. Dann entdeckte er einen grünen Rock, nicht weit von ihm, und erkannte den Förster Brandis, der mit energischen Schritten in die entgegengesetzte Richtung strebte.

Vielleicht war es der grüne Rock, die Erinnerung daran, dass der oberste Waldhüter ihn mit der Mutter beobachtet und mit böser Zunge davon berichtet hatte, vielleicht war es das aufrechte, zielstrebige Schreiten, die selbstgefällige Überheblichkeit, die daraus sprach – auf einmal war der Wunsch wieder da, der unwiderstehliche Drang zu töten. Er wechselte seinerseits die Richtung, folgte dem Förster eine gute Weile, und als das Unterholz sich lichtete und die Gelegenheit günstig war, sprang er mit wenigen Sätzen zu ihm hin.

Die Sonne stand schon hoch am Himmel, da fand er sich unter der großen Buche wieder, nicht weit von dem Gehölz, in dem er die Mutter gefunden hatte. Er lag mit dem Kopf an den Stamm gelehnt und blinzelte ins Blattwerk hinauf, von wo einzelne rote Strahlen auf seine halb geschlossenen Augenlider trafen. Er empfand eine große Zufriedenheit, fühlte sich leicht und unbeschwert. Das Gefühl war neu. Er betrachtete ein paar dicke Tauben, die träge und schläfrig da oben in der mittäglichen Stille hockten, dann schloss er die Augen und ihm war, als ginge er auf in der warmen Luft und verströmte sich überall hin und werde eins mit den Dingen.

Als er am Abend zu der Mutter zurückkehrte, schien er ein anderer geworden, sein aufrechter Gang machte ihn größer, seine Schultern wirkten breiter und kraftvoller als tags zuvor. Die Mutter kauerte am kalten Ofen im Dunkel der halbaufgeräumten Hütte. Sie hörte ihn kommen, erkannte seinen Schritt und stieß einen freudig erleichterten Laut aus. Aber als er in der Tür stand und seine Konturen sich dunkel von dem lichteren Grau des Abends abhoben, fuhr sie zurück.

„Mutter!", rief er. „Ich bin es." Aber sie blieb stumm und betrachtete ihn eine ganze Weile, ehe sie misstrauisch hervorkam, zaghaft seinen Arm berührte, dicht an ihn herantrat und ihn abzutasten begann, als traue sie ihren Augen nicht.

Danach war es anders zwischen ihnen. Äußerlich lebten sie wie vor der Verwüstung, Johannes blieb manchmal viele Tage fort, um mit guten Dingen beladen zurückzukehren und sich für eine

Weile in der Waldhütte einzunisten. Noch immer richtete er sein Lager so her, dass es an das einstige Reisignest erinnerte, und noch immer suchte er in sonnigen Morgenstunden die Mutter mit bockbeinigen Sprüngen auf der Lichtung zu den Spielen der Kindheit zu verlocken. Aber es gelang ihm nicht, die Sprünge gerieten ihm unnatürlich, und die Mutter blieb scheu und zögerlich, machte nur ein paar kleine Schritte und kehrte eilig zur Hütte zurück.

Oft saß sie stundenlang auf einem Schemel in der Tür und sah Johannes dabei zu, wie er das gestohlene Holz hackte, um es später in einem gut getarnten Verschlag hinter der Hütte zu schichten. Wenn sein Beil in der Sonne aufblitzte, zuckte die Mutter erschrocken zusammen. Dann war etwas in ihrem Blick, das er nicht ertrug, etwas, das mehr war als Schmerz, Trauer oder Furcht – ein Blick, hoffnungslos und erloschen, als sei alles Leben vergeblich.

Anfangs ging er manchmal zu der Buche, die er bei sich den Taubenbaum nannte, legte sich um die Mittagszeit darunter in den Schatten, den Kopf an den Stamm gelehnt, hielt Ausschau nach den Tauben und wartete auf die Seligkeit, die ihn an jenem warmen Sommertag dort überkommen hatte, aber nichts dergleichen wollte sich einstellen.

Als die Äste kahl geworden waren und die Tauben sich plusterten gegen die Kälte, die von den dünnen Strahlen einer blassgelben Wintersonne kaum gemildert wurde, lag er wieder einmal dort und starrte in das Geäst hinauf. Seine Kleider boten kaum Schutz vor dem Frost, der aus der Erde aufstieg, aber er spürte ihn nicht. Er fühlte nichts. Es war, als hätte der Blick der Mutter ihn ganz und gar durchdrungen und nichts als eine große Leere zurückgelassen.

Sie starb wenige Jahre darauf, in einem kalten Februar. Er war mehr als eine Woche fort gewesen, weil Schneestürme und Eisregen ihn aufgehalten hatten. Als er an einem sonnigen klaren Morgen die Lichtung erreichte, an deren Rand die Waldhütte stand, wusste er, was geschehen war, noch ehe er die Lichtung überquert und die knarrende Holztür aufgestoßen hatte. Er wusste, dass er keinen Laut hören würde zur Begrüßung, dass der Ofen kalt war, dass die Mutter kerzengerade und blau und steif auf der Bettstatt lag, die Arme ausgestreckt seitlich am Leib, das weiße Laken bis zur Brust hinaufgezogen. Und er wusste, dass sie sich so hingelegt hatte, um zu sterben. Und dass sie ihm nichts hinterlassen hatte.

Aber während er noch am Rand der Lichtung stand, tauchten auf einmal andere Bilder vor seinem inneren Auge auf. Die Sonne schien, der Frühlingshimmel hatte die Farbe von dünner Milch, ein übermütiger Wind fuhr raschelnd zwischen vergilbte Winterhalme. Auf der Lichtung spielten eine Frau und ein Kind, sprangen umher und neckten einander ohne Worte und jauchzten hell vor Vergnügen. Da wusste er, was er verloren hatte, lange ehe die Mutter starb. Und er wusste, wer Schuld daran trug.

Er hackte die gefrorene Erde auf und begrub die Mutter in ihrem weißen Laken. Er bedeckte sie mit Zweigen und Erde und gab ihr nichts weiter mit auf den Weg als ein honiggelbes Stück Seife. Er hielt Wache an ihrem Grab, ernährte sich von Wild und Waldfrüchten, blieb dort, bis die kräftig wuchernde Natur alle Spuren getilgt hatte, und trotz seiner Jugend wurde sein Haar darüber weiß.

Dann machte er sich auf die Suche nach dem Vetter. Er erfuhr, dass Friedrich, des Mordes verdächtig, in der Nacht geflohen war, in der man den Juden Aaron erschlagen hatte. Die Leiche war nicht weit von seinem Taubenbaum gefunden worden. Ein letztes Mal legte sich Johannes in den Schatten der Buche, lehnte den Kopf an den Stamm, sah hinauf in das mächtige Geäst und betrachtete die wechselnden Himmelsfarben, die dort oben wie luftige Tücher vorübertrieben. Erst als er aufstand und sich zum Gehen wandte, entdeckte er die fremden Schriftzeichen, die irgendwer in die Rinde gekerbt hatte. Obwohl er sie nicht zu entziffern vermochte, war ihm, als enthielten sie eine Botschaft, die ihm galt.

Anfangs war es nicht leicht, die Spur des Vetters ausfindig zu machen, aber anders als die übrigen Verfolger, die ihre Jagd schon bald aufgegeben hatten, legte er die gleiche unermüdliche Ausdauer an den Tag, mit der er einst die Waldpfade entlanggetrabt war. Er achtete nicht auf die Widrigkeiten von Weg und Wetter, fragte nicht nach dem Sinn seines Tuns, sehnte sich nach keinem anderen Ort und hatte kein anderes Ziel mehr im Leben.

So verfolgte Johannes Niemand den Friedrich Mergel um die halbe Welt. Er verfolgte ihn, aber er tat ihm nichts, obgleich er manche Gelegenheit dazu gehabt hätte. Er rührte ihn nicht an, er krümmte ihm kein Haar. Er war hinter ihm und er ließ ihn spüren, dass er da war. Ein Schatten, der nicht von ihm wich, ganz gleich was der andere auch anstellte, um sich seiner zu entledigen. Wann immer Friedrich glauben mochte, dass es ihm endlich gelungen sei, wann immer er sich mit neuem Mut auf die Wanderschaft begab, spürte er wohl nach einer Weile, dass er nicht allein war, und wenn er sich auf einem geraden Stück Landstraße umsah, entdeckte er unweigerlich die vertraute Gestalt, erkannte sie an dem zockelnden Trab und dem langen wehenden Schopf, weiß geworden vor der Zeit.

Es mochten Monate vergangen sein, Jahre vielleicht – keiner von beiden hatte noch ein Maß für die Zeit –, da gelangten sie in die Wüste. Tagsüber entfachte eine erbarmungslose Sonne den Sand unter ihren Füßen, des Nachts gruben sie sich ein und bebten vor Kälte, oft nur wenige hundert Meter voneinander entfernt. An manchen Tagen sahen sie schwarzverhüllte Reiter in der Wüste umherstreifen. Dann warfen beide sich flach auf den Boden. Die Reiter machten Jagd auf Fremde, die sie in der nächstgelegenen Stadt auf dem Sklavenmarkt verkaufen wollten.

Eines Morgens ging Friedrich ihnen ins Netz. Johannes sah zu. Er hatte die Kleider abgelegt, als die Häscher näher kamen, und seine helle Haut und sein weißes Haar hoben sich kaum vom Wüstensand ab. Der Mergel schrie und zeterte und sperrte sich und rief um Hilfe. Er zeigte immer wieder zu dem Niemand hin, aber die Männer trieben ihn fort, ohne auf sein Geschrei zu achten.

Johannes rührte sich nicht von der Stelle, auch dann nicht,

als längst wieder Stille herrschte. Er dachte an die eingekerbten Schriftzeichen an der Buche und ahnte, dass Friedrich noch lange nicht am Ende seines Weges angelangt war, dass es jetzt jedoch für den Vetter kein Entkommen mehr gab. Dann dachte er an die Mutter. Als die Sonne untergegangen war, legte er sich flach auf den Rücken, die Arme ausgestreckt seitlich am Leib. Er starb noch in derselben Nacht, unter einem fahlen Mond.

Michael Weins
Das Loch

Monika und ich sitzen am Küchentisch unter der weißen Lampe.
Die Lampe legt sonderbare Schatten in ihr Gesicht, Schnurrbär-
te in Tierformen, Augenleiden, Wolkenkonstellationen. Sie redet.
Ich weiß nicht wovon. Sie redet schon etwas länger. Ich fürchte,
ich habe den Faden verloren. Ich bin müde, ich gähne, aber das
hindert sie nicht am Erzählen. Die Inszenierung ist besonders
köstlich geraten, sagt sie jetzt, da Kriegenburg heuer ausschließlich rote Symbole verwendet wie bestimmte Früchte, aber auch
Monatsbinden, Ampeln, Feuerwehrutensilien.

Entschuldige bitte, sage ich, ich muss mal kurz auf die Toilette. Ich stehe auf und verlasse den Raum. Ein Wort von ihr hängt
noch in der Luft wie ein Wurm am Angelhaken, der sich in alle
Richtungen krümmt, auf der Suche nach Fisch. Im Flur greife
ich meine Jacke.

Draußen folge ich der Spur, die eine orange Laterne nach der
anderen durch das Gewirr schwarzer Straßen zeichnet. Langsam
wird mein Kopf klar. Ich muss an Hans Clarin denken, den Schau-
spieler, der dem Pumuckl seine Stimme lieh. Ich biege um eine
Ecke und stehe vor einem Loch. Halb auf dem Gehweg, halb auf
der Fahrbahn. Fast wäre ich hinein geschritten. Dann hätte es
mich verschluckt, ein Staubsaugerloch. Weder rund, noch recht-
eckig, formlos, sehr dicht, sehr schwarz, wie in die Welt geschnitten. Ich habe so etwas noch nie gesehen und weiß trotzdem sofort, was es ist. Kein Gully, keine Baugrube, ein substanzielles
Fehlen von etwas, das viel tiefer geht. Ich nehme einen Stein und
lasse ihn in das Loch fallen. Ich warte, aber da ist nichts. Ich greife die Holme der Leiter, die aus dem Loch ragen. Ich denke mir
nichts dabei. Ich bin sonst nicht der Abenteurertyp von einem
Mann. Ich bin eher der Typ, der im Supermarkt eine Extrapa-
lette Quentsch kauft, falls irgendwann irgendwo einmal jemand
Durst bekommen sollte. Ich steige in die Tiefe hinab.

Um mich herum ist es schwarz, von oben kein Lichtschein zu erkennen. Ich könnte meine Augäpfel mit einem Griff dreier Finger herauslösen und in die Jackentasche stecken, in ein Taschentuch gewickelt, sie sind nutzlos geworden. Ich steige und steige und schließlich mache ich den letzten Schritt. Ich stoße auf etwas Festes. Knack, macht es unter meinem Tritt. Ich spüre einen Lufthauch, höre ein Rauschen in der Höhe, als würde Wind durch die Kronen hoher Bäume streicheln. Langsam gewöhnen sich meine Augen an die Schwärze. Ich gehe durch schwarzes Gras, über schwarzes Holz hinweg, durch einen Wald schwarzer Stämme mit schwarzen Kronen vor dem Ausschnitt eines schwarzen Himmels. Die Stämme der Bäume werfen weiße Schatten, in die ich nicht zu treten wage, sorgfältig hebe ich meine Füße darüber hinweg. Weiße Spinnen trippeln über dem Waldboden, als trügen sie Ballettkostüme.

Zwischen den Stämmen schiebt sich eine Hütte aus dämmriggrauem Holz hervor. Als ich mich nähere, schwingt die Tür auf und goldenes Licht ergießt sich vor meine Schuhe. Eine Frau bückt sich aus dem Eingang heraus und richtet sich davor zu voller Größe auf. Die Hütte schrumpft hinter ihr zusammen. Ich lege meinen Kopf in den Nacken. Das Haar der Frau ist rot und lang, glatt fließt es an ihrem Körper herab. Das Gesicht ist bleich. Sie hat die Augen geschlossen. Sie trägt ein Kleid aus Metall, das bis zum Waldboden reicht, matt reflektiert es schwarzes Licht. Sie öffnet die Lider und etwas Grünes leuchtet in mein Inneres, ein grünes Schweben erfasst mich und hebt mich zwei Zentimeter über den Waldboden, lässt mich langsam höher gleiten, bis ich auf Augenhöhe bin. Ihre Stimme ist sehr tief, als ihr Mund sich öffnet. Ich habe nie etwas vergleichbar Tiefes gehört. Ich bin nicht sicher, ob die Worte außen oder in mir sind, sie sagt: Na, du hast dir aber Zeit gelassen. Sie sagt, jetzt musst du die Zeit aufholen. Sie sagt, ich weiß nicht, ob du weißt, was ich von dir erwarte. Sie sagt, fang! Sie wirft mir etwas Blitzendes zu, das sich in meiner Hand als Dolch mit Klinge aus schwarzem Stein erweist, der halb

in meinen Fingern stecken bleibt. Etwas Dunkles läuft den Hand-
ballen hinab. Sie sagt, was du damit zu tun hast, findet sich hinter dem Haus. Sie sagt, geh nun. Sie sagt, wenn du fertig bist,
kannst du gerne wiederkommen. Sie sagt, aber vermutlich willst
du dann nicht mehr. Sie sagt es und dann öffnet sie ihren Mund,
und das Licht, das von den Zähnen und der Zunge ausgeht, ist
mehr, als ich ertragen kann. Sie sagt, ich hätte dich gerne noch
herein gebeten. Sie sagt, aber es ist deine eigene Schuld. Sie macht
eine Geste mit der Hüfte auf das Innere der Hütte hin. Im Gold
kann ich eine Gruppe Tiere um einen Tisch versammelt sehen,
Hermeline, Iltisse, Wiesel, die sich mit reich verzierten Weinkel-
chen zuprosten und Spielkarten in den Pfoten halten.

Die Frau ist verschwunden. Die Tür der Hütte geschlossen. Vor
allen Fenstern befinden sich schwere Läden. Ich gehe um die Hütte herum.

Auf einer kohlschwarzen Lichtung finde ich es. Das weiße Reh
steht still, lautlos blickt es mich aus weißbewimperten Augen mit
roten Pupillen an. Es ist das Unheimlichste, was ich jemals zu Gesicht bekommen habe. Schweigend, unberührbar. Als stünde es
in einer anderen Welt, die mit unserer nichts zu tun hat. Als rage
es nur zufällig in diese Welt hinein. Es rührt sich nicht, als ich
ihm meine Hand mit dem schwarzen Dolch auf den Rücken lege.
Es atmet in ruhigen Zügen. Der Wald drum herum ist eingeschlafen, zumindest tut er so. Ich stoße es um. Das weiße Reh fällt auf
die Seite. Es blickt mich aus diesen roten Augen an, aber es regt
sich nicht. Nur seine Läufe zittern sacht. Ich streiche dem liegenden Reh über die warme Brust. Ich fahre ihm mit der Klinge des
Dolches über die weichen Nüstern. Ich halte ihm die Mulde meiner Hand unter den kondensierenden Atem. Dann benutze ich
den Dolch. Ich schneide ein rotes Loch in das Reh. Das weiße
Reh bleibt völlig still dabei. Ich habe das Gefühl, dass jemand
oder etwas hinter mir steht. Der Atem des Rehs stockt. Ich ope-
riere das Herz des Rehs aus dem roten Loch. Ich kann das, weil
mein Vater Chirurg gewesen ist. Ich schneide das Herz von der

Hauptschlagader, wie man Trauben von einer Rebe schneidet. Ich lege das Herz des Rehs auf ein weißes Taschentuch. Dann binde ich das Loch in der Brust mit einem meiner Schnürsenkel zu, zuvor habe ich Ösen in das Reh geschnitten. Ich richte das Reh auf. Still steht es auf der Lichtung, sachte wankend nun. Es blinzelt mich an. Ich betrachte das Herz auf meinem Taschentuch, sehe zu, wie es vor sich hin pocht. Wie das schwarze Waldlicht auf der dunkelroten Oberfläche schillert. Dann wende ich erneut den Dolch an. Der Dolch steigt für mich in die Kammern des Herzens hinab. Er klopft an die geheimen Türen zu den Herzkammern. Er tritt hinein und macht in jeder von ihnen Licht. Ich sage leise ein Wort und der Dolch kehrt von seiner Reise zurück. Er hat gefunden, wonach ich nicht zu suchen wusste. Es ist ein Autoschlüssel, rot glänzt er auf meiner silbernen Handfläche.

Ich steige in den gelben Lamborghini, der jenseits der Lichtung geparkt steht.

Ich fahre in einem Tunnel, in der Mitte der Fahrbahn eine gelbe Markierung, graue, glatte Betonwände links und rechts und über mir. Die Tachonadel zuckt über die 230-km/h-Marke. Außer meinem gibt es keine Fahrzeuge in diesem Tunnel. Ich bin ganz Summen und Vibration. Da sind nur ich, das Brummen und der Tunnel.

Ich schaue auf meine Füße herunter, mein rechter Fuß tritt das Gaspedal ganz durch, mein linker Fuß findet nichts, auf das er treten könnte. Auf dem Beifahrersitz liegt eine Brahms-CD, die ich in das Abspielgerät schiebe. Wo ist dein süßer Stachel, schallt es aus den Boxen.

Nach langer Zeit passiere ich ein unter der Tunneldecke angebrachtes Schild. Es taucht plötzlich auf wie das Bild eines Spielkameraden aus der Vergangenheit. Es saust über mir vorbei. Zentrum, acht Kilometer, stand darauf. Es geht weder bergauf noch bergab, der Tunnel macht keine Kurven. Das Bild des Tunnels bleibt gleich. Ich rase, und bald kommt es mir vor, als müssten mittlerweile zehn mal acht Kilometer unter meinem Wagen durchgezogen worden sein. Oder zehn mal zehn mal acht Kilometer.

Dass der Wagen keine Bremse besitzt, wird mir klar, als vor mir das Tunnelende auftaucht, ein plötzliches, graues Nichts, eine Betonwand, die in interessantem Tempo aus dem Boden wächst. Ich habe keine Möglichkeit auszuweichen. Auch eine Art und Weise anzuhalten, denke ich. Ich muss an das Lied von Wenke Myhre denken, das von einem Lichtschein am Ende des Tunnels berichtet, aber in diesem Fall ist da kein Licht.

Ich stehe in der Notausgangstür und werfe einen Blick auf das gelbe Blechknäuel, dem ich entstiegen bin.

Die Tür führt direkt in eine Landschaft unter einem dunkelbraunen Firmament. Ein feuchter Luftzug weht. Ich gehe am Rande eines schwarzen Plätscherns dahin, ein unterirdischer See oder ein Fluss, ich kann es nicht sagen.

Nach einer Weile, ich habe einen Deich aus dunkelgrünem Gras erschritten, auf seiner Kuppe wandle ich dahin, erreiche ich eine Art Fähranlage. Dunkelrote Backsteingebäude, das zentrale mit einer übergroßen Uhr in der Fassade. Eine altertümliche Fähre legt gerade an. Am Ufer staut sich der Verkehr. Motoren werden brüllend angelassen. In der Schlange stehen ausschließlich gelbe Lamborghinis. Ich frage mich, ob ich im Tunnel eine Ausfahrt übersehen habe. Ich schlängele mich durch die Reihen der wartenden Karossen. An jedem Lenkrad sitzt ein Mann, der mich auffällig an mich erinnert. Genervt blicke ich in diesem Wagen auf eine Armbanduhr, im nächsten ziehe ich tief an einer Zigarette, beim nächsten lehne ich an der geöffneten Tür und blicke gedankenvoll auf den Fluss hinaus.

Die Fähre macht fest. Taue werden durch die Luft geworfen.

Als ich meinen Fuß auf den weiß lackierten Metallrumpf setze, spricht mich der Fährmann an, eine grimmige Mischung aus Peter Struck und Otto von Bismarck. Moment, sagt er, Junge, nicht so schnell. Wo soll es denn hin gehen?

Wie, sage ich.

Was ist dein Ziel?

Ich sage, keine Ahnung. Ist das jetzt wichtig?

Oh ja, sagt er und pafft an seiner Pfeife. So kann ich dich unmöglich auf die andere Seite bringen. Du musst schon ein konkretes Ziel haben. Also, was ist dein Ziel?

Keine Ahnung, sage ich, ich habe keins.

Das ist nicht gut, sagt er. Denk nach.

Meinen Sie das jetzt akut, sage ich, also das Ziel hier für meine Fährfahrt, oder beziehen Sie das ganz generell auf die gesamte Spanne meines Erdenlebens?

Beides, sagt er.

Keine Ahnung, sage ich. Ehrlich. Drüben, die andere Seite. Keine Ahnung.

Hm, macht er und reibt sich das Kinn. Und wo kommst du her?

Ich sage, Tunnel, Auto, Wald, Reh, Hütte, Frau, Loch, Stadt, Tisch, Monika. Stimmt, ich bin eigentlich nur aufgestanden und weggegangen. Danach hat sich alles so ergeben. Komisch, sage ich. Wissen Sie, eigentlich hatte ich immer dieses Bild von einem sinnhaften Leben, von Schicksal, wenn Sie so wollen. Leben vollzieht sich in kausalen Einzelschritten, man tut bedeutsame Dinge aus einem guten Grunde, und nicht bloß, weil sie sich ergeben. Aber jetzt glaube ich gerade, dass das Leben gar nicht so zwingend und licht ist, wie ich es immer haben wollte, dass man gar kein Held sein kann mit einer sinnvollen Aufgabe, weil es nichts Sinnvolles zu tun gibt, alles ergibt sich einfach so, ein Schritt folgt dem nächsten, wer A sagt, muss auch B sagen und so weiter. Es gibt auch keine wirklichen Widersacher, wie Sie jetzt zum Beispiel, jeder tapst so blind vor sich hin auf seinem Pfad, und manchmal kollidiert man eben ein bisschen miteinander, mal mehr, mal weniger, und es kommt einem plötzlich unausweichlich vor, und auch das ist nur ein müder Zufall. Es gibt kein Gutes, es gibt kein Böses, es gibt nur dieses matte Tappen im Dunkeln.

Ja, nu, sagt der Fährmann nach einer Weile.

Ja, sage ich. Kann ich jetzt mit auf die Fähre?

Erst musst du mich bezahlen.

Klar, sage ich und grinse, weil ich das Lied von Chris de Burgh gründlich verinnerlicht habe. Meine Schwester war früher Chris de Burgh-Fan, und immer diffundierte die Musik durch die Wand aus ihrem Jugendzimmer in meine Ohren. Lady in Red, Don't Pay The Ferryman. Ich hätte nie geglaubt, dass mir dieser Umstand, unter dem ich als Kind nicht wenig litt, einmal zugute kommen würde.

Ich sage, Sie altes Schlitzohr, Sie. Ich sage, don't pay the ferryman, ich sage, don't even fix a price, ich sage, don't pay the ferryman, ich sage, until he gets you to the other side, ich sage, aha hahaha. Ich sage, halten Sie mal die Hand auf.

Der Fährmann hält mir seine Handfläche hin, und ich tue so, als zählte ich ihm vier große Geldstücke hinein.

Er winkt mich kopfschüttelnd durch, dann wendet er sich dem nächsten Fahrgast zu, der mich täuschend an mich erinnert. Während der Überfahrt stehe ich an der Reling und schaue ins schwarz aufgewühlte Wasser hinab. Ich bin insgesamt etwas ratlos.

Auf der anderen Seite sehe ich zu, wie die Prozession gelber Lamborghinis den Schiffsleib verlässt und sich in einer Kette durch eine hügelige Landschaft windet. Das Dröhnen der Motoren sättigt den Nachthimmel. Ich seufze und mache mich wieder auf den Weg. Nach einer Weile verlasse ich die Straße und gehe durch kniehohes Gestrüpp auf einen Hügel zu. Von der Kuppe sehe ich, dass sich ringsum weite Heidelandschaft erstreckt. Es riecht nach frühem Regen und Wacholder. So weit das Auge reicht Heidehügel. Der Himmel im Osten hat ein lichteres Dunkelbraun angenommen, ein Dunkelbraun mit Hellblau-Einschlag.

Dann stapfe ich Stunden durchs Heidekraut. Es hat jetzt deutlich zu dämmern begonnen. Der Himmel ist golden. Orange Lichtzungen züngeln über das tiefgoldene Firmament. Türkise Einsprengsel haben sich auf der Westseite eingenistet. Die Luft ist erfüllt von den Stimmen unzähliger Vögel. Immer wieder muss ich mich ducken, weil tief fliegende Eulen oder Uhus über meinen Kopf dahinsausen. Ich singe aus voller Brust. Das Wandern ist des Müllers Lust. Im Frühtau zu Berge. Hoch auf dem gelben Wagen. Vielleicht ist es das, denke ich, ab und zu muss man aufstehen und diese Sachen machen, die einem nichts einbringen, manchmal muss man wochenlang unter einem gefleckten Himmel herumspazieren und den Kopf wieder gerade bekommen. Das ist ein Naturgesetz, man kann persönlich überhaupt nichts dafür.

Als der Himmel licht und klar geworden ist und in mir ein sonderbar leichtes Gefühl Platz genommen hat wie ein Zuckerei in einem Osternest, taucht auf der Kuppe des nächsten Hügels ein Haus auf. Es ist ein Gasthof, bemerke ich beim Näherkommen. Heidehof, steht über dem Eingang auf einem Holzschild. Ich betrete ihn atemlos. Die Gaststube ist leer. Ich setze mich an einen Tisch, von dem aus ich den gesamten Raum im Auge behalten kann. Braune, rustikale Auslegeware. Derbe, rot-orange Vorhänge an den Fenstern. Tönerne Lampen über jedem Tisch. Es ist für zwei Personen gedeckt. Die Speisekarten liegen bereit. Ich sehe, wie sich die Tür zum Damenklo öffnet. Monika kommt durch den Gastraum auf mich zu. Sie sieht bezaubernd aus mit ihren dunklen Locken, in dem türkisen Kleid, wie sie durch das Dämmerlicht schreitet.

Na, weißt du schon, was du nimmst, fragt sie lächelnd, als sie sich setzt.

Nein, sage ich, ich war etwas in Gedanken.

Ich öffne verlegen die Speisekarte. Heidschnuckenbraten, lese ich. Hirschgulasch.

Ich hatte auf der Toilette reichlich Zeit, darüber nachzudenken, sagt sie. Ich glaube, ich werde mich für das Reh entscheiden.

Das Reh, sage ich und merke, wie sich etwas in meiner Brust bewegt. Schön, sage ich. Monika lächelt.

Judith Kuckart
Alles schon geträumt

Draußen war es so kalt wie dunkel, als die fünf Männer wieder zum Auto gingen. Der kleine Platz vor dem Restaurant war mit Gaslaternen erleuchtet. Gegenüber im Hotel brannte in nur wenigen Zimmern Licht, aber unten im Speisesaal hatte man offensichtlich zu tanzen begonnen.

Nobis fuhr jetzt, und Böwe saß auf seinem alten Platz zwischen Begale und Heiland. Als sie hinter Karlsruhe waren und keiner im Wagen sprach, fiel Böwes Kopf, angefüllt mit dem Brummen des Motors, auf die Schulter von Begale, der sich ein wenig verkrampfte und dann still hielt.

Als Nobis Böwe als Letzten vor dem Hotel am Berg aussteigen ließ, drehte er das Beifahrerfenster herunter und winkte Böwe noch einmal zu sich heran.

Ich muss Sie mal was fragen, kleiner Böwe.

Ich Sie auch, sagte Böwe und steckte seinen Kopf, der ihm plötzlich sehr dick vorkam, durch das offene Fenster und war erstaunt, wie gut Nobis noch roch nach diesem Abend. Er war ja zwischendurch einmal verschwunden gewesen. Ob er da heimlich geduscht hatte? Böwe schwankte leicht und stützte sich mit dem rechten Knie am Kotflügel ab.

Also, Sie zuerst, Böwe, reden Sie nur.

Wie war sie denn?, fragte Böwe etwas zu laut.

Wer?

Die Nitribitt, sagte Böwe und zitterte leicht.

Ach die! Nobis lehnte sich zurück, ließ aber den Motor laufen. Sie hatte so einen Hang, von der Hüfte aus. Sie zog auf sieben Arten eine Schnute, und dann erst einen Mann an der Bar näher zu sich heran. Dann legte sie den Autoschlüssel neben die Handtasche und bestellte Huhn mit Meerrettich.

Und dann?, fragte Böwe.

Wenn sie gegessen hatte, nahm sie einen mit.

Und dann?, fragte Böwe.

Wir sind in mein Hotel gegangen, sagte Nobis leise, und sie ist, wie vereinbart, blond, schlank und sachlich gewesen. Sie hatte genug Verstand, um nicht zu viel zu reden. Sie hörte zu. Das reichte, denn sie war sehr schön gewachsen, aus zahlreichen kleinen und großen Halbkugeln zusammengesetzt. Alles an ihr war rund, auch Augen und Mund, aber alles mit Kontur. Sie hat keine Phantasien gehabt, sagte Nobis, aber vielleicht gerade deswegen welche geweckt.

Und wie?, fragte Böwe.

Sie hat gezaubert, sagte Nobis.

Böwe sah Morgennebel, ungefähre Landschaften aus Feldern und verschleierten Wäldern, und erst als Nobis ihn noch einmal ansprach, merkte er, dass er in Frankfurt am Rand einer Straße zwischen Nacht und Morgen stand und der Nebel eine Sehstörung vom Saufen war.

Er lächelte breit ins Wagenfenster hinein.

Ihnen hat unser kleiner Ausflug also Spaß gemacht, mein kleiner Böwe?

Böwe nickte.

Sehr, und Ihnen kann ich es ja sagen, das war genau das Richtige heute, ich bin da nämlich schon mal gewesen, als Kind.

Als Kind, wie nett, sagte Nobis, aber jetzt sind Sie ein großer Junge, mein kleiner Böwe, und halten mal den Kopf ruhig und hören verschärft zu. Er fasste aus dem Fenster nach der Knopfleiste von Böwes Mantel und zog ihn zu sich herein, bis Böwe mit Ellenbogen und Unterarmen auf dem Sitz lag.

Montag brauche ich wahrscheinlich einen Hunderter Vorschuss. Ich brauche den Vorschuss für Sprit, damit ich rausfahren kann. Lässt sich das machen?

Haben Sie Ihr ganzes Geld ausgegeben in Baden-Baden?

Ja, sagte Nobis.

Wofür denn?, fragte Böwe. Nobis löste die Handbremse und legte den Gang ein.

Da schlug der erste Vogel an.

Als Böwe in seinem Hotelbett lag, unter gemalten Palmen, fing er an zu träumen.

Er stolperte über eine Brötchentüte. Sie steht vor der Tür eines modernen Apartments, und während sie in Zeitlupe umfällt, öffnet sich, ebenfalls langsamer als in Wirklichkeit, jene Tür und sie beide, er und ein zweiter Mann, treten zwei Schritte zurück, was aber nur ein Anlauf ist, um danach um so nachdrücklicher einzutreten. Der andere, sieht Böwe mit einem Blick nach rechts, hat den Kopf von Nobis auf den grauen, irgendwie ausgefransten Schultern eines Menschen, der aussieht, als sei er schon einmal tot gewesen. Im Türspalt kommt ein Gesicht zum Vorschein, vom langen Morgenschlaf noch gedunsen. Guten Tag, entschuldigen Sie bitte die Störung, sagt der graue Mund in Nobis' Gesicht. In dem Moment fällt eine zweite Brötchentüte um. Böwe bückt sich, sieht die Fußmatte aus Sisal. Er hebt den Kopf, und die Frau auf der anderen Seite der Schwelle schaut längst schon zu ihm hinunter. Sie ist jung, aber ihr Gesicht fällt ihm in dieser Haltung schwer entgegen. Sie trägt einen graublauen Herrenschlafanzug, in dem sie sicher bis zum Mittag allein bleiben wollte. Wir, hört Böwe sich auf den Knien vor der Frau sagen, wir kommen von der Firma Locke und würden Ihnen gern unser Angebot exklusiver Waschmaschinen der jüngsten Generation vorstellen. Ein Pudel klettert aus seinem Korb im Flur und trippelt, mit dem Püschel am Hintern den ausgefransten Nobis wie einen alten Bekannten grüßend, an der Frau vorbei auf Böwe zu. Er schnüffelt an den Schuhen, und Böwe denkt an Fichten. Nobis versucht nun, der Frau mit seiner verkaufsbewährten Stimme in den Bauch zu greifen. Gnädige Frau, sagte er. Nein, ich brauche keine Waschmaschine, sagt die Frau und schaut ihrem Hund verächtlich auf den Hintern. Nobis weiß, der Verkauf beginnt, wenn der Käufer nein sagt.

Nein, wiederholt er mit einschmeichelnder Stimme. Warum nicht?

Ich habe eine.

Sie kreuzt die Beine und lehnt sich an den Türpfosten. Sie stellt aus, dass sie schön ist und etwas wert ist, obwohl sie nicht einmal schmale Fesseln hat. Sie zündet sich, weiter in den Türrahmen gelehnt, eine Zigarette an, die Utensilien hat sie aus der Schlafanzugtasche geholt, sie schiebt das Kinn vor, die Augen halb geschlossen, die Lippen halb geöffnet, und ihr Gesicht, weich und trotzig und von blonden Locken reglos wie Stahlwolle eingerahmt, ist plötzlich kein Morgengesicht mehr, sondern ein routiniertes Abendgesicht, das immer kurz vor Mitternacht die gleiche Bar aufsucht und dort ein Zuhause im Stehen hat. Sie raucht im Pyjama und sieht jetzt aus wie ein Eisbrecher, so etwas hat Böwe noch nicht gesehen. Sie führt die Zigarette zum Mund, und die Hand scheint größer zu sein als das Gesicht. Eine Person, die nicht schön ist, sondern nur so tut.

Nein, sagt sie jetzt noch mal, mit einer gewissen Häme.

Darf ich mal sehen?, sagt Nobis und wechselt seine Aktentasche von links nach rechts, das sieht wie zwei Schritte nach vorn aus, und tatsächlich erwidert die Frau im Türrahmen die offensive Geste, und tritt zwei Schritte zurück, in den dunklen Flur hinein.

Bitte, wenn Sie mir nicht glauben.

Halbe Drehung, und sie geht vor ihnen her. Die Haare am Hinterkopf sind so hart, dass man sich an ihnen schneiden kann. Aber Nobis gewinnt Zentimeter um Zentimeter Land, obwohl sie nur über einen kurzen Flurläufer gehen. Böwe folgt. Zweite Tür rechts ist das Bad, davor die Küche. Auf dem kalten Herd steht ein kleiner Topf Reis, halb leer, und auf der Anrichte daneben liegt eine Peitsche. Böwe hört Nobis' Stimme aus dem Bad. Was ist denn das für ein altes Schätzchen!, ruft er. Eine AEG, mein Gott, dass es die noch gibt. Nobis weiß: Der Verkauf beginnt, wenn der Käufer nein sagt, und: Mit Humor kommt man da am weitesten. Nobis ist ein Verführer, wie er im Buch steht. Böwe schaut sich verstohlen in der Wohnung um. Eingerichtet ist sie, wie ein Mann mit viel Geld ein Appartement für eine Frau einrichtet, die keine Ahnung hat.

Ich glaube, Sie verschwenden Ihre Zeit, sagt die Frau jetzt.

Haben Sie die Maschine noch von Ihrer Mutter?, fragt Nobis, mit warmer Stimme bemüht, eine persönliche Beziehung entstehen zu lassen.

Ich habe keine Mutter.

Tot?, fragt Nobis.

Weiß ich nicht, sagt die Frau.

Sie zieht hörbar am Duschvorhang, und in der Küche versucht der Pudel, seinen Kopf auf Böwes Schuh zu legen. Für einen Moment ist Nobis still und setzt dann das wirkungsvollste Wort des Verkaufs ein.

Warum?

Die Frau schweigt.

Wollen Sie es mir nicht sagen?

Nein.

Sind Sie verärgert?

Nein.

Sollen wir ein anderes Mal wiederkommen?

Nein, sagt die Frau, und Böwe lächelt in der Küche, den Kopf des Hundes wie einen weichen Lappen auf dem Schuh. Eins zu Null. Es hat geklappt. Der Kunde muss erst einmal eine Anzahl von Neins loswerden, ehe er ja sagen kann.

Nein, ich möchte, dass Sie gar nicht wiederkommen, sagt die Frau da.

Doch Nobis gibt nicht auf. Für einen Misserfolg mag es viele Gründe geben, aber Entschuldigungen gibt es keine. Böwe hört die Verschlüsse von Nobis' Aktentasche klicken. Um ihm beizustehen, greift er nach einem extremen Mittel, dem Pudel. Er denkt: Gewusst wann! Jetzt komm ich! Scheinbares Widerstreben des Käufers kann einen Anreiz zum Kauf bedeuten. Wer schnell überlegt, kann befehlen. Wer zögert, muss gehorchen. Und Böwe tritt unter die Badezimmertür, den Pudel zärtlich in der Armbeuge. Lächle, sagt sich Böwe. Aber es fällt ihm schwer, denn sie scheint seine Strategie zu kennen und selbst anzuwenden. Es gibt etwas Einstudiertes in ihrem Gesicht, das er von Starfotos kennt. Nobis, noch mit im Bild, aber an dessen Rand, franst immer weiter

195

aus und droht, ihn mit dieser Frau allein zu lassen. Sie hebt die kleine, himmelwärts gerichtete Nase höher, diese Nase, die nicht in ihr ovales, schmales Gesicht passt, und während sie schon zu einer Haarbürste greift und damit vorsichtig über die harte Frisur auf ihrem Kopf fährt und sich vielleicht an Zeiten erinnert, in denen sie ihr Haar noch kämmen konnte, sagt sie: Ich bin Waise, und legt die Bürste weg.

Ich auch, sagte Nobis, der jetzt zum Äußersten greift, aber schon verliert. Rosemarie Nitribitt schaut nur Leo Böwe in die Augen, und alles ist wieder möglich. Verkaufen ist eine Verbindung zwischen zwei Menschen, von denen der eine, der Verkäufer, die Ideen haben muss, von denen der andere, der Käufer, glaubt, es seien seine. Kurz vorm Verschwinden, aber diskret legt Nobis den neuen Locke-Katalog auf die alte Waschmaschine und stellt dafür behutsam eine Dose Taft-Haarspray beiseite.

Schauen Sie, sagt er schnell. Die Frau zögert, zögert zu lange, und muss gehorchen. Schon schaut sie die Locke Diamant an, und da sie offensichtlich eine Person ist, die will, dass man bei allem sieht, was es gekostet hat, bleibt ihr Blick auf dem Wort Diamant haften. Nobis zählt die Vorteile auf, blättert weiter, zeigt auch das Nachfolgemodell Eingriff. Die Frau lacht, Nobis lacht mit dem Mund und sieht mit den Augen Böwe streng an, bis auch der lacht.

Eingriff, sagte sie, Sie sind mir ja einer. Und in dem Moment fällt Böwe zum ersten Mal die Doppeldeutigkeit auf. Er denkt an die Peitsche in der Küche, dabei fängt die Szene bereits an zu flimmern, wird unscharf, das Licht tut wie Wasser, und nicht nur Nobis franst aus, und bevor das alles im Dunkeln verschwindet, sagt Nobis im Abgang, aber mit Echo: Es gibt keine Schwerkraft, mein kleiner Böwe, die Welt zieht einen runter.

Es war Samstag, kurz nach zehn, als Böwe aufwachte. Er erschien als letzter Gast zum Frühstück. Er nahm die Zeitung vom Klavier, der Deckel stand offen, aber die Tasten waren mit dem grünen Schal abgedeckt. Er setzte sich an das große Wintergartenfenster.

Hinter der Scheibe lag das Gärtchen, in dem einige Holztische mit angelehnten Stühlen standen, auf wintergrauer Erde, die wie eine drohende Glatze durch den flachen, kraftlosen Rasen schimmerte. Mitten in einem runden Beet stand eine weibliche Gipsfigur auf halber Spitze und setzte an den Brüsten Moos an, und aus der Fabrik hinter dem Gärtchen starrten zweiunddreißig tote Fenster herüber. Böwe starrte zurück, eine bereits zerlesene Allgemeine auf dem Schoß mit einer Meldung auf der ersten Seite. Callgirl tot. Nitribitt. Kannte er alles schon. Hatte er alles schon geträumt, und im Flur hörte er bereits die Stimmen von Fritz und Franz Locke, die ihn mit nach Hause nehmen wollten.

Tanja Dückers
Das Harmonium

Es gibt sie, diese euphorischen Momentabgründe: Innere Licht-
funken und Schattenlängen, die einander umtanzen, um dann
miteinander zu verschmelzen. Was bleibt, ist leere Erschöpfung.
In diesem Zustand kann ich am besten spielen.

Schon als Kind hat Onkel Ante versucht, mir beizubringen,
höchst konzentriert und gleichzeitig selbstvergessen zu sein ... man
kann das nicht beschreiben, es entsteht ein Zustand, in dem man
glücklich ist, obwohl man die Töne, die man hervorbringt, gar
nicht mehr richtig hört. Plötzlich ... auf einem Polster aus Musik
zu schweben ... unverletzlich werden ... Immunität durch – und
der – Musik! Doch die Qual davor, das Sich-fast-die-Finger-Bre-
chen. Sehnenscheidentzündungen, Augenflimmern. Wie kann
etwas, das einen erst zu Boden drückt, plötzlich Flügel wachsen
lassen? – Was ich sagen will, ist: Mit all *diesen* Schwierigkeiten bin
ich stets gut fertig geworden. Aber dieser Moment auf einmal ...
wie sich in Sekunden der Abgrund vor mir auftat ... an diesem
Abend, bevor ich zu meinem ersten Japan-Konzert fliegen sollte ... was heißt sollte! Ich bin ja geflogen. Und wie ich geflogen,
emporgehoben worden bin! Das ist ja das Schlimme. Aber ich
war ja nicht schuld. Ich war ja nicht schuld. Und dennoch: Ich
habe nichts abgesagt, keinen Karriereknick gewagt, nicht mal eine
Kopfschmerztablette genommen. Äußerlich war mir nichts an-
zumerken, in meinem Kalender ist nichts vermerkt, gar nichts.
Und das Gespräch, das Telefonat, das stattgefunden hat, an jenem Abend, bevor ich nach Japan flog – von dem weiß niemand
außer mir. Niemand – außer – mir. Ja, so ist das. Denn mein Gegenüber lebt in einem Zustand geistiger Abgestumpftheit. Die
Veränderungen sind dennoch über mich gekommen. Schleichend.
Wie eine Krankheit. Oder eine Genesung. Ich fing an, andere Dinge zu essen. Fernzusehen, nachts zu träumen. Beendete Freund-
schaften, knüpfte neue, andere. Wir zogen um. Nur auf dem Ge-
biet, auf dem sich etwas hätte ändern müssen – müssen? – da blieb

alles beim Alten: Ich quälte mich ab, ich gewann Boden unter den Füßen – Boden, den man erst hart unter den Füßen spüren muss, um ihn verlassen zu können – und fing an zu fliegen. Wie immer. Gewohnheitsrausch des Pianisten.

Das Harmonium hatten meine Eltern mit nach Hause gebracht, als ich sieben war. Sie hatten nicht viel Geld. Es waren, wie wir Kinder dauernd zu hören bekamen, „harte Zeiten". Aber das Harmonium war auf einmal einfach da.

Ein Harmonium. Man kann sich heute nicht mehr vorstellen, was so ein perfektes, glänzendes, großes, herrschaftliches Instrument in unserer engen kleinen Stube bei uns Kindern ausgelöst hat. Es war, als hätte man pures Gold vor uns ausgeschüttet oder uns silberne Federn ins Haar gesteckt. Anfangs traute sich keiner von uns an das Instrument heran. Wir spielten zu Hause und in der Schule nur Blockflöte und ein wenig Geige – aber ein Harmonium? Es sah nicht aus, als würde es uns brauchen, nach uns verlangen – nicht wie die Blockflöte, die stets darauf zu warten schien, aus dem Samtkasten gehoben und an die Lippen gelegt zu werden. Die nur abgelegt oder benutzt werden – aber nicht stolz im Raum nur für sich bestehen kann. Anders das Harmonium. Es sah so fremd bei uns aus – wie ein Meteorit aus einer anderen Welt in die unsere gefallen. Meteorit – dieses Bild mochte mein Vater, er wiederholte es oft. Zu oft.

Später verstand ich warum.

Zunächst war es mein älterer Bruder Friedrich, der sich ans Harmonium setzte und uns mit seinen unausgegorenen Versuchen quälte. Dann wurde Friedrich eingezogen, und ich übernahm seinen Part – bald schon spielte ich viel besser als er, und meine Eltern beschafften mir sogar – trotz der kriegerischen Zeiten – eine Lehrerin. Ihre Augen, die mich auf eine kritische Weise musterten, habe ich nicht vergessen. Ich habe viel von ihr gelernt. Auch: weiterzumachen. Einfach weiterzumachen. Eines Tages kam sie nicht mehr. Meine Eltern gaben mir keine Erklärung dafür.

Vielleicht, hatte ich damals noch gedacht, mussten sie eben doch Geld sparen. Dem widersprach, dass ich zwei Monate später von einer rundlichen Schlesierin mit hellbraunen lustigen Zöpfen unterrichtet wurde. Sie war eigentlich Klavierlehrerin und hatte von einem Harmonium noch weniger Ahnung als ich damals, aber wir konnten vergnüglich vierhändig spielen, und – wichtigster Punkt – sie brachte mir immer etwas Kleines zum Naschen mit. Es muss ihr gut gegangen sein, denn mit dem Fortgang des Krieges waren wenige Menschen noch so füllig wie sie.

Der Krieg rückte bedrohlich näher. Wir nahmen zwei Familien bei uns auf, Onkel Ante und Tante Lise mit meinen drei Cousins und meine Großtante Hedwig und Onkel Paulchen zogen bei uns ein. Da blieb wenig Platz übrig. Aber an das Harmonium, das, wie unsere Wohnung, wie durch ein Wunder, völlig unzerstört geblieben war, wagte sich niemand heran. Es wurde nicht zu Brennholz zerhackt und verhökert. Es blieb. Und ich wurde mit jedem Tag, an dem ich gegen den Kriegslärm anspielte, besser. Manchmal fragte ich mich, ob mein älterer Bruder, wenn er aus Frankreich oder Belgien zurückkäme, eifersüchtig auf mich sein würde. So wie ich eifersüchtig auf ihn war, weil er sich schon im Krieg und als Mann beweisen konnte. Ja, so was Krudes hab ich damals gedacht. Mehr als einmal hab ich auf dem Schemel vor dem Harmonium gesessen, mit einer Hand das glatte warme Leder gestreichelt und mit der anderen seine schmalen Feldpostbriefe geöffnet. Hätte man einen wie mich in den Krieg geschickt, wäre ich wahrscheinlich gleich am ersten Tag gefallen. Ich war dreizehn, als der Krieg vorbei war. Sechs Wochen älter und ich wäre noch eingezogen worden.

Es muss ein absurdes Bild gewesen sein: Dieses in sich gekehrte Kind, das den ganzen Krieg über lernt, Harmonium zu spielen. Natürlich bin ich auch zur Schule, in den Luftschutzbunker und auf Schwarzmärkte gegangen, aber an all das kann ich mich nur ungenau erinnern. Alles damals war grau und mühevoll. Alles wurde von Jahr zu Jahr anstrengender. Aber die Musik – ge-

200

rade nach dem Krieg, als wir unsere eigene Stadt nicht mehr erkannten, weil viele Straßen einfach nicht mehr existierten – gab mir ein Gefühl von Fortsetzung, von Bestand. Ich spielte Stücke von Haydn und Telemann, von Schubert und Brahms – und irgendwie erfüllte ich unsere durch ein Wunder heil gebliebene, mittlerweile von 16 Menschen bevölkerte Wohnung mit einem zuversichtlichen Klang. Im ersten Nachkriegsjahr habe ich täglich viele Stunden gespielt – nicht trotz, sondern wegen meiner Familie. Man wünschte sich das so. Es war ein völlig verrückter Luxus – einen Jungen in diesen Zeiten nicht den ganzen Tag mit anpacken zu lassen. Immerhin, meine Mutter fand, dass mir weniger Essen als den anderen zustand, da ich ja ungleich weniger körperliche Arbeit verrichtete. Ich weiß noch, dass wir einmal Ostern rein gar nichts zu essen hatten. Den ganzen Tag lang habe ich von morgens bis abends Harmonium gespielt. Seltsame Leichtigkeit war das, die mich da damals heimsuchte, kurz bevor ich ohnmächtig wurde und die Milch bekam, die eigentlich fürs Baby gedacht war. Direkt von Mutters Brust. Mit zwölf. Auch das ist wahr.

Mutter. Vater. Sie waren schwer enttäuscht, dass der Krieg verloren war, das merkte man ihnen an. Meine jüngere Schwester und ich kamen erst viel später darauf, dass diese Haltung bedenklich sein könnte. Damals gingen wir davon aus, dass das, was sie dachten, richtig sein müsste, weil sie ja unsere Eltern waren.

Es passte meinen Eltern nicht, dass wir von den Amerikanern eingenommen wurden. Die hielten sie nämlich für „kulturlose Banausen" und meinten, als Mitglieder der wenngleich völlig am Boden liegenden „Dichter- und Denkernation" seien sie immer noch etwas Besseres. Das wiederum amüsierte Elisabeth, meine älteste Schwester, und mich, denn meine Eltern – mein Vater war Kürschner, meine Mutter Näherin – hatten nie viel auf Bildung gegeben, oder zumindest nicht so viel, dass sie sich anderen überlegen fühlen konnten. Ein paarmal hatten sie allerdings darüber gejammert, keine höhere Schule besucht zu haben. Vor unserem

Konzerthaus und unserer Oper standen sie auch oft sehnsüchtig – und konnten es sich nicht leisten, hineinzugehen.

Ja, bis meine Eltern das Harmonium und mit ihm einige Bücher und etwas KPM-Porzellan fanden, hielten sie sich noch nicht für so kultiviert.

Friedrich fiel im Krieg. Er war nur zwei Jahre älter als ich. Und trotzdem haben diese lächerlichen zwei Jahre ausgemacht, dass er bei Seelow auf dem Weg in ein Lazarett – schon auf einem Auge blind durch einen Granatsplitter – verblutete –, hingegen ich in unserem heil gebliebenen Wohnzimmer über alte Noten gebeugt saß. Wie oft habe ich mich damals gefragt: Wie fühlt sich das genau an – zu verbluten? Wird man da auch leichter und leichter – und schwebt irgendwann? Oder hat man eher das Gefühl, schwerer und schwerer zu werden, zu versinken, in sich selber oder einen Sumpf, der einen nicht mehr hergeben will? Was ist Krieg? Auch mein reflexhaftes Lauter-Spielen, wenn ich draußen den Feuerschein sah, bis meine Mutter mich panisch die Treppen herunter in den Keller schubste. So etwas Ähnliches, ein Lauter-Sprechen („Meteoriten", „Vor der Tür gefunden! Quasi vom Himmel gefallen!", „Kinder, ihr fragt einen doch Löcher in den Bauch!") muss das auch bei meinen Eltern gewesen sein.

Es dauerte, sich wieder daran zu gewöhnen, dass Frieden herrschte. Wie leise es plötzlich war. Ich bemerkte den Frieden zunächst an Tönen und Geräuschen. Ich fing an, leiser zu spielen. Und mehr für mich. Ich wollte und brauchte kein Publikum mehr. Und es war schön, nur für mich zu spielen, nicht mehr zur Beruhigung anderer Leute. Ich hatte mich so daran gewöhnt, die Musik war lange gar nicht mehr richtig meine eigene, in einem intimen Sinne meine eigene, gewesen. Sie wurde es wieder. Nach dem Krieg entwickelten das Harmonium und ich eine neue, engere Beziehung zueinander. Und das Harmonium wanderte vom Wohnzimmer in mein Zimmer – und dann unters Dach. Denn plötzlich nervte meine Musik alle: Von Onkel Ante über Tante

Hedwig bis zu meinem Vater – alle, die sie sich vorher immer gewünscht hatten! Plötzlich hieß es, ich hätte einen zu harten Anschlag und würde obendrein zu schnell spielen. Plötzlich hieß es, man könnte doch nicht den lieben langen Tag lang so ein Geklimper hören – Deutschland hatte sich verändert. Meine drei Cousins heirateten alle kurz hintereinander und bekamen in ebenso schneller Folge Kinder. Einer wurde Metzger, einer Schreiner und einer Kürschner wie mein Vater. Musik war zu sehr von einer anderen Welt, nicht das Richtige, um zielstrebig zu sein, zu sehr ein Relikt emotional karger Zeiten.

Und was wurde aus mir? Ich wurde – welch Überraschung – Klavierlehrer. Denn in all den Familien, und das war die Mehrzahl, in denen nicht den Krieg hindurch ein stilles Kind auf einem Harmonium den Ton angegeben hatte, war später der Wunsch nach solch einem traditionsreichen Luxus groß. Ich hatte viele Schüler, und ich galt als einfühlsam und lieb. Zu lieb und viel zu wenig autoritär, wie manche Mutter meinte.

Mein Erfolg ist eine Geschichte für sich. Es würde mir riesigen Spaß machen, sie hier auszubreiten, aber dann finde ich vielleicht nicht mehr zu diesem Punkt zurück, den ich eingangs erwähnte. Diesen schrecklichen, nur nadelöhrgroßen Punkt, Urknall, Momentabgrund, ach, was weiß ich. Mein Leben ist schließlich mehr als eine Ansammlung von Preisen, Stipendien und anderen Auszeichnungen. Man kann kurz zusammenfassen, dass ich wohl zu den wenigen Menschen gehöre, die wenigstens einmal in ihrem Leben zur rechten Zeit am rechten Ort waren. Nämlich, als meine Eltern das Harmonium zu uns nach Hause schleppten – und Friedrich mir fürs Töten und Getötetwerden dieses Instrument der Wonne überließ. Instrument der Wonne? Vielleicht ist es das Pathos, das Pathos meiner Sprache, das von all dieser Kriegssprache, Kriegszeit und all der himmelschreienden Euphorie, die Deutschland vorher beseelt hat, auch in mir Spuren hinterlassen hat. Auch wenn ich doch meine, viel zu jung für all das gewesen zu sein, ein Kriegskind, natürlich sowieso unschuldig und überhaupt so weit entfernt davon. Aber das Pathos. Und der Gedanke an Erlösung. Zwar nicht durch Krieg, sondern durch Kunst, aber eben auch durch irgendetwas.

Ich war bei meinem Erfolg stehen geblieben. Linkisch und schüchtern wie ich immer war, hätte ich den perfekten unbekannten Pianisten, den Kellner, der nachts zu Hause noch ein bisschen klimpert, abgeben können, aber – man mochte mich. Obwohl ich mich nie im engeren Sinne bemüht habe, zu gefallen – für solche Manöver bin ich nicht raffiniert genug. Vermutlich war es mein harter Anschlag, dem danach die nächsten Takte in weichen Wellen folgten, diese, wie soll ich sagen, zärtliche Härte, kurz: mein pathetischer Stil. Im Nachkriegsdeutschland hat man den sehr gern gehabt, nur eben nicht mehr in der Sprache. Da wurde viel eliminiert, auch den Nachwuchs nannte man plötzlich Sebastian und Patrick und nicht mehr Friedrich und Götz. Trotzdem. Die Musik war schon immer ein bedächtiges Refugium, das Strömungen und Neigungen viel länger konserviert und widerspiegelt als die Tagespresse oder die Listen mit den beliebtesten Vornamen.

Dem Harmonium habe ich nicht nur zu verdanken, dass ich nicht in den letzten Kriegstagen in Berlin auf dem Weg zum Wasserholen irgendwo erschossen wurde und dass ich meiner Familie den infernalischen Bombenlärm mit Haydn untermalen oder übertünchen konnte, sondern auch, dass ich geheiratet habe. So wie ich aussehe und so linkisch und schüchtern, wie ich bin, hätte ich ja den perfekten Single abgegeben, den Stubenhocker, der jahrzehntelang von einer einstigen Klavierschülerin träumt. Doch ich habe eine Frau mit langen roten Haaren und sanften Augen, mit energischem Händedruck und zärtlicher Fürsorge für mich geehelicht. Ich bin so stolz auf sie ... Ich hatte ein Konzert in Mailand ... aber eigentlich habe ich gar keinen Drang, diese Begebenheit zu erzählen. Es war wie das Erlernen einer Telemann-Sonate: am Anfang das Kreisen im Nichts, dann der Boden, der

Gewinn an Halt, dann die Schwerelosigkeit, die höchste Konzentration aufeinander bei gleichzeitiger Selbstvergessenheit, also die Liebe. Als ich Annette liebte, war für mich das Schönste von allem, dass dies kein neues Gefühl für mich war. Ich merkte, dass ich, auch ohne vorher je geschlechtliche Liebe erlebt zu haben, schon immer in diesem Zustand der Geborgenheit und Liebe gelebt hatte. Dieses Sinken in einen anderen Körper war und ist etwas Unglaubliches und auch, mit Verlaub, Seltsames, aber doch war es unendlich beruhigend zu wissen, dass das Gefühl der Liebe, dieses hingebungsvolle Vergessen mich schon mein ganzes Leben lang umgeben hatte. Es ist nicht etwas, was ein anderer Mensch so von außen an einen herantragen könnte.

Ich liebte also zum ersten und zum unzähligsten Mal, und auf jeden Fall vertrugen sich Annette, das Harmonium und ich sehr gut. Wir waren auch noch in der Lage, ein viertes und ein fünftes Wesen, unsere Töchter Amalia und Isabel, in dieses Netz miteinzuweben.

Es hätte auch alles anders kommen können. Jedes Mal, wenn ich vor Kriegsdenkmälern stehe, überfällt mich ein Gefühl von zu großer Nähe zu den Toten – ein Gefühl, das starke Angst in mir auslöst – diese Ahnung, ich hätte auch hier liegen können. Stattdessen reise ich um die Welt, verbeuge mich vor dem Publikum mit seinen Standing Ovations. Und liebe eine Frau, die so viel schöner ist als ich, dass es mir stets die Schamesröte ins Gesicht treibt, wenn wir irgendwo anderen Leuten vorgestellt werden.

Ich komme nicht auf den Punkt zurück, von dem ich eingangs sprach, weil ich ihn scheue. Weil er klein und schwarz ist und mir gefräßig vorkommt, wie etwas, das sich sehr rasch vergrößern, das Raum greifen, mich aushöhlen und von allem berauben könnte, das mir das Glück und das Schicksal so launig und unverdient in den Schoß geworfen hat.

Für böse Enden gibt es keine guten Anfänge. Ich bemühe mich daher hier gar nicht um Kohärenz oder Zielstrebigkeit. Meine bösen Eltern wollten aus mir einen guten Jungen machen, und unter gut verstanden sie wohl auch, dass man über seine Eltern nichts Böses denkt. Jedenfalls wurde bei uns zu Hause viel gelogen. Das habe ich im Laufe der Jahre begriffen. Die Lügen flochten sich um die Klänge, die ich in die artillerieerfüllte Luft unseres durch ein Wunder unzerstört gebliebenen Wohnzimmers schickte. Es stimmt, dass Lügen oft schön sind.

Jedenfalls konnten meine Eltern kaum glauben, dass es mir später, nach der Zwischenphase des Klavierunterrichtens, gelang, als Konzertpianist so viel Erfolg zu haben. Sie waren unendlich stolz auf mich. Ja, ich versuche das zu verstehen: dass sie mir nichts kaputtmachen wollten. Es muss einfach nur elterliche Fürsorge gewesen sein. Das Schweigen. Und das Lügen.

Ich dachte immer, jetzt, heute, hier an diesem Geburtstag, diesem Weihnachten, Osterfest, auf diesem Winterspaziergang, an diesem lauen Sommerabend auf dem Balkon, jetzt, heute, hier beim Kaffee-Einschenken oder beim Fotos-Anschauen ist nicht der richtige Moment, um Fragen zu stellen.

Irgendwann wachte mein Vater nach einem Herzinfarkt im Krankenhaus nicht mehr auf, und meine Mutter wiederholte am Telefon immer die gleichen Fragen.

Fragen.

Ich wünschte, es hätte dieses eine Telefonat nie gegeben. Warum ist das Leben an einem Tag ein breiter Korridor voller Möglichkeiten und am nächsten schmal wie ein Maulwurfsgang? Warum kann man an einem Tag nur zwischen Orangen- und Erdbeermarmelade auswählen und am nächsten zwischen Leben und Tod?

Warum.

Warum.

Ich möchte nicht sterben, ohne wenigstens ein paar Fragen für mich beantwortet gehabt zu haben.

Warum werden Menschen stumpfsinnig und vergesslich?

Ich war dabei, meinen Koffer für Japan zu packen, für Osaka. Für meine erste Konzertreise in dieses Land. Ich war aufgeregt und voller Freude. Ich hatte gelernt, wie man auf Japanisch „Guten Abend" und „Danke schön" sagt. Ich hatte mir sagen lassen, dass Japaner „Hei" sagen und damit „Ja" meinen. Hei hei hei. Das muss man schließlich wissen. Hei Hitler, haben sie damals gesagt.

Da rief meine Mutter an. Um mir alles Gute zu wünschen. So stolz wäre sie auf mich. Und sie brabbelte noch allerhand Unsinn. Oder vielleicht doch keinen Unsinn, woher soll man das denn immer wissen? Während ich dies jetzt schreibe, muss ich weinen.

Sie redete erst von ihrem Regenschirm, den sie bei Karstadt in einer Umkleidekabine vergessen hatte. Dann hatte sie sich einen neuen gekauft und bei Hertie an der Käsetheke stehen lassen. Und jetzt hat sie sich eine Art Duschhaube gekauft, die sie sich in die Manteltasche stopfen und bei Regen einfach aufsetzen kann.

Dann sprach sie von ihren Schuhen und ihren Schnürsenkeln und plötzlich vom Fernsehprogramm und von einem Rundfunkorchester. Und dann redete sie über Musik, und dabei fiel ihr unser Harmonium ein.

Das schöne Harmonium!

Weißt du, Götz, der Friedrich hat so schön spielen können, überall auf der Welt war er, mein Kind, mein musischer Junge, sogar in Russland meine ich ... hatte eine schöne Uniform damals, der Friedrich ... und du, du folgst ihm jetzt ... das ist schön ... wer hätte das gedacht, als wir damals diesen schweren Kasten ... dieses Instrument ... also das Harmonium, das haben wir unseren Nachbarn, du weißt schon, den Lindtmanns, für zwanzig Reichsmark abgekauft.

Das war der Preis eines Schulranzens oder einem Paar Halbschuhe damals.

Warum?

Das war sehr günstig, ja ja ... ach, das war damals einfach üblich so, Kind. Aber – interessiert dich das überhaupt? Hab ich dir erzählt, dass gestern ein Klempner hier war? Der Hahn tropft nachts in meinen Schlaf ...

Warum, Mama?

Jetzt warte mal, mein Regenwasser kocht über. Kocht schon eine ganze Weile ...

Wieso „einfach üblich so"? Ich dachte, ihr wolltet immer etwas Anderes, Besseres sein?

Das ist ein Regen, Junge, der alles mit sich reißt.

Unsere Nachbarn, die viel gebildeter waren als meine Eltern und auf die meine Eltern neidvoll geblickt hatten, sind ermordet worden. Ihr Sohn war so alt wie ich und konnte, als ich erst zwei Takte spielen konnte, schon ganze Ouvertüren. Er hatte bis zu ihrem Abtransport den ganzen Tag in der Wohnung gesessen und die wunderbaren alten Möbel zerhackt, damit die Familie Brennholz hatte. Er hatte rote, rissige Haut an den Händen. Das habe ich jahrzehntelang nicht mehr gewusst, und jetzt weiß ich es wieder.

All das hat mir meine Mutter arglos erzählt. Einfach so, ohne dass ich sie gefragt hätte. Sie ist verwirrt geworden, meine Mutter. Ihr Kopf ein Bienenstock ohne Königin, Unruhe, Flirren, Bewegung ohne Unterlass. Meine Mutter erzählt viel vom Krieg. Darüber hat sie sechzig Jahre kaum gesprochen, und jetzt, wo sie nichts mehr in ihrem Kopf sortieren kann, wo sie nichts Neues mehr lernen, wo kein Wissen ihr Leben und ihre Beziehungen zu anderen Menschen noch verändern kann, jetzt, wo all der Schmerz in nichts Sinnstiftendes mehr transformiert werden kann, wo der Schmerz, frei von allem, nur für sich selbst, aus ihrem Mund in den leeren Raum flieht, jetzt, wo der Schmerz nur der Schmerz ist, nichts mehr soll und nichts mehr muss, seltsam richtungslos geworden und auf eine leuchtend traurige Weise pur ist, flieht er aus dem Mund, Schlund, Momentabgrund, dem löchrigen Gedächtnis meiner Mutter.

Jetzt, wo sie alt ist, erzählt sie Schreckliches, und man könnte denken, sie hätte nur Furchtbares in ihrem Leben erlebt. So hinterhältig ist das trügerische Gedächtnis. Und so gemein pink der Seidenschal, den sie stets vor ihren Mund hält, wie um sich selbst zu bremsen, nicht zu viel preiszugeben. Doch meine Mutter redet. – Ich weiß nicht, wie sie sich fühlt. Befreit, belastet, leicht, schwer, redelustig, müde. Ich höre zu. Und so wie ich gebaut bin, weine ich manchmal dabei. Leise, ganz leise, um den Krieg, die wilden Hunde im Schlamm ihres Gedächtnisses, nicht noch mehr aufzustacheln.

Nachdem wir aufgelegt hatten – wie immer hatte ich sie vorher gebeten, nicht zu vergessen, die Kerze zu löschen – jeden Abend sah ich das Bild der Bachmann vor meinen inneren Augen, auch wenn meine alte Mutter nicht die geringste Ähnlichkeit mit ihr hatte – saß ich auf dem Bett und schlug ein paar Mal wie ein autistisches Kind den Kopf an die Wand. Die roten, rissigen Hände des Lindtmann-Jungen, der besser spielte als ich – ich konnte mich plötzlich an sie erinnern.

Auch an den Meteoriten in ihrer Wohnung.

Ich wollte nicht mehr nach Japan fliegen. Ich wollte die Reise absagen. Ich wollte meine Frau sprechen – eigentlich wollte ich nur allein sein. Ich habe mich an das Harmonium herangeschlichen. Sein ebenes Holz schien mir dunkler getönt, drohender. Dann verlor sich der Eindruck, und ich musste erkennen, es sah aus wie immer. Aber es war von anderen Leuten geliebt worden, es war in eine andere Beziehung verstrickt, es war einfach nicht meins. Es war nicht mehr meins. Es war nie meins gewesen. Nichts würde mehr so sein wie früher.

Dachte ich.

Was hatte ich nicht alles vor. Pathetische Träume. Mein nicht aus-zumerzender Hang zum Pathos ... Ich wollte das Harmonium für viel Geld versteigern und das Geld dem jüdischen Kulturzen-trum hier vermachen. Wenigstens einem jungen Musik-Studen-ten wollte ich es schenken. Aber dann hätte ich mir selber ein neues kaufen müssen, ich muss ja täglich üben. So ein Harmo-nium, vor allem so ein schönes, kostet ja ein Vermögen, und ich hatte mich an genau dieses Instrument über Jahrzehnte gewöhnt, es gehörte – irgendwie doch – zu mir. Und mittlerweile war ich ein anerkannter Pianist. Und hatte Frau und Töchter zu ernäh-ren. Und einen Ruf zu verlieren.

Ich flog nach Japan. Ich erhielt Standing Ovations. Ich spielte zu Hause weiter. Im gleichen Jahr gewann ich noch zwei internatio-nale Preise. Ich tröstete mich – mich, vor allem mich, und nicht sie, die Beraubten und Ermordeten – mit meiner Musik. Das Har-monium und ich vertrugen uns wieder. Vielleicht hat unsere Be-ziehung jetzt etwas von einer Komplizenschaft.

4   *... überhaupt hatte die Erinnerung an seinen Vater*
      eine mit Grausen gemischte Zärtlichkeit
      in ihm zurückgelassen ....

Frank Göhre
Unter der alten Eiche

Diese Nacht werde ihm wohl für immer in Erinnerung bleiben, musste sich Friedrich wieder einmal sagen, als der Glanz des Mondes allmählich ermattete und sich im Osten bereits ein schmaler gelber Streif zeigte, der den Horizont besäumte und den Eingang der engen Talschlucht wie mit einem Goldbande schloss. Diese harte, stürmische Winternacht vor nun schon neun Jahren mit ihrem dichten Schneegestöber und dem Geheul des Windes wie das eines Rudels hungriger Wölfe. Er hatte kein Auge zugetan in dieser Nacht, hatte vor Furcht bibbernd in seinem schmalen Kinderbett gelegen und von nebenan die Mutter jammern und klagen gehört, obwohl der Vater erst Stunden später zu ihr in die Küche getragen worden war, erfroren in eben jenem Gehölz, auf das er jetzt, sich von der Wiese aufraffend und sich reckend und streckend, blickte.

Der Vater, der ach so liebe Vater. Er sah ihn wieder vor sich, sah die große, hagere Gestalt, die mitunter schwankend heimgekommen war, das Gesicht glühend wie Erz und mit scharf riechendem Atem. Schwer war die Zunge des Vaters gewesen, aber sanft die Hände, mit denen er ihn hochgehoben und über sein blond gelocktes Haar gestrichen hatte, so behutsam, so zärtlich, dass selbst die Mutter gerührt und ihre Augen feucht geworden waren. Und immer hatte der Vater ihm einen Wecken mitgebracht oder ein kleines Stück Kuchen, und er hatte mit den Eltern am Tisch sitzen dürfen und hatte gehört, was nächtens wieder im Wald geschehen war.

Von Baumschlag und zum Fluss hin geschleppten Holzstämmen war die Rede gewesen, von Männern und auch halbwüchsigen Knaben, der Blaukittelbande, die schwere Karren zogen und sich blutige Scharmützel mit den Förstern lieferten, den verhassten Handlangern der Obrigkeit.

Friedrich nickte grimmig. Seit einiger Zeit musste auch er vor diesen grünberockten Waldaufsehern auf der Hut sein, im Tross seines Onkels Simon, der ihn schon als Zwölfjährigen in seine Obhut genommen hatte.

Nach wie vor aber besuchte er wenn eben möglich die Mutter und half ihr im Haus und in den Stallungen aus. Sie war nach dem grauslichen Tod des Vaters in bitterkalter Nacht erschreckend schnell gealtert und kam mit den anfallenden Arbeiten kaum noch zurecht. Auch sprach sie mitunter wirr und ihm weitgehend unverständlich. Wenn er bei ihr war, weinte sie oft oder betete den Rosenkranz und einige Male war es auch schon vorgekommen, dass sie entsetzt vor ihm zurückgewichen war, ihn unflätig beschimpft, dann aber ihr Haupt mit Asche bestreut und den Herrgott angefleht hatte, er möge ihr ihre Sünden vergeben und die schwere Schuld von ihren Schultern nehmen. Friedrich befürchtete insgeheim, dass sie noch vollends irre wurde und man sie schließlich wegsperren musste.

Doch eigentlich mochte er nicht daran denken.

So gab er sich nun einen Ruck, pfiff den Hund heran und ließ ihn die bereits in der frischen Morgenluft grasenden Kühe zusammentreiben.

Es war Ende Mai, ein Samstag, und am frühen Nachmittage sollte im Dorf die Hochzeit der überaus hübschen Förstertochter Hermine Brandis gefeiert werden, die sich aus nicht allein für Friedrich völlig unbegreiflichen Gründen von einem windigen Juden hatte freien lassen. Aber er freute sich auf das Fest, den Tanz auf der Tenne, bei dem er mit gewagten Schritten und Sprüngen Eindruck zu schinden gedachte. Er war ein stattlicher Bursche von gerade mal achtzehn Jahren, hoch gewachsen und kräftig dazu, und sein einst gelocktes Haar hatte er lang wachsen lassen, es fiel bis auf die Schultern und verlieh ihm etwas wild Verwegenes.

Friedrich strich es zurück, griff nach seinem Knotenstock und ließ die Herde vor sich her den Hang hinunter trotten. Auf dem Hof der Mutter hatte er sie rasch versorgt, und mit den ersten Schlägen der Hochzeitsglocken betrat er die Stube, um sich der Mutter zu zeigen, gewillt, ihr ein wenig Kurzweil zu bereiten.

Die alte Frau jedoch stand nicht am Herd und hockte auch

nicht auf der Küchenbank. Friedrich entdeckte sie zusammenge-
krümmt in seinem alten Kinderbette liegend, die knochigen Hände zu Fäusten geballt und mit brüchiger Stimme bittend, von ihr
zu lassen. – „Mutter, Mutter, was ist dir?" Er stürzte zu ihr und
warf sich neben ihr auf die Knie. „Ist dir nicht wohl? Was quält
dich denn?" – „Genug, es ist genug, oh, ich bin doch schon ganz
erfüllt von dir, eine Sünde ist's, eine Sünde, der Teufel ist in mich
gefahren, ich brenne, ich brenne lichterloh!" – „Mutter!" Friedrich schüttelte sie. „Mutter, was redest du da? Komm zu dir! Mein
Gott, du hast ja eine glühend heiße Stirn! Wart, ich bring dir Wasser!" Die Mutter griff nach ihm. Sie hielt ihn fest. „Geh nicht."
Sie stöhnte gequält und blickte ihn aus ihren tief in den Höh-
len liegenden Augen an, als nehme sie ihn erst jetzt wahr. „Fritz,
mein Fritzchen, sei mir ein lieber Sohn, ich bitt dich, schließe
mich in deine Gebete ein. Es sind nur Lügen, die du dort draußen zu hören bekommst, nur Lügen." Sie tat noch einen schweren Seufzer, fiel dann zurück und schien im gleichen Moment fest
eingeschlafen zu sein.

Friedrich holte tief Luft. Unschlüssig harrte er bei ihr am Bette aus und versuchte sich zu erklären, was sie wohl diesmal so arg
um den Verstand gebracht hatte. Vielleicht sollte er den Onkel
Simon, ihren Bruder, zu Rate ziehen, obwohl dem selbst derzeit
einiges zu schaffen machte. Der Oberförster Brandis war seinen
gesetzwidrigen Holzgeschäften auf die Schliche gekommen und
lauerte wie ein Luchs darauf, ihn auf frischer Tat zu ertappen.
Er ging jedem Marktklatsch und jeder Wirtshausprahlerei mit einem Eifer nach, so dass man sich nicht nur bei ihnen in Bellersen
sondern auch anderen Orts fragte, wie er zudem noch seiner Tochter die Hochzeit auszurichten vermochte.

Die Hochzeit! Friedrich erhob sich nun von den staubigen
Bohlen. Er warf einen letzten Blick auf die jetzt ruhig daliegen-
de Mutter. Ihr Mund war leicht geöffnet und leise pfeifend kam
ihr Atem. Kopfschüttelnd holte er einen Krug Wasser und stellte ihn ihr hin. Er würde später noch einmal nach ihr sehen und
hoffte, dass sie dann in einer etwas besseren Verfassung war.

Lügen. Was denn nur sollte ihm an Lügen zu Ohren kommen? Lügen über sie? Sie lebte doch schon völlig zurückgezogen und mischte sich in keinerlei Angelegenheiten der Dorfgemeinschaft ein. Was also konnte man ihr nachsagen? Sie war eine alte und wunderlich gewordene Frau mit schwindenden Kräften an Körper und Geist, mehr nicht. Er wusste niemanden, der ihr arg gesonnen war. Und damit verscheuchte Friedrich die ihm durch den Kopf schießenden Fragen und letztlich auch die Besorgnis.

Er ging hinters Haus und entledigte sich seiner die Nacht über getragenen Kleidung, wusch sich über den Wassertrog gebeugt und rieb sich so lange kräftig trocken, bis er, angenehm durchblutet, Hermine Brandis vor Augen hatte, die junge Braut, die er schon mehrere Male beim Baden im nahen Fluss beobachtet hatte. Nur in einem dünnen Hemd war sie hinein gestiegen, und er hatte sich der Vorstellung hingegeben, ihren gertenschlanken und wohl geformten Körper eng an sich zu drücken, mit ihm zu verschmelzen, und sein Herz hatte derart heftig gepocht, dass er hatte fürchten müssen, sie könne es hören und entsetzt über sein wollüstiges Begehren zu ihrem Vater eilen, um ihn öffentlich züchtigen zu lassen.

Ach was! Friedrich schnaubte verächtlich und klatschte sich mit dem feucht gewordenen Tuch auf die nackten Schenkel. Er hätte die Schmach mit erhobenem Haupt ertragen. Aber heut nahm ja der Jud die Hermine zu sich und würde sie wohl noch in dieser Nacht schwängern. Da blieb ihm nur, sie sich nachher beim Tanz zu greifen und sie wenigsten einmal fest in die Hüften zu kneipen, um sie in seinen Armen lustvoll juchzen zu lassen.

So staffierte er sich denn auch sorgfältig aus, mit senffarbener Hose, Schnallenschuhen und dem neuen, himmelblauen Rock, den er sich vom Geld seines Onkel Simons hatte schneidern lassen. Bevor er aber den Weg zum Festplatz nahm, schaute er noch beim Dorfschmied herein und überbrachte ihm die Nachricht, die ihm der Onkel aufgetragen hatte. In der Nacht zum Montag solle er sich mit seinem Gespann bereit halten, eine größere Fuhre geschlagenen Holzes müsse hoch zur Weser gekarrt werden und man sammle sich zum Abtransport auf der Lichtung bei der allein stehenden alten Eiche. Der Schmied nickte und musterte Friedrich ernst. – „Du weißt, was es mit dem Ort auf sich hat?" – „Ei, freilich. Es ist ein guter Platz, die Stämme zu verladen. Ich hab da schon etliche Male Schmiere gestanden." – „Genau dort hat man deinen Vater tot aufgefunden. Hat man's dir nie erzählt?" – Friedrich war augenblicklich wieder betrübt. – „Doch, ja. Aber was hilfts, sich dessen ständig ins Gedächtnis zu rufen? Sein Grab hat er auf dem Friedhof, wie sich's gehört." – „Dennoch nimmt's dein Onkel immer wieder als Treffpunkt. Ich an seiner Stelle würd den Platz meiden." – „Warum das? So nahe stand er dem Vater nicht." – Der Schmied zuckte die Achseln und meinte nur noch, der heimliche Baumschlag im Brederholz sei ohnehin schon riskant genug geworden und er werde jetzt ein allerletztes Mal dabei sein. Friedrich wusste dem nichts entgegen zu halten. Nachdenklich aber zog er weiter, hörte dann bald schon aus nicht mehr allzu großer Entfernung, dass die Hochzeitskapelle sich bereits einstimmte.

Es war eine fröhliche Gesellschaft, zu der er stieß. Bleche mit ofenwarmen Kuchen wurden herumgetragen, man trank aus dampfenden Bechern und über der bei dem Brautvater stehenden Gruppe Grünberockter schwebten bläuliche Tabakwolken.

„Oh ha!", wurde Friedrich sodann vom Oberförster Brandis begrüßt, einem gedrungenen Mann mit wettergegerbtem Gesicht und einem dichten Lippenbart, „welch Glanz erstrahlt! Ein wahrer Elegant gibt uns die Ehre." Er lachte in die Runde. „Was glaubt ihr wohl, was ihm das feine Tuch gekostet hat? Wie viel Fuder Holz werden's gewesen sein?" – „Ich verdien es mir auf ehrliche Art!" – „Warum wirst dann rot bis hoch zur Stirn?" Der Förster trat dicht an ihn heran und senkte die Stimme. „Wir wissen beide, wem du es verdankst. Nimm dich in Acht, sonst ergeht's dir noch, wie deinem Vater." – Friedrich zwang sich, nicht gleich aufzubrausen. Der Vater. Erst der Schmied, und nun auch der Brandis. Was war das nur für ein Tag, an dem er selbst schon beim Aufwachen auf der Wiese den geliebten Vater vor Augen

gehabt hatte? – „Wollt Ihr schlecht über ihn reden? Das würd'
mir nicht gefallen!" – „I wo! Immer lustig war's, mit ihm zu feiern. Aber dein Onkel hat wohl befürchtet, er könne sich beim
Branntwein doch einmal verplappern. Drum kam ihm das Schnee-
treiben in jener Winternacht grad recht." – Friedrich war es, als
presse eine stählerne Faust seine Gedärme zusammen. Der Brandis sog an seiner Pfeife, fasste ihn am Arm und nahm ihn sacht
beiseite. „Höre, Friedrich, du bist im Grunde deines Herzens doch
ein anständiger Kerl. Ich hätte es sogar gern gesehen, wenn du
mit meiner Tochter zusammen gekommen wärst. Ja, ja, ich weiß
sehr wohl, dass du sie im Blick hattest, und gepasst hätte es allemal besser, sie einem Christen anstatt einem Jud zur Frau zu geben. Aber gut, ich will's nicht groß beklagen. Schmerzen allerdings
tut es mich, dass du dich von deinem Onkel in seine dunklen Geschäfte hineinziehen lässt, zumal er, und mit der Meinung stehe
ich wahrlich nicht allein, deinen Vater auf dem Gewissen hat.
Anders kann man's nicht nennen, wo er ihn allein im Wald hat
liegen und erbärmlich hat erfrieren lassen." – Friedrich schluckte. Doch die in ihm aufsteigende Übelkeit ließ sich nicht unter-
drücken. Er riss sich vom Förster los und schaffte es gerade noch
bis hinters Gebüsch. Lang blieb er dort, sich immer wieder krüm-
mend, und kalter Schweiß stand auf seiner Stirn. Er wollte nicht
glauben, was er soeben gehört hatte und konnte es doch nicht
aus dem Hirn bannen, wie pures Gift durchströmte es all seine
Glieder. Schließlich stakste er zurück zu einem der Tische und
ließ sich Schnaps einschenken, ein großes Glas voll und noch eins,
und er lachte ein böses Lachen und trank weiter und weiter, bis
sich alles um ihn herum drehte und er sich hoch empor geschleudert fühlte, direkt auf die blutrot untergehende Sonne zu.

So lag er denn in dieser Nacht und noch den ganzen Sonntag
über matt und mit dröhnendem Kopf in der Scheune, den fei-
nen Rock verdreckt, das Hemd weit aufgeknöpft und den Hosen-
bund geöffnet. Schwül war es in dem Schuppen und unzählige
Fliegen umschwirrten ihn, krabbelten ihm über Gesicht und die
bloßen Arme. Irgendwer musste ihm einen Kübel Wasser gebracht

haben, die Mutter womöglich, gehört oder gar gesehen hatte er niemanden. Ihm war hundeelend. Der Onkel, der ihm Lohn und Brot gebende Onkel, ein umtriebiger Handelsmann, gewiss, der bei so mancherlei zwielichtigen Geschäften seine Hand im Spiel hatte, aber kaltblütig den eigenen Schwager verrecken zu lassen, nein und nochmals nein, das konnte, das durfte schlichtweg nicht wahr sein. Denn was sollte ihn zu derart Entsetzlichem getrieben haben? Hatte er doch sogar einmal bei ihren Erkundungen im Gehölz inne gehalten und mit Blick zum Himmel hinauf inbrünstig des Vaters gedacht. Eine gute Seele sei er gewesen, bei all seinem Hang zur maßlosen Zecherei, sonst wäre wohl kaum ein so aufrechter Knabe unter seinem Dache aufgewachsen. Lieb wie einen Bruder habe er ihn gehabt, und diese Liebe wolle er auch seinem Spross angedeihen lassen, dem Vatersohn. Tränen waren ihm dabei über die Wangen geflossen, das konnte nie und nimmer geheuchelt sein.

Friedrich warf sich auf dem Stroh herum. Es dunkelte bereits, in wenigen Stunden würde er mit dem Onkel zusammentreffen und wusste nicht, wie er ihm begegnen sollte, denn der vom Brandis gesetzte Stachel saß tief, trotz allem was er dem Ohm zugute hielt und ihm verdankte.

Die Zeit verrann. Schließlich konnte Friedrich den Aufbruch nicht länger hinausschieben. Er streifte den dunklen Kittel über und nahm den hinter dem Elternhaus zur Schlucht hin führenden Weg. Keine Menschenseele schien sonst noch unterwegs zu sein. Der Mond war von Wolken verhangen, er gab kaum Licht, und nur hin und wieder erklang der Ruf einer Eule. Friedrich näherte sich dem Waldrand, als es plötzlich im Gebüsch rascheln hörte. Die Zweige wurden beiseite geschoben, und der Forstaufseher Brandis, im grünen Jagdrock, den silbernen Wappenschild am Arm und die gespannte Büchse in der Hand, trat heraus. – „Friedrich, ich glaubte, dich gewarnt zu haben." – Friedrich blickte zu Boden. – „Ich hab nichts Unrechtes im Sinn." – Er sprach derart leise, dass der Förster ihm das Kinn hob und es fest presste. – „Dann sag mir, in welchem Stück des Waldes dein Onkel in dieser Nacht zu schlagen gedenkt." – „Davon weiß ich nichts." – Brandis verstärkte seinen Griff. – „Willst du, dass der Mord an deinem Vater auf ewig ungesühnt bleibt? Wie ist's dir denn dabei, dieser Canaille weiterhin zur Hand zu gehen?" Er brachte sein Gesicht nah an Friedrichs bleich gewordenes Antlitz. „Hör, Friedrich, sobald ich deinen Onkel der Gerichtsbarkeit überführt hab, nehm ich dich zu mir in den Dienst, das gelob ich dir, bei allem, was mir heilig ist. Du wirst bei mir in anständiger Gesellschaft sein, und auch um das Wohl deiner Mutter wird man sich kümmern. Aber jetzt halt mich nicht länger hin." – Friedrich entzog sich mit einem heftigen Ruck der Hand des Grünberockten und stapfte zornig mit dem Fuße auf. – „Was quält ihr mich?!" – Er merkte, dass ihm der Hals eng ward. – „Wie soll ich denn wissen, ob es wahr ist, was mit meinem Vater geschah? Ihr könnt es Euch ebenso gut zusammengesponnen haben, um mich zum Verrat und zur Rache anzustiften!" – Just in diesem Moment knackte ein Ast und Brandis drehte sich überrascht um. Wie aus dem Nichts stand Simon vor ihm, und Friedrichs Augen weiteten sich vor Entsetzen. Der Onkel schwang die scharfe Axt und spaltete mit einem gewaltigen Hieb den Schädel des Försters. Blut und eine glibberige Masse spritzten, Brandis fiel rücklings zu Boden, und Friedrich glaubte, ohnmächtig zu werden.

Doch schon herrschte der Onkel ihn an. – „Wirf ihn in die Schlucht, den üblen Verleumder, man wird denken, er sei auf einen Felsbrocken gestürzt!" – „Nein!" – „Mach kein Geschrei! Tu, was ich dir sage, und beeil dich damit. Ich muss meinen Trupp gen Norden hin beordern, ich warte dann bei der alten Eiche auf dich!" – „Nein! Nein! Du hast den Brandis erschlagen, da ziehst du mich nicht hinein! Oh, mein Gott, welch Satan hat dir die Hand gelenkt?!" – Der Onkel gab ihm keine Antwort mehr. Er wischte rasch die Axt im Grase ab und ehe Friedrich sich versah, war er im Dunkel des Waldes verschwunden.

Friedrich zitterte am ganzen Leib, Panik erfasste ihn, er wollte davon rennen, weit weg, bis ans Ende der Welt, doch zugleich war er wie gelähmt. Immer wieder musste er auf den vor ihm liegenden toten Brandis blicken, auf seine blutig klaffende Stirn, die starren Augäpfel, gläsernen Murmeln gleich.

Ein Mord.

Er hatte einen Mord mit ansehen müssen, er hatte ihn nicht verhindern können, der Onkel hatte nicht eine Sekunde gezögert, und das wohl allein, weil er sich zu Unrecht beschuldigt fühlte. Nein. Friedrich schüttelte verzweifelt den Kopf. Nein, damit und auch mit nichts anderem ließ sich diese Wahnsinnstat rechtfertigen. Es war ein Verbrechen, das weiteres Unheil nach sich ziehen würde, dessen war Friedrich sich sicher, denn zu einem Unglücksfall umbiegen ließ es sich nicht, so scharfkantig war kein einziger Stein im Geröll der tiefen Schlucht. Was aber sollte er tun?

Noch einmal dachte Friedrich an Flucht und fragte sich, wie weit er bis Tagesanbruch kommen könne, um unerkannt weiterzuziehen. Er verwarf es gleich wieder, wäre man dann doch in der hiesigen Gegend davon überzeugt, er habe den Förster auf dem Gewissen.

Friedrich machte ein paar Schritte, unsicher waren sie, aber es gelang ihm schließlich dennoch, den schmalen Pfad tief in den dunklen Wald zu nehmen. Überall ragten Baumstümpfe hervor, manche mehrere Fuß über der Erde, wie sie am besten zu schlagen gewesen waren, und je näher Friedrich der Lichtung mit der alten Eiche kam, desto deutlicher hörte er aus der Ferne das Gerumpel der Karren.

Der Onkel stand, seine Axt in den hohlen Stamm gehauen, mit in die Seiten gestemmten Fäusten da, den Blick verdüstert. – „Du hast lange gebraucht, den räudigen Hund zu beseitigen." – „Onkel! Es lässt sich nicht vertuschen, wie der Brandis ums Leben kam." – „Was soll das heißen? Hast du keinen Finger gerührt?" – Friedrich atmete tief durch. – „Warum? Warum hast du den Forstmann erschlagen? Ich will's genau wissen. Hatte er Recht mit dem, was er mir über dich und den Vater gesagt hat?" – „Du zweifelst an mir?" Der Onkel fuhr sich durchs dünne Haar, trat einen Schritt vor und legte die Hand auf die Brust. „Gerade du? Das

Herz bricht es mir, wenn mein eigen Fleisch und Blut das Wort eines Obrigkeitsknechtes über das meine stellt!" – „Dein Fleisch und Blut?" – Der Onkel schien es zu überhören. – „Hier lag er, der bedauernswerte Trunkenbold, steif schon seit Stunden, keinen Mucks mehr hat er getan. Ich konnt ihn nicht selbst zu euch nach Hause tragen, allein das ist wahr. Der elendige Brandis war mir auf den Fersen. Er hat mich nicht erwischt, drum dreht er's jetzt so, dass ich Hilfe unterlassen hab." – „Du nennst mich dein Fleisch und Blut?" – Simon fasste Friedrich an den Schultern, mit flackerndem Blick. – „Ja. Ja, weil du's bist!" – Er stieß es hinaus, sein Atem war heiß. – „Weil ich dich gezeugt hab! Weil der, der dir Vater war, längst keine Kraft mehr in den Lenden hatte! Du, Friedrich, du bist mein leiblicher Sohn!" – Friedrichs Lippen zuckten, ein Rauschen war in seinen Ohren. Oh, mein Gott! Mit der Schwester, mit der eigenen Schwester hatte Simon es getrieben! Welch ungeheuerliche Sünde! Die Sünde der Mutter, ihrer beider Sünde! Der Teufel, der in sie gefahren war! Die Lügen, die er zu hören bekommen werde! Lügen nur Lügen! Von allen!

Das Gesicht des Onkels verschwamm, wurde zur Fratze.

Nein, das war nicht sein Vater! Sein Vater war lieb, hatte ihn lieb gehabt. Sein Vater war kein Lügner, kein Mörder, riss ihn auch nicht mit sich ins Verderben.

Friedrich wischte sich über die Augen, schluckte trocken, und wie von starken Fäden gezogen schnellten seine Arme vor und seine Hände legten sich um Simons Hals, um den Hals des Mördervaters, drückten zu, fest und immer fester, eine Ewigkeit lang.

Später, sehr viel später in der Nacht verscharrte er die Leiche unter der alten Eiche und ging ruhigen Schrittes von dannen. Im gebirgigten Westfalen hat man ihn nie mehr gesehen.

Willi Voss
... so ich dir

Nach dem unsinnigen Streit über das angeblich wieder einmal zu
salzlose Essen war sie nur widerwillig zum Freundesabend mitge-
gangen, hatte geahnt, dass die Geschichte ihres „Versagens" noch
nicht ausgestanden war. Aber sie hatte nicht die Kraft gehabt, eine
neue Auseinandersetzung durchzustehen, und sich Polts Wunsch
trotz böser Vorahnungen gebeugt. Die Treffen mit seinen Waf-
fensammlern waren ihm heilig, obwohl sie nicht selten zu Besäuf-
nissen und bisweilen von ihm ausgelösten gewaltsamen Streitereien verkamen.

Wie immer langweilte sie sich unter den Damen, mit denen
sie auf der einen Seite des Stammtisches die banalen Dinge des
Alltags beschwatzte, während die Männer auf der anderen rauch-
umwölkt den Erwerb ihrer vermeintlich oder tatsächlich histo-
risch bedeutsamen „Stücke" verklärten, um schließlich mit Hilfe
von Spielkarten den Bedeutungskrieg weiterzuführen. Zwischen
ihnen übervolle Aschenbecher, nie völlig geleerte Biergläser und
die Tischglocke, mit der unter kindischem Gegröle eine immer
wieder neue Runde eingeläutet wurde.

Am liebsten wäre Elsbeth in den Regen hinausgelaufen, der
seit ihrer Ankunft aus einem trüben Himmel goss, oder hätte getrunken, um ihre Gedanken an Flucht und Trennung zu vertrei-
ben.

Aber sie war geblieben, hatte ihr Nachgeben bei schalem Mi-
neralwasser wie immer als notwendigen Beitrag zum häuslichen
Frieden erklärt und sich lustlos an dem elenden Geklatsche der
Frauen über Nachbarn, Ausländer und Kinder beteiligt.

Polt trank natürlich.

Wieder einmal würde er unfähig sein, den Wagen nach Hause
zu lenken. Jeden Mittwoch das gleiche absehbare Spiel: Er würde
sie auffordern, ein Taxi zu bestellen, und die immer wieder als neu
verkaufte Anweisung lallen: „Morgen, gleich morgen meldest du
dich bei der Fahrschule an, damit du endlich den Führerschein

kriegst, Else. Wir sind sehr viel unabhängiger, wenn du den Lappen hast."

Wir? Elsbeth presste die Hände an die Schläfen. Die letzten Stiche fielen. Polt ließ die schwere Rechte klatschend auf die Karten fallen.

„Gefecht, Schlacht und Sieg!", brüllte er und stieß sein Bierglas von der Tischplatte.

Gelächter. Er klopfte sich ausgelassen auf die prallen Schenkel, stolz, seine Spielfeinde niedergerungen zu haben.

„Jetzt wird es aber auch Zeit", drängte die Bernsen und nickte ihrem rundlichen Mann aufmunternd zu.

„Hast ja Recht", stimmte Bernsen freundlich zu. „Wird Zeit. Schon wegen dem Kind, ja."

Polt hob witternd den Kopf und runzelte die Stirn: „Wie, bei euch hat es schon wieder gefunkt?"

„Und ob!", sagte Bernsen und blickte seine Frau stolz an.

„Dabei haben wir gar nicht mehr damit gerechnet", sagte sie verlegen. „In unserem Alter."

„Das dritte", sagte Bernsen. „Aber dann is Schluss, dann wird brav die Pille genommen, nö, Mutter?"

Sie nickte hastig. Polt stand auf, wich dem Kellner aus, der mit Besen und Schaufel auftauchte, um die Glasscherben zusammenzufegen.

„So'n Glück", sagte er und schlug Bernsen kumpelhaft auf die Schulter. „Bei euch rumpelst wie bei den Karnickeln, bei uns dagegen ..." Er warf seiner Frau einen bitterbösen Blick zu. „... bei uns, da ist einfach Essig."

„Musste mal mit Rammeln versuchen", feixte Elberfeld und schob den rechten Daumen zwischen Zeige- und Mittelfinger.

„Damit hat das nix zu tun", stieß Polt wütend hervor. „Damit nicht!"

„Womit denn, he?"

„Das frag mal meine Alte", zischte Polt. „Die weiß genau, an wem es liegt!"

„Bitte, Heiner!", flehte Elsbeth entsetzt, die verstörenden Bilder des nachmittäglichen Streits vor Augen. Wenn es um ihre Kinderlosigkeit ging, konnte er noch unangenehmer werden.

„Ist doch wahr!", schrie Polt mit schriller Stimme. „Oder stimmt es nicht, dass du 'ne leere Schachtel bist, he? Leer, kaputt, alle – verdammt noch mal, so ist es doch!"

„Nein", sagte Elsbeth mit dünner Stimme. „Und das weißt du ganz genau!"

Polt lief rot an.

„Willst du damit sagen, dass ich ...?"

„Ja", sagte sie, entschlossen, sich nicht wieder erniedrigen zu lassen. „Ich habe es schwarz auf weiß, dass nicht ich, sondern du ..."

„Du verdammte Schlampe!", brüllte er wie verwundet und stürzte auf unsicheren Beinen und mit wutverzerrtem Gesicht auf seine Frau zu. Er stieß Bernsen, der sich ihm in den Weg stellte, an die Wand und schlug auf Elsbeth ein. „Du Miststück", schrie er. „Reicht dir wohl nicht, dass du mich all die Jahre quälst, jetzt willste mich auch noch vor meinen Freunden lächerlich machen, was?"

„Heiner", flehte Bernsen. „Lass das!"

„Ich lass mich nicht beleidigen, nicht von der! Wenn se meint, dass sie es nicht ist, soll sie es doch mal mit einem anderen versuchen." Er drehte sich wutentbrannt um, entdeckte den Kellner, der die Scherben zusammenfegte. „He, Ali", rief er und deutete auf seine Frau. „Willst du sie haben? Du kannst es machen mit ihr, dann wird man ja sehen."

„Das geht zu weit", sagte Elberfeld entsetzt. „Heiner, das geht wirklich zu weit!"

„So'n schöner Abend", murmelte die Bernsen und schüttelte fassungslos den Kopf. Elsbeth erhob sich. Ihr Gesicht war kreidebleich. Blut rann ihr aus der Nase auf die Lippen. Sie nahm ihre Handtasche und flüchtete vom Stammtisch. Kurz vor der Tür drehte sie sich um. Sie wirkte jetzt gefasst, geradezu kühl.

„Das wird dir noch leid tun", sagte sie mit atemloser Stimme.

Polt lachte meckernd und drohte ihr mit der Faust.

„Du bist betrunken", sagte Elberfeld kopfschüttelnd.

„Eines Tages bring ich das Miststück noch um!", schrie Polt.
Elsbeth ging hinaus in den Regen.

Sie trank ihren Tee, ohne ihn anzusehen. Den Morgenrock hatte sie bis zum Hals zugeknöpft, als wollte sie ihm damit klarmachen, dass er seine Rechte an ihr und ihrem Körper verloren hatte.

„Ich war nicht mehr Herr meiner Sinne", versuchte er eine lahme Entschuldigung. „Ich hatte zu viel Klaren zum Bier und ... und dann das blöde Gerede von dem Baby ... dass die Bernsen wieder schwanger ist. Da ist mir wieder alles hochgekommen ... Du weißt doch, wie gerne ich ein Kind hätte, das hier endlich für Leben sorgen würde."

Sie schwieg.

„Ich weiß ja, dass es nicht sein kann", fuhr er fort. „Ich meine, ich hab mich damit abgefunden, dass die Natur es nicht gut mit dir meint. Es hat ja bisher auch ohne funktioniert, ich meine ... es ist eben, wie es ist, und ich entschuldige mich auch, und dass es nicht wieder vorkommt, das verspreche ich dir."

„Lässt du dich untersuchen?"

Sein Kopf ruckte hoch.

„Was soll der Blödsinn jetzt wieder!"

„Das ist kein Blödsinn. Ich weiß, dass ich gesund bin und Kinder bekommen kann. Willst du die Bescheinigung lesen?"

Er sprang auf und riss den Frühstücksteller mit sich.

„Hör auf damit", bellte er sie an. „Ich weiß genau, dass es nichts mit mir zu tun hat."

„Was macht dich so sicher?"

Obwohl er sich zu beherrschen versuchte, ballte er die Hände. Seine Kiefer mahlten.

„Weil ich's weiß, verdammt noch mal!" Er lachte gepresst. „Und weil es einfach absurd ist, was du mir unterstellst. Hast du das endlich verstanden?"

Sie nickte.

„Ja", sagte sie. „Ich habe verstanden. Du willst mich also wei-

226

ter demütigen, obwohl das Problem mit einer simplen Untersuchung aus der Welt geschafft werden könnte."

„Ich will dich nicht demütigen, ich will, dass wir den Ausrutscher vergessen und wie vernünftige Menschen miteinander leben. Das muss doch möglich sein!"

„Nein", sagte sie nach kurzem Schweigen. „Die letzten Jahre reichen mir, deine Versprechen, deine ..."

„Willst du etwa die Scheidung?"

„Wirst du dich untersuchen lassen?"

„Das ist lächerlich! Mir reicht's!" Er warf einen Blick auf die Küchenuhr. „Außerdem muss ich los. Und eine Scheidung ..." Seine rechte Hand machte einen Schlenker. „Nicht mit mir. Sonst lernst du mich noch richtig kennen! – Richtig", wiederholte er mit drohendem Unterton.

Sie schwieg. Polt nahm seine Tasche und ging zur Tür. Sein rechter Zeigefinger stach auf sie zu: „Mir gingen nur mal die Nerven durch, aber du, du kommst mir gleich auf die miese Tour. Ich warne dich!"

Sie hörte seine Schritte und die Haustür, die kurz danach ins Schloss fiel.

Elsbeth erhob sich und ging ans Fenster. Sie sah Polt, der in den Wagen stieg, einen Polt, der nichts mehr mit dem charmanten jungen Mann zu tun hatte, den sie einst geheiratet hatte. Zeugungsunfähiger Ignorant, dachte sie bitter, während die Bilder seines Zornausbruchs sie an die vielen anderen Demütigungen während der langen Ehejahre denken ließ. Sie hatte immer wieder zurückgesteckt, hatte gehofft, dass er sich fangen, dass er irgendwann zur Besinnung kommen würde. Aber ... nein, der Zug ist abgefahren, dachte sie. Ihre guten Gefühle für ihn waren jedenfalls erloschen, die bösen aber keimten und produzierten grelle Rachebilder.

„Scheidung?" Ihre Schwester schüttelte den Kopf. „Denk mal daran, was ihr euch alles aufgebaut habt. Das schöne Haus, die Einrichtung ... das geht doch alles kaputt, wenn du jetzt die Nerven verlierst."

„Eines Tages schlägt er mich tot."

„Und warum gehst du nicht zum Arzt?", fragte Jette. „Heutzutage gibt es doch Möglichkeiten. Künstliche Befruchtung. Dein Mann bekommt, was er sich wünscht, und du, du hättest deinen Frieden."

„Polt hat seine eigene Logik", sagte Elsbeth abwinkend. „Er will nicht *ein*, er will *sein* Kind. Aber das ist ihm versagt – allein ihm. Und das will er nicht wahrhaben. Das ist krank. Außerdem kann ich nicht mehr, nicht nach dem, was gestern geschehen ist. Ich kann einfach nicht mehr!"

„Überhastete Entscheidungen sind selten gut", sagte Jette. „Warum kommst du nicht einige Tage zu uns? Wenn du dich wieder beruhigt hast, sieht die Geschichte bestimmt ganz anders aus."

„Begreif doch bitte, dass nicht ich, sondern er das Problem ist", sagte sie.

„Soll ich mit ihm reden?"

„Willst du, dass er mich umbringt?"

„Das klingt, als wärst du wirklich durch den Wind."

„Ja, das bin ich. Aber nicht mehr lange, glaub mir."

„Was hast du vor?"

Elsbeth reckte das Kinn.

„Er wird sich wundern", sagte sie entschlossen, nahm ihre Handtasche und verabschiedete sich von ihrer Schwester.

So einfach aber war es nicht. Wenigstens nicht in dem lieblos auf Profit getrimmten Café des Einkaufszentrums, in dem gelangweilte Hausfrauen, frustrierte Paare und anhangslose Männer bei Kaffee und Kuchen saßen. Trostlose Gestalten, die mehr mit sich als mit ihrer Umgebung beschäftigt waren. Der hübsche Blonde mit dem sympathischen Gesicht, dessen scheu fragende Blicke sie mit einem aufmunternden Lächeln beantwortet hatte, war vor Ehrfurcht geradezu erstarrt, hatte in seiner Aufgeregtheit seinen Café Latte verschüttet, aber nicht den Mumm gehabt, ihr das entscheidende Signal zu senden.

Geklappt hatte es erst an der Kasse des Schuhladens.

Ein großer, zur Fülle neigender Mann mit angegrauten Haar und einem gesund gebräunten Gesicht trat einen Schritt beiseite.

„Gehen Sie nur vor", bot er ihr an. „Ich habe alle Zeit der Welt."

„Ich werde auch nicht gerade gehetzt", sagte sie.

„Daraus sollten wir doch was machen, nicht wahr?" sagte er.

Er hatte sie zum Spanier eingeladen. Sie hatten Tapas und Salat gegessen, einen ordentlichen Roten aus Navarra getrunken und munter miteinander geplaudert. Herbert Winter hatte nur wenig von sich preisgegeben. Dass er Trainer im Polizeisportverein sei und in der Vorstadt in der Nähe des Stadions wohne, weit weg vom Trubel der Stadt, liiert mit einer in die Jahre gekommenen Dame, einem Golden Retriever. Nein, verheiratet sei er nicht mehr, aber er habe eine Tochter, vierzehn Jahre alt, die ihn an jedem zweiten Wochenende besuche.

„Und du? Hast du Kinder?"

„Ein sehr böses", sagte sie, was sie sich seit Tagen zurechtgelegt hatte. „Vierundvierzig Jahre alt, gemein und gewalttätig, besonders dann, wenn er getrunken hat."

„Wieso verlässt du ihn nicht?"

„Will ich ja, aber ..."

Sie zeigte ihre offenen Hände und schwieg.

Auch dann noch, als Herbert ihr anbot, bei ihm einzuziehen.

Erst Wochen später, ihr mittwöchliches Beisammensein war längst zur Gewohnheit geworden und nicht ohne Folgen geblieben, erzählte sie ihm alles.

„Ich verstehe nicht, warum du nicht endlich die Konsequenzen ziehst", sagte Herbert. „Du musst da raus, ehe es zu spät ist. Alleine die Vorstellung, dass du mit ihm im gleichen Bett schläfst ... bitte, Elsbeth!"

„Wenn ich ihn verlasse und er herausfindet, dass ich von dir ein Kind bekomme, dann bringt er dich gleich mit um."

„Ich spreche noch heute mit den Kollegen von der Kripo. Die wissen, was in einem solchen Fall getan werden kann."

„Was können die denn schon tun, solange nichts passiert ist?"

„Ja, das ist richtig", sagte Herbert. „Aber tun musst du was. Lange dauert es nicht mehr, bis auch der übelste Ignorant deinen Zustand erkennt. Bitte, Elsbeth, gib dir 'n Ruck. Wenn du erst mal hier bist, werden wir schon eine Lösung finden."

„Ich kann nicht", sagte sie und schüttelte den Kopf. „Gib mir noch ein bisschen Zeit – bitte!"

Polt spulte seine Tage ab wie eh und je. Aufstehen, Frühstücken, Arbeiten, Heimkommen, ein bisschen Gartenarbeit und nach einigen Bieren vor dem Fernseher der „verdiente" Schlaf. Man musste ja für den nächsten Tag frisch und gerüstet sein. Nur ganz selten für's Bett. Da spielte sich sowieso nur dann etwas ab, wenn der selbstvernarrte Herr höchsten Notstand hatte. Dass Elsbeth sich weiterhin seinen mittwöchlichen Freundesabenden verweigerte, brachte ihn zwar immer wieder auf die Palme, aber nach Wochen vergeblichen Auffordern nahm er es schließlich als „blödes Zickengetue" hin. Und dass Elsbeth seit einiger Zeit selbstbewusster auftrat, geradezu fröhlich und ausgeglichen war, rechnete er sich und seiner „Toleranz" zu und nicht ihrer Entschlossenheit, sich gegen seinen Beherrschungsanspruch zu behaupten, ja, ihn aus seinem Machosattel zu stürzen. Sicher war, dass er nichts von ihrem Verhältnis und erst recht nichts von ihrer Schwangerschaft ahnte.

Aber Herbert hatte Recht, das Anschwellen ihres Unterleibs ließ sich nicht länger verheimlichen. Höchste Zeit, Polt die Rechnung zu präsentieren. Und zwar dort, wo es ihm besonders weh tun würde.

Auf dem Platz lief das Training. Sie standen im Schatten der Umkleidekabinen. Herbert war verschwitzt. Er atmete heftig und griff nach ihren Händen.

„Liebling, ganz wohl ist mir nicht bei der Sache."

„Den Vorschlag hast du gemacht!"

„Weil ich Angst um dich habe!"

„Nicht auch um dich?"

Herbert zog sie an sich.

„Nein", sagte er. „Nur um dich. Weil ich dich liebe." Er nickte bekräftigend, seufzte. „Also gut, ich halte mich bereit."

„Heute Abend gehe ich mal wieder mit", sagte sie, als ihr Mann vor der Garderobe stand und nach seinem Mantel griff. Er blickte sie überrascht an.

„Wird auch höchste Zeit, dass du vernünftig wirst. Ich bin's langsam leid, dauernd neue Krankheiten zu erfinden."

„Krankheiten?"

„Ist ja auch krank, so wie du dich aufgeführt hast. Aber ich sag dir eins: Wenn du dich verplapperst und mich in die Pfanne haust, mach ich dir echt Stress. Ist das klar?"

„Ich werde schon die richtigen Worte finden", sagte sie, ehe sie ihm den Rücken zukehrte und nach oben ging, um ihre wichtigsten Sachen zu packen.

Es lief wie immer. Nach dem eher gedämpften Hallo die immer gleichen Sprüche, Bier, Schnaps, Rauchschwaden und das Gerede über die heiß geliebten Waffen. Elberfeld überschlug sich geradezu, als er davon berichtete, wie er seine Konkurrenten beim Kauf einer seltenen Boss-Flinte ausgestochen hatte. Seine Frau berichtete über die Hausdurchsuchung beim stellvertretenden Bürgermeister, die den Beweis seiner Bestechlichkeit und ihn in Untersuchungshaft gebracht hatte. Dann ging es um den Ausländeranteil in der Schule, den neuen Pfarrer und den nächsten Urlaub, während die Männer zu den Karten griffen und ihre seit den Jugendtagen verinnerlichten Sprüche losließen.

Herbert saß am Tresen und bemühte sich, so teilnahmslos wie möglich zu erscheinen, obwohl ihm seine Unruhe deutlich anzusehen war.

Elsbeth lächelte in sich hinein. Sie fühlte sich gut. Die zwei Gläser Sekt, die sie sich gegönnt hatte, hatten daran sicherlich ihren Anteil. Aber es war die spannungsvolle Erwartung, sich endlich von Polt zu befreien, die wohlige Schauer über ihren Rücken fließen ließ.

Sie wartete, bis die Männer ihre Karten fallen ließen und die Gewinne und Verluste errechneten, stand auf und ging auf Polt zu, der angesichts seiner Verluste verbiestert vor sich hinstarrte.

Sie beugte sich zu ihm herab und flüsterte ihm ins Ohr.

Polt drehte den Kopf. Ungläubig starrte er seine Frau an, lachte und sprang auf.

„Ist das wahr? Ist das wirklich wahr?"

„Wirklich und wahrhaftig", sagte Elsbeth und trat einen Schritt in Richtung Tresen zurück.

„Ich kann's nicht fassen, ich kann's einfach nicht fassen", schrie Polt wie von Sinnen. „Leute, ich hab's geschafft, ich kriege ein Kind! Ich kriege ein Kind!"

„Du oder deine Frau?", fragte Bernsen und grinste.

Gelächter.

Polt winkte ab.

„Champagner", brüllte er in den Saal. „Vom besten und alles, was ihr sonst noch wollt!" Er sah seine Frau aus noch immer mit vor Freude glänzenden Augen an. „Meine Güte, Elsbeth", sagte er wie erlöst. „Du kannst dir nicht vorstellen, wie glücklich du mich machst."

Elsbeth lächelte. Sie sah zu Herbert, der vom Barhocker stieg.

Sie schüttelte den Kopf.

„Freut mich, dass du es so aufnimmst", sagte sie triumphierend, während sie auf Herbert, ihren Geliebten, zeigte. „Aber gratulieren musst du ihm. Er ist der Vater."

Sieben Monate später, als das Tötungsdelikt vor Gericht verhandelt wurde, gaben die Tatzeugen übereinstimmend zu Protokoll, Polt habe wie vom Donner gerührt, ja, geradezu gelähmt mit weit aufgerissenem Mund mindestens eine halbe Minute lang zwischen Elsbeth und seinen Freunden gestanden. Er habe den Eindruck gemacht, als habe ihn der Schlag getroffen. Dann aber, wie tödlich verwundet schreiend, er werde sie auf der Stelle umbringen, habe er einen Bierkrug ergriffen und ihn mit aller Kraft auf sie geschleudert. Dass der Krug sie verfehlt und stattdessen Herberts Kopf getroffen habe, sei reiner Zufall gewesen.

Ein Zufall, so entschied dann das Gericht, der den Mordvorwurf entkräfte und die Tat als Totschlag ausweise. Polt wurde zu sieben Jahren Haft ohne Bewährung verurteilt. Schon in der ersten Nacht erhängte er sich am Zellengitter.

Elsbeth zog ihren Sohn allein auf.

Hellmuth Opitz
zbV

Genau 241 Tage ist es jetzt her, dass ich meinen Vater wieder-
getroffen habe. Ich weiß es noch wie heute: Es war ein Samstag-
vormittag im Juni. Die Sonne tauchte die Gebäude rund um die
Binnenalster in ein rötliches Licht, im Innern des Museums aber
merkte man davon nichts. Mein Vater kam mir mit einem Lächeln entgegen, die linke Hand wie einen Mützenschirm über die
Augen gelegt, als blende ihn etwas. Bei genauerem Hinsehen war
das Lächeln eher grobkörnig und verwischt. War es überhaupt
ein Lächeln? Aber das war doch unverkennbar er: Die dichten,
glatten, lackschwarzen Haare straff zurückgekämmt, die rasierten Schläfenpartien, der etwas scheue, jungenhafte Blick. Seine
Uniformjacke war aufgeknöpft wegen der Hitze. Er stand etwas
im Hintergrund, neben ihm ein Kamerad, der die Jacke gleich
ganz ausgezogen hatte und mit verschränkten Armen im Unter-
hemd posierte. Ich trat ein paar Schritte zurück und rempelte dabei einen älteren, gut gekleideten Mann an, der zusammen mit
seiner Frau die Ausstellung besuchte. Sein empörter Blick wich
einem verständnisvollen Nicken, als ich mich rasch für mein Un-
geschick entschuldigte. Eigentlich war auch ich zusammen mit
meiner Frau für ein verlängertes Wochenende in Hamburg. Ines
besuchte eine Freundin in Winterhude, ich hatte also bis zum
späten Nachmittag Zeit für mein eigenes Programm. Spontan
hatte ich mich entschlossen, in die Ausstellung zu gehen. Und hier
war ich unverhofft meinem Vater begegnet. Das Foto war als Quer-
format auf etwa zwei Meter Breite und anderthalb Meter Höhe
hochgezogen worden. Im Zentrum des Motivs stand ein Mann,
der anscheinend von deutschen Soldaten aufgestöbert worden
war. Er trug eine Schiebermütze, eine etwas zu weite Hose, ein
ehemals weißes, jetzt verschmutztes kragenloses Hemd und darüber Hosenträger. In seinen weit aufgerissenen Augen zeigte sich
ein angstflackernder Blick. In der Hand hielt er eine Schaufel, hinter ihm eine ausgehobene Grube. Rechts neben dem Mann stand

ein deutscher Offizier, der ihn um fast zwei Haupteslängen überragte. Er lachte in die Kamera und lehnte sich mit seinem Unterarm auf die Schulter des verängstigten Mannes. Auf der linken Seite ein Soldat, der ebenfalls breit grinste und eine Pistole in der Hand hielt. Im Hintergrund vier weitere Soldaten, darunter mein Vater. Oder war er es doch nicht? Ich versuchte, mich zu beruhigen. Wenn eine Radarfalle ein solches Foto von einem Autofahrer schießen würde, könnte sich der betroffene Raser ohne Mühe herausreden: „Das bin ich nicht!" Dennoch blieb ein nagendes Gefühl beim Betrachten des Fotos zurück. Die Informationstafel neben dem Bild verstärkte das Unbehagen noch: „Ende Mai 1942: Nach der Kesselschlacht bei Charkow haben deutsche Soldaten der 6. Armee einen versprengten Partisanen aufgegriffen. Er muss sein eigenes Grab schaufeln und wird wenig später erschossen." Mein Vater war Soldat in der 6. Armee gewesen. Diese faktische Übereinstimmung, die für sich genommen noch gar nichts bedeuten musste, versetzte mich indes in einen Zustand hektischer Aktivität. Ich zückte mein Handy und machte ein paar rasche Nahaufnahmen von dem Bild, insbesondere von der Figur, die ich für meinen Vater hielt. Einige Besucher schauten misstrauisch her, das Museumspersonal wurde aber nicht aufmerksam. Die Auflösung dieser Bilder reichte mir aber noch nicht. Ich verließ die Ausstellung, kaufte mir in einem Elektrofachgeschäft in der Nähe extra eine taugliche Digitalkamera und schoss damit ein paar detailliertere Fotos. Eine Frau sprach mich an: „Ich glaube, hier ist Fotografieren nicht erlaubt", sagte sie. „Oh, das habe ich nicht gewusst", sagte ich mit bedauernd zuckenden Schultern und ging rasch meiner Wege. Ich wollte jetzt etwas wissen, was ich eigentlich nicht wissen wollte.

Vater ist in seinem Sessel weggedöst, als ich die Tür seines kleinen Eckzimmers öffne. Sein Kopf hängt seitlich herunter, die frisch gewaschenen Haare fallen locker, in den eisgrauen Strähnen steckt immer noch ein Hauch von dem Lakritzschwarz einstiger Tage. Ich schaue ihm beim Schlafen zu, wie er dahindämmert mit vorgeschobener Unterlippe. Ich habe ihm ein paar Mandarinen mitgebracht, die er gern mag und die ich beim Aufwachen schälen werde. Sie schmecken frischer als alles, was er hier serviert bekommt. Seit anderthalb Jahren ist er jetzt im Johannisstift. Es war abzusehen, als meine Mutter vor zwei Jahren starb, dass er nicht lange allein klarkommen würde. Sie hatte noch für einen Rest Mobilität gesorgt, denn es war ihm zunehmend schwerer gefallen, mit seiner Beinprothese zu laufen, schließlich hatte er einfach keine Lust mehr gehabt, seinen Oberschenkelstumpf jeden Tag in den Schaft der Prothese zu quetschen. Waren sie vorher immer eingehakt gegangen, musste meine Mutter jetzt den Rollstuhl mit diesem kräftigen Mann schieben. Sie war, obwohl sieben Jahre jünger als er, eine abgearbeitete Frau und kurzatmig. Eines Morgens hatte sie einen Herzanfall erlitten. Man hatte sie rasch ins Krankenhaus gebracht und dort war es gelungen, sie kurzzeitig zu reanimieren. Dennoch starb sie nur wenige Stunden später. Bei ihrer Beerdigung hatte mein Vater zu mir gesagt: „Ab jetzt lebe ich nicht mehr. Ich existiere nur noch." Obwohl der ambulante Pflegedienst sich ab sofort ganztägig um ihn kümmerte, ihn wusch, verpflegte und spazieren fuhr, war es nur wenige Monate später vorbei. Bei meinem Vater zeigten sich demente Schübe. Er kündigte große Familienfeste an, für die er mitten in den Vorbereitungen stecke, und von denen niemand etwas wusste. Schließlich hatte er telefonisch einen Partyservice mit dem Catering für 40 Leute beauftragt. Die Platten mit den Salaten, dem Fleisch, den Fisch-, Wurst- und Käseschnittchen trafen eines Sonntagsmittags ein, als der Pflegedienst ihm gerade sein Essen auf Rädern brachte. Der Mann vom Pflegedienst rief mich sofort an, gut 600 Euro kostete die nicht stattfindende Familienfeier, die uns endgültig klar machte, dass wir etwas anderes für meinen Vater finden mussten. Dann war alles überraschend schnell gegangen: Im Johannisstift war ein Zimmer frei geworden, das evangelische Pflegeheim lag nur zwanzig Autominuten von uns entfernt. Der permanente Betreuungs- und Pflegerhythmus tat Vater zunächst gut, er war zeitweilig sehr klar und beschwerte sich dann über den

Gestank auf dem Flur, besonders am späten Nachmittag, wenn bei den intensiv pflegebedürftigen Bewohnern die Windeln für die Nacht gewechselt wurden und die Zimmertüren halb offen standen. „So ist das hier im Heim", hatte mein Vater einmal sarkastisch gesagt, „es riecht nach Reiniger und Multivitaminsäften, nach Sauberkeit und Gesundheit, und dazu ein feiner Hauch von Scheiße." Doch in den letzten fünf Monaten hat mein Vater rapide abgebaut. Er schläft tagsüber viel, spricht überhaupt nicht mehr, stößt stattdessen in unregelmäßigen Abständen knarrende Laute aus. Er fährt auch nicht mehr zum Essen in den Speisesaal, man muss es ihm bringen. Währenddessen läuft den ganzen Tag das Fernsehen, mein Vater schaut gar nicht hin, aber er scheint zuzuhören. Besonders gefallen ihm die nachmittäglichen Zoosendungen, vermutlich, weil dort ein Sprecher mit einer unglaublich beruhigenden Bassstimme die Texte spricht. Mein Vater wiegt dann seinen Oberkörper hin und her. Mich packt wieder einmal das schlechte Gewissen. Ich glaube, ich bin schuld an diesem erneuten geistigen Verfall. Während ich vor mich hin starre, wacht Vater auf. Ich weiß nicht, ob er mich noch erkennt. Er brummt, fast so tief wie der Sprecher in den Zoosendungen. Ich schäle die Mandarinen und reiche sie ihm. Doch er will heute nicht. Es ist jetzt genau fünf Monate her, dass ich ihm die Fotos von der Ausstellung gezeigt habe.

Noch in Hamburg erzähle ich Ines von meiner Vermutung. Sie schaut sich die Fotos auf dem Kamera-Display an und sagt trocken: „Das kann sonstwer sein." Dennoch lässt es mir keine Ruhe. Wieder zu Hause, stöbere ich in der Familienfotokiste. Ich stoße auf ein Foto, das meinen Vater mit seinen beiden besten Freunden in Uniform zeigt, direkt vor dem Rathaus ihrer Heimatstadt Oschatz in Sachsen. Ich weiß sogar noch ihre Namen: Bosselt Rudolf und Hitzfeld Heinz. So wie mein Vater sie immer nannte, den Hausnamen zuerst: Bosselt Rudolf war im Mai 1940 gefallen, erschossen in Flandern von einem belgischen Scharfschützen, Hitzfeld Heinz, „der mit der Nahkampfspange", war

vermisst gemeldet, als Fallschirmjäger vermutlich über Kreta ab-
geschossen worden. Mein Vater war vom ersten Kriegstag an
dabei gewesen: Polen, Belgien, Frankreich, schließlich der Russ-
landfeldzug, Heeresgruppe Süd. Die 6. Armee rekrutierte sich
hauptsächlich aus sächsischen und bayerischen Einheiten. Am
16. November 1942 wurde mein Vater in Stalino schwer verwundet, „ein Granat-Volltreffer auf unseren LKW, es gab mehrere
Tote, ein paar Leichtverletzte, einen Schwerverletzten und der
war ich." Meinem Vater musste das linke Bein amputiert werden. „Im Nachhinein ein Glück", sagte er immer, „sonst wäre ich
in Stalingrad dabei gewesen." Nur drei Tage nach der Verwundung meines Vaters hatte die sowjetische Offensive begonnen, die
zur Einkesselung der 6. Armee führte. Ich hatte diese Geschichten über den Krieg immer gern gehört, sie entspannen sich zumeist sonntags nach dem Mittagessen. Nur selten gab es dabei
Streit um moralische Schuld und Generationsversagen, vermutlich weil mein Vater offen zugab, an die Sache des Nationalsozialismus zunächst bedingungslos geglaubt zu haben. „Junge, ich
habe meine Lektion daraus bitter lernen müssen", sagte er dann
oft, „nie wieder Krieg und tritt bloß nicht in irgendeine Partei
ein." Interessanter aber als diese Lehre fand ich immer die eigent-
lichen Fronterlebnisse. Sie ließen sich nicht in eine zusammen-
hängende Geschichte einfügen, es waren einzelne Bilder, die sich
meinem Vater eingebrannt hatten und die er immer wieder erzählte. Wie sie flüchtende französische Soldaten verfolgten und
in einem Hohlweg auf ein totes Artilleriepferd trafen. Das Pferd
stand aufrecht, bis zum Bauch versunken in einem Schlammloch.
„Die Franzosen haben es erschossen, weil seine Befreiung zu lang
gedauert hätte", meinte mein Vater, „schade drum: ein riesiges
Pferd." Ein anderes Erlebnis betraf den Polenfeldzug. Es war in
der Nähe von Lublin: Ein polnischer Scharfschütze hatte morgens früh einen Soldaten mitten beim Rasieren erschossen. Schnell
stand fest, dass er von einem Kirchturm aus feuerte. „Wir bau-
ten die Achtacht-Flak auf und rasierten dafür den Kirchturm,"
sagte mein Vater und schaute wie ertappt wegen zu viel Begeiste-

rung und Leidenschaft. Ich fragte ihn oft, ob er selbst Menschen erschossen habe. „Das weiß ich nicht genau", antwortete er, „ich war Schütze eines schweren MGs. Die Entfernungen waren so groß, ich kann es nicht mit Sicherheit sagen." Ich glaubte ihm das nicht so recht, insistierte aber nicht weiter. Einmal fragte ich ihn, ob er im Krieg denn auch auf Juden getroffen sei. Er erzählte eine Begebenheit, die sich nach Eroberung eines Dorfes hinter Charkow abspielte. Der Hauptmann seines Zuges, „ein fieser, sadistischer Kerl", hatte einen ca. 30jährigen Mann aufgetrieben, der sich im Verschlag einer Hütte versteckt hatte. „Dieser Saujude", wie der Hauptmann höhnisch sagte, hatte sein Grab ausheben müssen, wurde dann aber wider Erwarten nicht erschossen, sondern angstschlotternd, wie er war, an nachfolgende SS-Einheiten übergeben. „Man kann sich vorstellen, was die mit ihm gemacht haben", schloss mein Vater die Erzählung. An diese Begebenheit musste ich auf der Rückfahrt von Hamburg denken. Sie hatte eine gewisse Ähnlichkeit mit dem Fotodokument aus der Ausstellung. Zuhause angekommen, versuchte ich, etwas über die 6. Armee zu erfahren. Es gab im Internet eine Vielzahl von Einträgen. Ein Großteil davon stammte aus Quellen wie Wikipedia oder dem Lexikon der Wehrmacht, die aber zumeist das objektive Datenmaterial paraphrasierten. Es gab einen Abschnitt, der sich neben den Funktionen als reiner Kampfverband mit den Kriegsverbrechen der 6. Armee beschäftigte. Offiziere eines bestimmten Armeekorps seien an der Planung des Massakers von Babyn Jar beteiligt gewesen, hieß es, bei der im September 1941 innerhalb von zwei Tagen über 33.000 Juden ermordet wurden. In Charkow hatte nach diesen Aufzeichnungen ein SS-Sonderkommmando im Einvernehmen mit dem Generalstab und der Feldkommandantur eine „Judenaktion" vorbereitet: Dabei wurden im Dezember 1941 mehr als 20.000 jüdische Männer, Frauen und Kinder aus Charkow in ein Barackenlager außerhalb der Stadt „evakuiert" und anschließend von der SS erschossen oder in einem Gaswagen erstickt. Das Foto von der Ausstellung, auf dem, wie ich vermutete, mein Vater zu sehen war, ließ keine systematische Arbeitsteilung zwischen SS und Wehrmacht erkennen. Es zeigte die übliche militärische Praxis, mit Partisanen kurzen Prozess zu machen. Beruhigen konnte mich diese Erkenntnis keineswegs.

Am letzten Mittwoch hat mich die Stationsschwester beiseitegenommen. „Wenn er weiter so rapide abbaut wie in den letzten Monaten", sagte sie, während sie diverse Pillen in die Morgens-/Mittags-/Abends-Nischen der Medikamentstreifen zählte, „wird er bald komplett bettlägerig sein. Er schläft tagsüber viel, nachts dafür kaum. Dabei geben wir ihm abends schon starke Schlaftabletten." Und dann erzählte sie von einem Erlebnis. Während einer Nachtschicht hatte sie in einem Seitentrakt zu tun gehabt und zufällig einen Blick aus dem Fenster auf den Ostflügel des Gebäudes geworfen. Alle Fenster seien dunkel gewesen, die Gardinen vorgezogen, nur das Gesicht meines Vaters habe sie in einem der Fenster erblickt. Erhellt von der Nachtbeleuchtung der Eingangstür habe er einfach hinausgestarrt, auf das Rondell der Feuerwehrzufahrt. „Und das nachts um vier, es war unheimlich", sagte die Schwester und in ihrer Stimme schwang ein leichter Vorwurf mit, als könne ich etwas für die nächtlichen Eskapaden meines Vaters. Für einen Moment ergriff wieder das schlechte Gewissen von mir Besitz. Vor fünf Monaten hatte ich meinem Vater die Fotos von der Ausstellung in Hamburg gezeigt. Ich hielt ihm das Display der Digitalkamera dicht vor das Gesicht: „Kannst du dich daran erinnern?", fragte ich ihn, „weißt du, wo das war?" Mein Vater kniff die Augen zusammen. „Bist du das auf dem Bild, Vater?", fragte ich nun eindringlicher, weil keine Reaktion kam. Mein Vater brummte nur. Eine Illusion, jetzt eine Antwort zu erwarten. Die Hilflosigkeit macht mich einen Moment lang wütend: „Bist du das?!" Mein Vater brummte noch unwilliger, wiegte den Oberkörper hin und her und wandte den Kopf ab. Es war zwecklos gewesen. Von da an, so kam es mir zumindest vor, hatte sich sein Zustand stetig verschlechtert. „Sie werden bald Pflegestufe drei beantragen müssen", unterbrach mich die Stationsschwester in meinen Überlegungen, „das heißt auch, wir werden das Zimmer Ihres Vaters für die Intensivpflege umräumen müssen. Das Bett kommt in die Mitte des Zimmers, es muss von beiden Seiten zugänglich sein. Das heißt natürlich, dass Sie noch einiges aus dem Zimmer entfernen müssen." Ihre Stimme war jetzt frei von jedem Vorwurf und hatte wieder den Ton sachlicher Bestimmtheit. Am Freitagnachmittag holte ich vorsorglich einige Dinge ab: einen Sessel, einen runden Tisch, einen Sack mit Kleidung und eine Kiste mit Büchern, Fotos und anderen Unterlagen. Als ich diese Dinge in unseren Heizungskeller räumen wollte, rutschte mir auf der Treppe die Bücherkiste aus der Hand, rollte hinab und landete auf der Seite. Mehrere Bücher und Klarsichtfolien fielen heraus und lagen verstreut auf dem Kellerboden. Als ich sie einsammelte, entdeckte ich in einer zusammengefalteten und mit Tesafilm verklebten Folie ein verwaschenes grünes Büchlein. Ich nahm es aus der Folie heraus, es steckte in einem kleinen, ebenso hellgrünen Schutzschuber. Auf dem Schuber stand in Frakturschrift das Wort „Wehrpaß", darunter war ein rechteckiger Kasten, in den mit roter Schrift das Wort „Heer" eingestempelt war. Ich hatte nichts davon geahnt, dass dieses Dokument noch existierte, ich hatte es für verschollen gehalten und nun das.

Ich entstamme einer Familie von Kriegsversehrten. Ich bin ihr unverhoffter Nachkömmling, ein Spätgeborener. Sowohl meine Mutter als auch mein Vater hatten schon eine Familie gehabt, bevor sie Mitte der 50er Jahre erneut heirateten und ich drei Jahre später auf die Welt kam. Der erste Mann meiner Mutter war wenige Tage vor Kriegsende gefallen, von einem Scharfschützen erschossen vor einer Kaserne in Norditalien. Die erste Frau meines Vaters hatte sich scheiden lassen, nachdem er beinamputiert aus Russland heimkam. Bis auf die wenigen Erlebnisse, die mein Vater sonntags erzählte und die meine Mutter ungern hörte, war der Krieg ein zwar immer anwesendes, aber selten zur Sprache kommendes Thema. Die dunkle Zeit, sie war bei uns zu Hause

kein Klischee, sondern ein Familiengepäckstück. Wie ein Tief-
druckgebiet lastete sie auch 20 Jahre danach auf dem Gemüt meiner Eltern. Das wurde besonders abends spürbar, wenn wir nach
dem Abendbrot in der Stube saßen, ich auf dem Boden spielte
und meine Eltern Radio hörten. Eine Traurigkeit, die alle mund-
tot machte. Es ging uns wie vielen Deutschen. Die moralische
Schuld dieses Krieges schlug der Generation meiner Eltern die
Instrumente der Trauer aus der Hand. Wer zu den Taten schweigt,
darf von Erlittenem nicht sprechen. Irgendein ausländischer Politiker hatte das gesagt oder zumindest so ähnlich. Dennoch war
bei meinen Eltern das Gefühl da, für diesen Krieg gebüßt zu haben – und zwar nicht zu knapp. „Wenn jemand für den Krieg
bezahlt hat, dann ja wohl unsere Familie", hatte meine Mutter
einmal in plötzlich aufwallendem Zorn hervorgestoßen. Als Kind
hatte ich nur ungefähr geahnt, was sie damit meinte. Erst später,
als ich einige Wahrheiten mehr kannte, wusste ich, in welchem
Ausmaß die beiden Familien meines Vaters und meiner Mutter
gezahlt hatten. Der ein Jahr ältere Bruder meiner Mutter war gefallen, ihr erster Mann ebenso. Mein Vater hatte sein Bein verloren und daraufhin seine Frau. Der Mann seiner Schwester fiel
1942 in Russland. Im Mai 1945 schließlich, als die Amerikaner
in einer Nacht- und Nebelaktion Westberlin gegen das eigentlich
von ihnen eroberte Sachsen und Thüringen getauscht hatten, mar-
schierten die Russen auch in Oschatz ein. In den folgenden Tagen
kam es zu massenhaften Vergewaltigungen. Auch die Schwester
und die Mutter meines Vaters waren nicht verschont geblieben.
Mein Großvater, der als Kriegsgefangener der Russen im ersten
Weltkrieg gesehen hatte, wie russische Soldaten eine Baracke mit
kranken und verwundeten deutschen Soldaten angezündet hatten, war daraufhin vor Angst und Scham in einen Steinbruch gegangen und hatte sich hinabgestürzt. Meine Eltern hatten für ihr
Empfinden wahrlich genug gebüßt für eine Schuld, die sich nach
ihrer Meinung in anfänglicher Begeisterung, Mitläufertum, Weg-
schauen und Ignoranz erschöpfte. Sie erlebten Geschichte als
Strafprozess, ihr Urteil: Lebenslange Trauer, die nicht nach au-

ßen getragen werden durfte. Vielleicht hatte ich deshalb nie das Bedürfnis, meiner Elterngeneration ihre Schuld vorzuhalten. Sie trugen ihre Schuld längst. Und dennoch war meine Kindheit fröhlich. Nicht unbeschwert, aber fröhlich.

Vorsichtig zog ich den Wehrpaß aus dem Schuber. Er war noch einmal in hellgraues dünnes Umschlagpapier eingebunden. Auf ihm prangten der Adler auf dem Hakenkreuzsymbol, wiederum das Wort „Wehrpaß" und die Waffengattung „Heer". Ich blätterte auf, auch das ganz behutsam, denn die Seiten waren lappig und brüchig zugleich. Auf der dritten Innenseite schaute mich das mit Ringösen befestigte Foto meines Vaters an. Er sah ein wenig aus wie ein Lehrling, schaute scheu in die Kamera wie jemand, der leicht in Verlegenheit zu bringen war. Die Ähnlichkeit mit dem Ausstellungsfoto war da. Zweifellos. Auf den Folgeseiten fanden sich Angaben zur Person – Fremdsprachenkenntnisse: Englisch (nicht fließend), Führerscheinklasse 2 – sowie Musterungseinträge. Am 19. Juli 1937 wurde er in den aktiven Wehrdienst eingestellt als Soldat der 17. (E.-M.G.) Kompanie des Infanterie-Regiments 31 in Glauchau. Dann folgten die Zugehörigkeiten zu den Dienststellen des Heeres. Kurz vor Kriegsbeginn war die Einheit meines Vaters dem 5. Kompanie- und Nachrichten-Regiment 549 zugeteilt worden. Den nächsten handschriftlichen Eintrag konnte ich nicht entziffern, lediglich die Zeile „im Nachrichten-Regiment zbV 604" war mit Mühe zu lesen. Dann ein Stempel, dem zufolge mein Vater drei Monate vor seiner schweren Verwundung zur „Gen.-Kp./N.E.A. 13" übergewechselt war, bevor er nach seiner Verwundung vorübergehend zur Reserve nach Leipzig versetzt wurde. Im Oktober 1943 schließlich schied er aus dem aktiven Dienst aus. Der Doppelseite „Beförderungen und Auszeichnungen" war ein behutsamer Aufstieg zu entnehmen: Gefreiter, Obergefreiter, schließlich Unteroffizier zbV. Schon wieder dieses Buchstabenkürzel. Natürlich wusste ich, was es im Wortsinne bedeutet. Nur war im Zusammenhang mit dem Ausstellungsfoto, auf dem ich meinen Vater vermutete, die Begrifflichkeit „zur besonderen Verwendung" keine Formel, die mich sonderlich beruhigte. Ich recherchierte und stieß im Netz auf eine recht neutrale Definition: *Die Kennzeichnung ist, soweit bekannt, nicht mit besonderen Privilegien oder Pflichten verbunden, allerdings werden zbV-Soldaten bzw. -Agenten bevorzugt zu Spezialaufgaben herangezogen, zu denen beispielsweise auch Risikoeinsätze gehören. Ein zbV-Offizier ist meistens eine Vertrauensperson des Befehlshabers.* Diese Definition war nicht so eindeutig, wie ich zunächst befürchtet hatte, sie ließ Raum für harmlose Erklärungsvarianten, die mir aber partout nicht einfallen wollten. Die Rubrik für „Auszeichnungen" war eng bekritzelt. Mein Vater hatte das Eiserne Kreuz I. + II. Klasse erhalten, das Feuerabzeichen und die Ostmedaille. Je intensiver der Krieg geführt wurde, desto kürzer wurden die Abstände zwischen den Auszeichnungen. Die nächste Doppelseite war randvoll mit Eintragungen, auf der rechten Seite waren sogar noch Papierschnipsel aufgeklebt, um weitere Einträge aufnehmen zu können: Unter der Überschrift „Aktiver Wehrdienst" waren die „im Kriege mitgemachten Gefechte, Schlachten, Unternehmungen" aufgeführt. Es begann mit „Grenzkämpfe in Westpolen", dann folgten „Vorstoß auf Warschau", „Schlacht bei Radom" und „Abschlussgefechte ostwärts der Weichsel". Ein halbes Jahr später war Belgien der Schauplatz. „Durchbruch zum Ärmelkanal", Schlacht bei Maastricht", „Durchbruch durch die Dyla-Stellung", „II. Schlacht in Flandern" waren die Stichworte, nahtlos schloss sich Frankreich an: „Durchbruchsschlacht an der Somme und Oise", „Verfolgung bis zur Marne", „Verfolgung bis zur Seine", „Einmarsch in Paris", ich überflog die Eintragungen nur noch, ein gutes Jahr später das Unternehmen Barbarossa, der Ostfeldzug: „Juli 1941 Durchbruch durch die Stalin-Linie", „Verfolgungskämpfe bis zum Dnjepr", „Schlacht im Raume ostwärts Kiew", im Herbst 1941 „Abwehrkämpfe im Donez-Becken", sie zogen sich bis Mai 1942 hin, dann las ich „Abwehrschlacht bei Charkow" und weiter „22.5.–27.5.1942: Kesselschlacht südwestlich Charkow", meine Augen hetzten zum nächsten Punkt: „Juni 1942: zbV im Operationsgebiet der Heeresgruppe Süd". Da war es wieder: zbV, da passte der Schauplatz: Charkow. Ich konnte kaum weiterlesen, die weiteren Punkte „Teilnahme an der Operation Blau", „Vorstoß auf Stalingrad", „16.11.1942: Verwundung bei Stalino" interessierten mich kaum. Die Worte „Charkow" und das Kürzel „zbV" flimmerten vor meinen Augen. Zwei Tage nach diesem Fund war ich in das Zimmer meines Vaters marschiert. Ja, marschiert. Ohne Begrüßung. Ich hielt ihm das Display der Digitalkamera vor Augen, dann den Eintrag in seinem Wehrpass. Ich fragte: „Warst du dabei?" und „Bist du das?" Mein Vater gab einen knarrenden Laut von sich, wandte den Kopf ab, sein Oberkörper bewegte sich heftig angesichts meiner eindringlichen Lautstärke. Für einen Moment schien es mir, als habe er doch aus den Augenwinkeln einen Blick auf das Ausstellungsfoto geworfen. Ich streckte ihm die Kamera noch einmal entgegen. Aber es war eine Täuschung. Es war nichts aus ihm herauszubringen, er kniff nur die Lippen zusammen.

Heute morgen hat mich die Stationsschwester angerufen. Sie sagte in einem eigentümlich beschwingten Ton: „Ihr Vater ist heute Nacht eingeschlafen." Ich fühlte mich seltsam erleichtert. Vielleicht war ich auch nur überrascht von der Nachricht, eine Bestürzung wollte sich nicht einstellen. Nun sitze ich hier an seinem Bett. Sein Gesicht hat eine gelbliche Färbung, die Haare sind dünn und wie mit Pomade an den Kopf geklatscht. Wie zierlich zusammengeschnurrt dieser einst stattliche Mann jetzt wirkt! An seinem 85. Geburtstag hatte ich ihn bei einer Feier in einem Ausflugslokal in einem stillen Augenblick in seinem Rollstuhl sitzen sehen und gedacht: So wird er vielleicht im Tod aussehen. Und genau so sieht er jetzt aus. Ich stupse mit einem Finger gegen seinen Oberarm. Er ist hart wie Holz. Die Totenstarre hat wohl seit längerem eingesetzt. Die Schwester kommt ins Zimmer, drückt mir ihr Beileid aus, das ich mechanisch entgegennehme. Bevor ich noch fragen kann, was der Arzt auf den Totenschein geschrieben hat, sagt sie: „Herzversagen. Muss in den frühen Morgenstunden passiert sein. Einfach so im Schlaf. Besser und leichter geht es nicht." Und dann sagt sie: „Ich habe hier noch etwas für Sie." Sie drückt mir ein halbiertes Briefkuvert in die Hand. Ich schaue hinein und sehe ein knappes Dutzend Tabletten. Schlaftabletten. Ich schaue auf zu ihr. Sie nickt nur und drückt mir die Hand. Dann verlässt sie das Zimmer. Wenig später sind die Bestatter schon da. Sie heben den steifen Körper meines Vaters wie ein leichtes Brett auf eine Trage, packen ihn in ein schlafsackähnliches Gebilde aus Kunstleder. Die nüchterne Sachlichkeit ihrer Handgriffe lässt meine Lippen zittern. Ich presse sie zusammen. Als die Männer den Reißverschluss zuziehen, fällt eine Schutzlasche auf das Gesicht meines Vaters. Ich verliere die Fassung, erst draußen im Auto beruhige ich mich etwas. Ich rufe Ines an, erzähle ihr ein wenig, erwähne die Tabletten aber nicht. Kurz bevor ich den Motor starte, schaue ich noch einmal auf das Display meines Handys mit dem Ausstellungsfoto. Nein, so richtig ähnlich sieht es ihm eigentlich nicht.

Karin Irshaid
In finstrer Zeit

befand ich mich in einem dunklen Wald
weil ich den rechten Weg verloren hatte

Die Nacht liegt auch am Tag
zwischen den Bäumen
die Bäume hören nicht auf
Wald zu sein
sie wachsen weiter
so weit du auch läufst
sie wachsen
immerzu

Höre
jeder Baum bietet dir Brot nimmst du zehn wachsen tausend und
weisen dir den Weg eine Gabe des Waldes und beim ersten Morgengrau kehrst du heim glühend wie Erz dein Gesicht die Finger steif gekrümmt vom festen Griff des Beils vom Schwung der
Hiebe und jeder spürt die Kraft die in deinem Körper steckt in
deinen Gliedern deiner Stimme und in deinem Blick mit dem
du am Abend ein Mädchen streifst und am nächsten Morgen zur
Hochzeit führst doch am übernächsten wird die Braut bereits
ein Bündel Kräuter brechen für dich um der Kraft ein Ende zu
setzen denn es gibt Ärger wenn die Kraft dich treibt und du dabei den Flaschenhals von Zeit zu Zeit zum Munde führst auf der
Türschwelle liegst und keine Ruhe findest

Warte bis die Sonne verschwindet sie rollt über die Wipfel der
Bäume und der ersehnte Krimi findet unter der Wolke statt im
Geraschel des Windes du gehst aus dem Haus und der Kopf fängt
zu summen an die Töne flüstern und weisen dir den Weg drei
Könige halten die Beute der Nacht und die ganze Welt kurvt
in den Wald hinein und horcht auf das Geheul der Bäume und

das Jagen des Himmels der dichtes Schneegestöber in die Kulisse
schickt zur Ausbeutung der rechten Stimmung und du bist dabei
wenn im waldnahen Haus eine Frau ihre Tür vor dem trunke-
nen Teufel dem Unhold dem Windigen verschließt und siehst
wie sie die Asche im Herd schürt und sich niederlegt zu ihrem
Sohn und kein Ohr hat für das Pochen das Gestöhn das von draußen kommt denn wer nicht hinhört hat auch nichts gesehen so
flüstert die Frau und schon hörst du die Geigen jaulen zum lal-
lenden Ruf vor der Tür hörst unter fernem Singsang die Windsbraut toben und zischen wie eine Schlange durchs Gebälk hörst
den Tamburin am Morgen das Ende anschlagen damit die Frau
danach in Ruhe ihre Trauer tragen kann zehn Jahre zehn Kreuze
das ist genug denn der Täter ist das Opfer und das Opfer ist der
Täter und der Tote ist ein steifes Brett und geistert als Gespenst
durch den Wald als ein Irrlicht im Dämmer und du Zuschauer
lausche fein und siehe dass du das Folgende nicht verpasst denn
es geht weiter Warte

Tags zerstechen die Bäume den Himmel er fehlt über diesem
Dorf im teutonischen Wald er fehlt über den Dächern der Häuser er fehlt über den Köpfen er wedelt geschrieben als Wort auf
dem Fähnchen vom Turm ein Fetzen vom Himmel genügt um
ihn anzuträumen um ihn zu besingen um ihn mit seiner Farbe
auf ein Schnipsel Papier zu malen
Blaulicht
für die Betrogenen

Vielleicht ist es ein Winter
oder nur ein Tag
an dem es schneit
vielleicht ist der Sommer
einfach nur vergessen worden

Vielleicht ist die Wiese ein Licht
und sickert in den Wald

wie ein Herz das bereit ist
eine Tür zu öffnen

Vielleicht schickt die Witwe
ihren Sohn hinaus
um in Sehnsucht wartend aus
dem Fenster zu schauen

Vielleicht hält da ein Mann
den Zauberspiegel in der Hand
um auf das Bild der Zukunft
einen Blick zu heften
und mit Zauberkraft
dem fremden Sohn zu leuchten
aus dem Mutterhaus
in den finstren Wald hinein
mit dem Gesicht voran die Luft durchschneidend während ihm
die Schöße des roten Rocks wie Feuerflammen nachziehen
Ach wie gut dass niemand weiß
Vielleicht ist die Naturstunde wie gemacht für diesen feurigen
Mann in dessen Pelz sich tausendfach Proteus verborgen hält
verhüllend sein Angebot
verhüllend seine Sprache
verhüllend seine Züge
deutlich sein Blick auf den Weg hinaus und der fremde Sohn ihm
folgend schwankend wie im Traum
Spielt weiter
dreht die Wortmaschine an und lasst die Bilder laufen Schwarz
und Weiß hinein in das Grau der Dämmer wer Gott nicht fürch-
tet erwischt den Teufel und blickt niemandes Niemand als verkümmertes Spiegelbild an
Kinonacht
Der Wald ist wie gemacht für Geister für Jäger Diebe Feen und
Rehe für Frevler Feuerteufel Täter und für seine Opfer für Träu-
mer Paare Mörder und Entdecker Kinder Kommissare und für

listige Pilze für Rotkäppchen und den Wolf für Hänsel und seine
Gretel für alle Hexen im Land für Märchenerzähler und Litera-
ten Verführer Ausländer und Verrückte für Politiker und Vampi-
re Baumfäller und todbringende Geister Verlaufene und Lebens-
müde und für Therapeuten für Schulklassen und Studenten für
Wilderer und Lumpenpack Schandbuben lichtscheues Gesindel für Blaukittel und für Liebhaber seltener Moose Fotografen
Holzbildhauer und für Baumflüsterer kein Zugang für Schlawi-
ner aber für das Fernsehteam denn alle möchten das Gruselstück
im Tatort sehen vor der guten Nacht
Zurück zur Natur Trügerisch Sonne und Mond Immer abwechselnd Das Bleiben ist nicht eingeplant
Schau dir die Flimmerbilder an das Dunkel überwiegt im Grün
in allen Nuancen sticht es in den Wald fließt durchs Unterholz
um in mörderischer Färbung durchs Dickicht zu ziehen du ju-
belst beim Anblick und sitzt kerzengerade die Ahnung lässt dich
vorab das ersehnte Schaudern spüren du wirst sehen was du weißt
das Bild steht vor dem Erkennen das Erkennen vor dem Bild aus
diesem Wald führt kein Weg heraus
Er waldet weiter soweit du gehst Deine Wahrnehmung ist Wald
Wald als Wald
Der Wald wächst in den Köpfen hinter der Stirn auf den Lippen
in der Sprache unter den Füßen in der Nase in den Augen im Blut
verzweigt er sich in den Adern wie ein Fluss der sich schäumend
ins Meer ergießt und alles mit sich reißt
Kein Entkommen
selbst wenn der Wald alle Blätter verlöre
und das Licht dir leuchten würde
du würdest ersticken
im Laub
unter Dornen
dein Antlitz verlieren
du würdest für immer ein Verirrter sein
Freiwild für
die Rächer die Gekränkten die Verschwörer Streiter Kämpfer Auf-

rührer Rebellen Empörer Partisanen für alle eine gute Gelegenheit um nach der Tat sämtliche Spuren zu verwischen

Chancenlos flimmert's durchs Unterholz der Blick zoomt mitten in den Zustand der Verkommenheit der Spot schmeißt lange
Schatten auf die Helden die Unhelden die Thronräuber auf die
Tücken die das Dickicht bereit hält Platz genug für alle sich zu
verstecken sich zu belauern und sich Tag und Nacht Schändlich-
keiten zuzuflüstern und zuzuschauen wie einer nach dem anderen in seinem eigenen Schlupfloch zu versinken droht
Wann ist ein Tag
an dem alle Vögel
im selben Augenblick
von den Ästen zwitschern
und das Licht
einen Spalt findet
und aufleuchtet
als fänden sämtliche Festtage
zu gleicher Zeit statt
und eine Waldwiese
wie bestellt
mit allen Blüten
an diesem Tag
lieblich prangt
um darauf ein
üppiges Fest
zu feiern
mit Jubel und Gelächter
an allen Enden
mit blauen roten und gelben
Gestalten
und ein Orchester
glänzend zu spielen versteht
und die erste Geige
die zweite

und eine große
Bassviole mit drei Saiten
von Dilettanten
mit großer Kraft und
vielem Anstand gestrichen wird
und dazu ein beliebter Tanz der
die Menschen von den Stühlen reißt
das wäre eine Gelegenheit
um mit allen
Engeln im Himmel das
Halleluja
anzustimmen
Hurra
Aber der Knalleffekt bleibt aus
Denn die Lichtung ist verwildert und bietet keinen Schutz das
Gras nicht hoch genug die Laster geschwind zu überwachsen
die Zeit ist ohne Zeit überall Müll Gerümpel Lumpen Hunde
Quecksilber die Armut ist aus dem Körper längst in den Kopf
gestiegen
Kein Laut Nirgends
Nur Gebrüll Gehechel Kampfgeschrei das Toben der Leiber und
irres Gelächter über die große unerträgliche Schmach Schande
und Niedertracht es bleibt nur Zeit das Bündel zu schnüren um
den Ausweg zu finden vergiss den Schatten nicht und lauf
in die weite Welt hinein
Disteln Schamkraut allerlei Gewächs
Gott ist Gold
Bete nur
Du wirst es glauben
Schau
Die lieben Seelen
Ganz deutlich
Von oben herab

Die Worte die du nicht kennst benutzt du nicht nimm sie in den

Mund und teste den Geschmack liebst du Rot Orange oder ein
leichtes Violett
Nein
Du kennst es nicht einmal Es kommt nicht vor zwischen den Bäu-
men Die Bäume haben alles verwirrt Die Wege sind verstreut
Niemand weiß mehr wo er hingehört Niemand will nichts wissen
Pssst
Du schaust gebannt angesichts der Düsternis nirgendwo Licht
der Wald ist ein Ort des Nichtentkommens der Finsternis ein Ort
der schwarzen Engel
Wohin du auch gehst dieser Wald klebt an dir wie ein Gewand
Weißt du noch Weißt du noch
Überall Getuschel jeder Baum richtet sich zu einem gewaltigen
Karwendsmann auf der langt mit seinen Fängen in den Himmel
und frisst das Licht und in der Nische das Rumpelstilzchen das
glaubt ein Feuer könne alles retten und schnurr schnurr schnurr
Stroh zu Gold das würde allen passen in dieser Krise aber es gibt
nichts umsonst noch halten die Wucherer den Faden zum Stol-
pern gespannt und brennen ein Mal in die Rinde des Baumes
heute back ich morgen brau ich und
übermorgen hol ich
die Unruhe hat den ganzen Wald ergriffen er zeigt Feinde auf der
einen Seite auf der anderen Seite ebenso Feinde allesamt sie lassen sich nicht umstimmen die pure Säure zieht durch den Wald
die Gefahr ist im vollen Gange
EIGENTLICH
ein sofort verbotenes Wort
ist der Wald kein Wald mehr er wächst wortlos dahin
das wird zu Buche schlagen Lügen dämmern durch den Unwald
und das Böse läuft vor seinem eigenen Schatten davon die Zuschauer sitzen gebannt wo ist die Obrigkeit fragen sie mit lauten
Stimmen und schauen auf die Wipfel der Bäume da hockt sie im
schwankenden Gipfel im dürren Geäst man sieht sie nicht man
ahnt sie nur und tafelt bedenkenlos und auf der höchsten Spitze
thront der freundlich lächelnde Hosenmatz sein Weitblick geht

von Ost nach West von West nach Ost von Wipfel zu Gipfel ohne
den Wald aus den Augen zu lassen aber kein Blick hinab auf die
Statisten Wanderer Förster alten Mütter auf Brautleute und Soldaten grüne Männchen auf die gesamte Waldwelt im Unterholz
ein Abstieg ist nicht eingeplant ein Aufstieg scheint unmöglich
man wipfelt unter sich
So ein Weltenspaß allerorts
In diesem Wald triffst du auf keinerlei Erinnerung der Wald will
kein Wald mehr sein die Vögel haben keine Fluglust und auch
die Bäume sind lieber unter sich
Zeit für Gesänge um dich auf Waldmusik einzustimmen und auf
das Unsichtbare auf das Unvorherseh- und nicht Berechenbare
auf die Irrlichter des Schattenwalds des tückisch wuchernden
Efeus auf das Fließen der Undurchsichtigkeit und der trügeri-
schen Träume auf die Nachtblumen und das Nisten der Verlore-
nen im Hagedornbusch der Wald finstert seine Farbe ist Tarnung
und du hast Lust auf Regen Nordwind nasse Kleidung verwilder-
te Frauen Kinder und die im Argen Gestrandeten die Lust auf
Wald und Blattwerk wird unterbrochen während die Kamera läuft
wie mit den Augen gesehen in tonloser Folge
Schwere Äste
überschatten
den mächtigen Stamm
eines Baumes
die drohenden Worte
geritzt
in die Haut
seiner Rinde
wachsen mit der Zeit
von Jahr zu Jahr
ohne die Form zu verlieren

Da hast du etwas auf das du dich verlassen kannst

Jetzt schallt das Echo wie ein Luftgebilde der Schatten einer Halbwelt aus fernen Wäldern in den Wald zurück Tag und Nacht verdichten sich der Himmel schmilzt in den Wald hinein ein Pappstern ist anstelle von Sonne und Mond in die Zweige gehängt er braucht das Licht um das weithin mürrische Grau kunstvoll zu beleuchten

Jetzt schlägt es zwölf im Turm und der Wald hat böse Augen und ist in seine kleinsten Teile zerlegt und zwingt dich auf die Knie und ferne Gesänge stimmen auf die Endzeit ein und in den Lichtspielhäusern wird gemeinsam gesungen einmal Wald immer Wald und niemand ist mehr verliebt aber jeder hat Lust auf Dosenbier Drogen Chips Popkorn und Langneseeis und der Wald ist trotzig und singt vom Grün und du ahnst das Waldsein ist gespielt während er stöhnt und ächzt wie mit der Axt getroffen und das Rumpelstilzchen hüpft weiter und lauert und ritzt die Buchstaben tiefer in die Rinde der schändlichen Haut und hofft dass das Harz sich schmerzlich rot färbt ehe die Zombies ihren Auftritt erhalten Lügen laufen in alle Richtungen angesichts der Verirrungen lässt du den Meister kommen

Du musst abwarten
damit die Moral
nicht im Raum
herumspringt
du musst deinen Kopf
festhalten
du musst innehalten
du musst lernen
nicht zu glauben
weil du die Arme hebst
du könnest
fliegen

Basta
Der Meister hebt den Zauberstab
Er sticht in die Wipfel der Bäume in das dichte Dunkelholz in den Föhrengrund durch Gräben Steinbrüche und das verdamm-

te Buschwerk er setzt Hunde ein lässt Hörner blasen und hallot
über die Grenzen hinaus dass die Luft zittert kein Vogel singt nur
die Raben krächzen langweilig aus den Ästen und halten ihre offenen Schnäbel dem Echo entgegen um das Verlorene wiederzufinden
Was ist es das verloren ging
Der Wald ist eine Phantasie der Meister predigt den Nichtwald
ein Kinderchor singt Wald im Trallalli der Töne beginnt die wilde Jagd ein echter Wald hält seine Bäume verborgen er gibt sie
nicht preis der entwaldeten Welt der Wald ist nur noch im Rätsel zu lösen ungeschickt die Antwort nicht zu kennen sein un-
sichtbarer Blick wirft Fragen auf
Das Publikum rauscht der Wald tönt in ihren Köpfen er wächst
in ihren Leibern mit seiner Wachswut wie er will endlich werden
die Hüllen fallen gelassen die Sündenböcke werden deutlich sichtbar die Zuschauer sagen Dankeschön und blicken mit Gier auf
die Nackten und die umsonst verborgenen Geschlechtsmerkmale
der Meister entwirft die letzte Szene der Baum ist waldumrankt
die Wildheit ist perfekt
Der Joker ist erkannt
Das hat dir der Teufel gesagt schreit das Männlein und stößt mit
dem rechten Fuß vor Zorn so tief in die Erde dass es bis an den
Leib hineinfährt dann packt es in seiner Wut den linken Fuß mit
beiden Händen und reißt sich selbst mitten entzwei

Das ist das Ende
sagt der Meister und zieht sich in die Natur zurück
Die Zuschauer schalten um der Wald ist nicht erträglich sonst hät-
ten sie sich mit ihm abgefunden
Gehen wir einfach
Der Wald hat gewonnen
Er hat die Gegenwart verschluckt

5   *... ich bin eine einsame Frau;*
     mein Kind ist nicht, wie einer,
     über den Vaterhand regiert hat.

Jenny Erpenbeck
Frisch und g'sund

Gleich, wenn man in die Kirche hineinkommt, im Vorraum
rechts, neben der Tafel mit den Namen der Gefallenen aus dem
Ersten Weltkrieg, sieht man die vielen Krücken der Geheilten,
auch künstliche Beine, die an die Wand gehängt sind oder einfach nur angelehnt da stehen. Der gegeißelte Christus, nach dem
die Kirche benannt ist, habe die Heilung vollbracht, an die die
überflüssig gewordenen Behelfe erinnern sollen, heißt es, und
obwohl diese Behelfe – manche der Prothesen sind nur Stöcke,
auf die Gurte aus Stoff aufgenagelt sind, andere wieder haben
erstaunliche hölzerne Gelenke, wie sie heute niemand mehr zu
bauen vermöchte –, obwohl also diese Behelfe allesamt sehr alter-
tümlich aussehen und im Laufe mehrerer Renovierungen längst
verstaubt sind, pilgern noch heute die Leute aus der Umgebung
zu der Kirche, um durch die Anbetung der verstaubten Reliqui-
en ihrer Hoffnung auf den Fortbestand der Wunder Ausdruck
zu verleihen.

Die Kainbacher Maria hatte sich von einer anderen Frau aus dem
Dorf im Auto mitnehmen lassen, die beiden wollen in der Kirche Kerzen anzünden, die Frau aus dem Dorf für ihren verstorbenen Mann, und die Kainbacher Maria für ihren Sohn, der
heute vor fünfzig Jahren auf die Welt gekommen ist. Hier in der
Gegend nennen die Leute diesen Tag den Tag der unschuldigen
Kindlein, und es ist Sitte, dass die Kinder mit einem Reisigbün-
del von Haus zu Haus gehen, die Erwachsenen mit dem Reisig
berühren und ihnen *frisch und g'sund* für das neue Jahr wünschen.
Frisch und g'sund, frisch und g'sund, lang leben, gesund bleiben!
Nachdem die beiden Frauen ihre Kerzen angezündet und vor
dem Altar aufgestellt haben, wenden sie sich zum Gehen, sie lassen die Krücken hinter sich und treten ins Freie. Sie möchte zu
Fuß zurück nach Haus, sagt die Kainbacher Maria, als sie auf
dem Vorplatz stehen, und schüttelt nur lächelnd den Kopf, als die

andere Frau ihr widerspricht und sagt, das sei unmöglich, das könne sie nicht zulassen, das sei viel zu weit, und die Kainbacher Maria daran erinnert, wie ihr erst neulich, beim Begräbnis der Milli, schwindelig geworden und sie hingefallen sei. Die Kainbacher Maria lächelt nur und bedankt sich und hebt jetzt die Hand zum Abschied, da weiß die andere nicht mehr, was sie sagen soll, sie schaut auf dieses fünffingrige Gebilde aus Haut und Knochen, das da in der Luft steht, und schüttelt missbilligend den Kopf, das ist nicht richtig, dass ich dich gehen lasse, sagt sie, aber dann fällt ihr nichts mehr ein, was sie sagen könnte. Sie hebt also auch kurz die Hand und steigt dann allein in ihr Auto, sie startet und lässt das Auto ganz langsam vom verschneiten Kirchplatz fortrollen, ganz weich, beinahe ohne ein Geräusch zu machen, und während sie sich entfernt, betrachtet sie noch im Rückspiegel, wie die Kainbacher Maria sich umdreht und beginnt, einen Fuß vor den anderen zu setzen.

Die Kainbacher Maria hat nicht gesagt, dass sie noch einen Besuch machen will, bevor sie nach Hause zurückgeht. In der Kirche, beim Anstecken der Kerze für ihren Sohn, hatte sie plötzlich das Bedürfnis verspürt, diese Freundin wiederzusehen, mit der sie einmal gemeinsam in einem Krankenzimmer gelegen hat. Aus dieser Gegend sei sie, hatte die Freundin erzählt, und daher beginnt jetzt die Alte, um die Kirche herum von Haus zu Haus zu gehen, an jede Tür klopft sie und fragt, wenn ihr geöffnet wird, nach dieser Freundin. Sie sagt etwa: Wissen Sie, ich suche die Gertrud, es kann sein, dass sie geheiratet hat, aber sie hieß früher Möstl. Ja, die Möstls wohnen dort unten, aber ob eine Gertrud da wohnt, könnt' ich nicht sagen, gibt einer zur Antwort. Ein anderer wieder sagt: Ja, eine Gertrud, die kenne ich, aber die wohnt nicht mehr hier, und ob die vor ihrer Heirat Möstl geheißen hat, bin ich nicht sicher. Ein dritter sagt: Es gibt eine, die da unten gewohnt hat, sie ist aber heraufgezogen, und es kann sein, dass die mit Vornamen Gertrud heißt.

Aber doch gibt sich nach und nach, ohne dass man erklären könnte, worin eigentlich die Verständigung besteht, durch die Antworten all dieser Fremden hindurch, die gar nicht genau wissen, nach wem die Kainbacher Maria fragt, durch diese sich teils sogar widersprechenden Auskünfte hindurch der Weg zu erkennen, den die alte Frau gehen muss, um zu ihrer Freundin zu gelangen. Dieser Weg schlängelt sich zwischen den Häusern aufs freie Feld hinaus, er ist leicht abschüssig und mit Steinen und Scherben befestigt, die unter der dünnen Schneedecke rutschig geworden sind. Die alte Frau ist im vergangenen Jahr einige Male ausgeglitten, gestolpert oder hingefallen, zuletzt beim Begräbnis der Milli, aber nie ist ihr irgendein Knochen entzweigegangen, sie weiß daher, dass ihr Gebein haltbarer ist als das anderer Leute, und es erstaunt sie auch nicht, dass ein Körper im Alter der Erde zustrebt, in der er bald begraben sein wird. So geht sie auf diesem abschüssigen und glatten Weg ohne Angst, bis sie zum Schweinestall kommt, den ihr die Leute, die sie um Auskunft gefragt hat, beschrieben haben. In dem großen weißen Haus schräg gegenüber vom Schweinestall wohne die Gertrud, die früher, vor ihrer Heirat Möstl geheißen hat. Diese Auskunft hatten alle die verschiedenen, sich teils sogar widersprechenden Antworten zusammengenommen ergeben.

Als die Freundin ihr auftut, beginnt die Kainbacher Maria zu lächeln, aber die Freundin lächelt nicht, sondern grüßt nur und scheint nicht zu wissen, wer da vor ihrer Tür steht. Da bückt die Maria sich, hebt ein Reis vom Boden auf, und beginnt zum Scherz, mit dem Reis in der Hand den Takt zu schlagen, den Vers aufzusagen, den an diesem Tag immer die Kinder den Erwachsenen hersagen: *Frisch und g'sund, fisch und g'sund, lang leben, g'sund bleiben!* Sie rührt mit dem Reis an die Hüfte der Freundin, wie es hier Sitte ist an diesem Tag, der der Tag der unschuldigen Kindlein heißt, als könne sie vielleicht die Erinnerung wecken, die in ihrer Freundin offenbar eingeschlafen ist. Sie selbst erinnert sich noch gut daran, wie viel sie mit dieser Freundin gelacht hat, als sie zusammen im Krankenzimmer lagen. Aber die Freundin erinnert sich nicht an das Lachen im Krankenzimmer, und lacht daher auch jetzt nicht.

Die Frau, die geöffnet hat, weiß nicht, wer die dürre Alte ist, die ihr, als sei sie nicht mehr bei Trost, mit brüchiger Stimme diesen Vers hersagt, den sonst nur die Kinder hersagen, und ihr dann im Scherz mit dem Reis auf die Hüfte klopft, sie weiß nicht, wer diese Besucherin ist, die immerfort lächelt, weiter dasteht und lächelt, auch nachdem sie mit dem Vers fertig geworden ist, und nun darauf zu warten scheint, dass sie, die Gertrud, sie angemessen begrüße. Erinnerst du dich nicht, fragt schließlich die Kainbacher Maria, als sie merkt, dass die andere nicht weiß, was sie sagen soll. Erinnerst du dich nicht, wie wir damals zusammen im Krankenzimmer gelegen sind? Soso, denkt die Gertrud, aber sie erinnert sich nicht. Vor sieben Jahren der Schlaganfall. Dann die Magenoperation. Letztes Jahr das künstliche Hüftgelenk. Sie erinnert sich an all die Krankenzimmer, in denen sie gelegen hat, erinnert sich auch an diese oder jene Frau, die neben ihr gelegen und mit der sie gemeinsam über die Gebrechen des Alters geklagt hat. Aber an diese Frau, die da vor ihr steht, erinnert sie sich nicht. Ja, Gertrud, sagt die Frau und schüttelt verwundert den Kopf, weißt du denn nicht? Aber die Gertrud weiß überhaupt nicht, und wundert sich nur darüber, dass eine, die sie nicht kennt, sie nun auch noch beim Namen ruft.

Weißt du nicht, wie ich damals den Luis bekommen habe, meinen Sohn, und du deinen Franz? Die Gertrud weiß, dass sie vor fünfzig Jahren ihren Ältesten geboren hat, der Franz heißt, dem jetzt der Schweinestall auf der anderen Seite des Weges gehört, der verheiratet ist und sich vor einem halben Jahr beim Holzschneiden einen Finger abgesägt hat, Franz ist Obmann beim Ortsverein der Eisschützen und geht jeden Samstag nach dem Spiel beim Kreuzwirt ein Bier trinken. Es gibt Franz, ihren Sohn, das weiß sie, die Gertrud, aber wer die Frau vor der Tür ist, weiß sie noch immer nicht. Dennoch tritt sie jetzt einen Schritt zurück, vielleicht nur aus Neugier, und lädt auf diese Weise die Fremde ein, ihr Haus zu betreten.

Die Kainbacher Maria sitzt nun in der Küche dieser Bäuerin, die ihre geblümte Kittelschürze mächtig ausfüllt, und ihre Haare nicht wie die Kainbacher Maria in einem Knoten klein und flach am Hinterkopf versteckt, sondern modisch geschnitten, gefärbt und auftoupiert trägt. Ihre Beine sind dennoch genau so von blauen Adern gezeichnet wie die Beine der Kainbacher Maria, und sind in sich gebogen, beinahe eingeknickt, von dem schweren Gewicht, das nun schon ein ganzes Leben lang auf ihnen lastet. Die Bäuerin stellt einen Apfelsaft auf den Tisch und eine Schale mit Weihnachtsgebäck, zwei Gläser, zwei Teller, dann setzt sie sich und will zuhören. Aber die Kainbacher Maria fragt nur. Sie fragt, wie es der Schwester der Gertrud gehe, ob sie denn noch lebe, die Elfi, die damals als Erste zu Besuch ins Krankenhaus gekommen sei, noch vor dem Vater des Neugeborenen, die einen Blumenstrauß gebracht und sich so mit ihrer Schwester gefreut habe, dass das Kind gesund war. Sie fragt auch nach dem Karl, dem Mann der Gertrud, ob er denn noch lebe, der damals das Kind so ungeschickt gehalten habe und so schweigsam gewesen sei, sie fragt, ob sie denn noch mehr Kinder geboren hätte – ja, zwei, sagt die Gertrud, und verstummt gleich wieder –, und ob es ihr bei den anderen Geburten besser gegangen sei als bei dieser Geburt des Franz, als sie so geschrien habe vor Schmerzen, und es vierzehn Stunden gedauert habe, indes ihres, der Luis, schon längst auf der Welt war, ob sie noch wisse, wie dann der Arzt gekommen sei und gesagt habe, man müsse das Kind herausschneiden, und sie das nicht gewollt und dann schließlich den Franz doch so geboren habe. Ob sie noch wisse, wie die Schwester ihnen einmal die Kinder vertauscht und jeder das Kind der anderen an die Brust gelegt habe, und sie erst beim Stillen darauf gekommen sei, weil der Luis, der nie hatte trinken wollen, plötzlich so gesoffen hätte, eben weil es der Franz war. Wie sie da gelacht hätten, und wie sie überhaupt so viel gelacht hätten, ob sie das noch wisse? Sie, die Kainbacher Maria, könne sich kaum an jemanden erinnern, der so gern gelacht hätte wie sie, die Gertrud, ihre Freundin, mit der sie vor fünfzig Jahren bei der Geburt ihres Sohnes gemeinsam im Krankenhaus lag.

Plötzlich sieht die Gertrud, wie ihre Küche sich bevölkert, sie sieht die Elfi, ihre Schwester, wie sie am Spültisch steht und Wasser in eine Vase laufen lässt, um einen riesigen Blumenstrauß einzufrischen, sieht ihren Mann, wie er vor einem Glas Bier am Tisch sitzt, neben der Kainbacher Maria, den Karl, wie er in das Glas schaut und schweigt, und jetzt tritt noch der Franz ein, ganz klein ist er, ein Kind noch, und holt sich Messer und Brett aus der Lade, sagt, er wolle sich nur ein Stück Wurst herunterschneiden, aber die Gertrud sieht, dass die Wurst sein eigener linker Daumen ist, sieht, wie er sich, bevor sie ihn zurückrufen kann, seinen Daumen abschneidet, den er für ein Stück Wurst gehalten hat, nur kann er ihr nicht die Schuld dafür geben, sie hat ihn, den Franz, vollständig zur Welt gebracht, zwei Daumen hat er gehabt, als er geboren wurde, fünfzig Jahre zuvor. Die Gertrud sieht alle und alles, sie hält die Luft an und schaut, lässt nichts aus, bis die Erinnerung ihr jetzt vollständig in den Schoß fällt, so vollständig, wie es der Franz bei seiner Geburt war, und dann beginnt sie wieder zu atmen.

Die Gertrud erinnert sich jetzt an das junge Gesicht dieser alten Frau, die ihr erschienen ist, und ihr wird klar, dass ein ganzes Stück ihrer Lebenszeit, das sie selbst so gründlich vergessen hatte, dass sie dieses Vergessen nicht einmal bedauern konnte, in dieser Frau aufbewahrt worden ist wie ein Kuchen in einer dunklen und kühlen Speisekammer. Wie eine Blinde musste sie sich von der Kainbacher Maria in diese lang zurückliegende Zeit ihres eigenen Lebens hineinführen lassen, aber jetzt beginnt sie zu antworten. Von diesem Anfang an, den ihr die Kainbacher Maria wiedergeschenkt hat, erzählt sie nun alle Geschichten zuende, erzählt von Enkeln und Urenkeln, Cousins und Cousinen, Hochzeiten und Taufen, von Begräbnissen, Krankheiten und Reisen. Hin und wieder geht sie an eine der Schubladen, um zwischen Lottoscheinen und Schießgummis, zwischen Holzlöffeln und fleckigen Zetteln, auf denen sie sich Rezepte notiert hat, die Fotos hervorzuziehen, die zu den Geschichten gehören. Dann beugen sich die Gertrud, die noch bei der Geburt ihres Ältesten Möstl geheißen und erst danach, mit dem Säugling auf dem Arm, geheiratet hat, und ihre Freundin Maria, die nach fünfzig Jahren am Tag der unschuldigen Kindlein zu Besuch gekommen ist, um *frisch und g'sund* zu wünschen, über die Bilder und versichern sich der Namen, der Ähnlichkeiten der Familienmitglieder und der Geschehnisse.

Und weil beide Geschlechter, das der Möstls und auch das der Auers, in welches die Gertrud eingeheiratet hat, sehr fruchtbar waren, und viele Nachkommen hervorgebracht haben, und infolgedessen über die Jahre hinweg zahlreiche Taufen, Geburtstage, Hochzeiten, aber auch Begräbnisse zu begehen waren, deren fotografische Dokumentation nun der Erklärung bedarf, fällt es der Gertrud erst sehr spät, als es draußen schon dunkel geworden ist, ein, nach dem Luis zu fragen, dem Sohn ihrer Freundin, den diese vor fünfzig Jahren auf die Welt gebracht hat, und der dadurch, ohne dass er es damals auch nur hätte ahnen können, die Leben der beiden Frauen bis auf den heutigen Tag miteinander verknüpft.

Erschossen hat er sich halt, sagt da die Maria.

Friedrich Ani
Aschenputtel weint nicht mehr

1

In einer Stadt in der Mitte Europas lebte zu Beginn des einund-
zwanzigsten Jahrhunderts ein Mädchen, das schwarze Zähne und
einen Körper voller Wunden hatte. Ihr Name war Elsa, aber sie
hörte ihn selten. Ihre Mutter sprach nicht mit ihr, ihren Vater
kannte sie kaum und Freundinnen hatte sie keine. In der Wohnung, in der sie mit ihrer Mutter lebte, standen Mülltüten an jeder Wand, in der Küche stapelte sich das schmutzige Geschirr, der
Boden in den drei Zimmern war übersät mit Papier und Pizza-
schachteln und Plastikbechern und zerknüllten Zeitungen und
Zigarettenkippen und Socken und verkrusteter Unterwäsche. Ba-
dewanne und Waschbecken hatten gelbbraune Ränder, Essens-
reste schimmelten auf der Anrichte in der Küche, ein breiiger,
kotiger Geruch zog durch die Räume, durch deren verschlierte
Fensterscheiben das Licht eines ausgebleichten Nachmittags her-
einfiel. Die Wohnung lag im vierten Stock eines achtstöckigen
Blocks am Rand der Stadt, die Mieter kümmerten sich um ihre
eigenen Angelegenheiten, und heute, einen Tag vor Heiligabend,
ließ sich niemand im Treppenhaus oder im Hof blicken. An manchen Fenstern blinkten rote Lichter, an einem der Balkone hing
ein Weihnachtsmann, als wolle er über die Brüstung klettern, ver-
einzelt schlängelten sich Lichterketten an Fensterkreuzen entlang.
Im Fernsehen lief ein Zeichentrickfilm. Elsa lachte, und ihr Lachen klang heiser, kalt und alt.

2

Bevor der Arzt Dr. Eberhard Fink am Morgen des 23. Dezember
in der Tiefgarage seiner Praxis erstochen wurde, hatte er eine laut-
starke Auseinandersetzung mit einer Frau. Eine Zeugin, die auf
dem Weg zum Fahrstuhl war, hörte eine weibliche Stimme, aber
sie machte sich keine Gedanken. „Es klang nicht gefährlich",
sagte die siebenundfünfzigjährige Apothekerin. Die Frau habe

jemanden als „verlogenes Schwein" beschimpft und geweint und geschluchzt. Erst durch die Befragung der Polizei erfuhr die Apothekerin, dass es sich bei der zweiten Person um den Allgemeinmediziner Dr. Fink aus dem Nebenhaus handelte. Nach den Ermittlungen der Kripo fiel der Arzt vermutlich einem Eifersuchtsdrama zum Opfer. Sowohl die Witwe als auch seine Geliebte verstrickten sich noch am selben Tag in derartige Widersprüche, dass Hauptkommissar Georg Ohnmus überlegte, beide Frauen für achtundvierzig Stunden in Gewahrsam nehmen zu lassen. Allerdings blieb die Tatwaffe – ein gewöhnliches Küchenmesser mit einer etwa zehn Zentimeter langen Klinge – unauffindbar, die Auswertung der Blut- und DNA-Spuren ergab keine verwertbaren Hinweise. Lediglich die Aussagen der beiden Frauen wiesen gravierende Lücken und Ungereimtheiten auf, was, wie Ohnmus aus langjähriger Erfahrung wusste, auch durch den Schock hervorgerufen sein konnte. Die Tat geschah zwischen 7.15 und 7.45 Uhr. Die Apothekerin blieb bisher die einzige Zeugin, sie hatte ihren Wagen kurz nach sieben in der Tiefgarage abgestellt und war dann zur Eisentür gegangen, die zum Fahrstuhl führte. Sie hatte niemanden gesehen, nur die Stimme der Frau gehört. Auf der Rückfahrt aus der Gegend des Tatorts tauchte im Scheinwerferkegel von Ohnmus' Dienstwagen plötzlich eine kleine Gestalt auf. Der Kommissar trat auf die Bremse und brachte das Fahrzeug im letzten Moment zum Stehen. Er stieg aus und sah ein kleines, dürres Mädchen barfuß mitten auf der Straße stehen. Es hatte blonde, verfilzte Haare und trug einen fusseligen, schwarzrot-geringelten Pullover und eine graue Trainingshose. Ihre Augen waren groß und dunkel, ihre Lippen von Schorf überzogen, ihre Wangen gelblich und zerkratzt. Als Ohnmus auf sie zuging, starrte sie ihn an, kippte zur Seite und blieb reglos liegen.

3

An diesen Zufall, der vielleicht aus fernen, unbegreiflichen Gründen keiner war, musste der Kommissar aus der Mordkommission später noch viele Jahre lang denken. Nachdem er das Mädchen ins Krankenhaus gebracht hatte, schaffte er es nicht, nach Hause zu fahren, obwohl er seiner siebenjährigen Tochter versprochen hatte, nicht zu spät zu kommen. Eine Nachbarin passte auf Isabel auf, sie las ihr im Bett vor und blieb so lange, bis Ohnmus zurückkehrte. Isabels Mutter war von einem Bankräuber erschossen worden, der Kommissar und seine Kollegen, die vor Ort waren, hatten die Tat nicht verhindern können. Manchmal weinte Ohnmus nachts ohne Unterlass, manchmal trank er, manchmal verfluchte er Gott. Der Arzt, der im Krankenhaus Nachtdienst hatte, sagte, das Mädchen sei stark unterernährt, er habe in ihrem Mund verschiedene Fasern gefunden, was darauf schließen ließ, dass sie in ihrer Not Teppichfusseln und Haare gegessen habe. Ihr Körper weise eine Unmenge von Hämatomen auf, das Kind sei verprügelt und schändlich behandelt worden. „Schändlich", sagte der Arzt. Dieses Wort ging dem Kommissar nicht mehr aus dem Kopf. Zu diesem Zeitpunkt war das Mädchen noch nicht als vermisst gemeldet worden. Auch in den folgenden Tagen meldete sich niemand.

4

Als Georg Ohnmus die Sozialarbeiterin Silke Kargus fragte, wie es möglich sei, dass allein in dieser Stadt jedes Jahr unzählige Kinder von Angehörigen getötet oder derart vernachlässigt würden, dass sie an Auszehrung starben, erwiderte sie: „Was wollen Sie von mir? Jeder von uns muss sich um ungefähr vierzig Problemfamilien kümmern, jetzt verraten Sie mir mal, wie wir das schaffen sollen?" Ohnmus sagte: „Indem Sie mehr arbeiten." Das Gespräch endete mit einer zugeschlagenen Tür. „Sie haben keine Ahnung", sagte Silke Kargus noch, „bis der Verdacht einer Misshandlung oder Vernachlässigung zu uns durchgedrungen ist, sind die meisten Opfer schon schwer traumatisiert." Auf der Straße fiel Schnee. Ohnmus öffnete weit den Mund und spürte die Flocken im Gaumen. Er schaute sich um. Eine Million Kinder lebten in diesem Land von der Sozialhilfe. Sie waren nirgendwo zu sehen. Der Kommissar lief durch die winterliche Stadt, die

Weihnachtstage waren vorüber, und er bildete sich ein, die Menschen würden wieder langsamer gehen und geduldiger dreinschauen. An einem Imbissstand kaufte er sich eine Bratwurst im Brötchen. Dann hatte er keinen Hunger mehr. Aber wegwerfen wollte er das Brötchen nicht, also aß er es auf. Im Krankenhaus erklärte ihm der Arzt, dass es oft das jüngste Kind sei, das seelisch und körperlich gedemütigt werde. Die Eltern behaupteten, es habe an „Ernährungsstörungen" gelitten. Eltern, dachte Ohnmus, deren Wortschatz ansonsten armselig war, sprachen von Ernährungsstörungen. „Ein Baby", sagte der Arzt, „kann fünf Tage ohne Nahrung und Flüssigkeit überleben. Die Eltern lassen es ab und zu etwas essen und trinken, so dass es schließlich an Infektionen stirbt, gegen die sich der geschwächte Körper nicht mehr wehren kann. Die Psychologen nennen dies Aschenputtelsyndrom." In den Zeitungen erschien ein Foto des Mädchens, das immer noch nicht ansprechbar war. Jemand meldete sich bei Georg Ohnmus und meinte, er kenne das Mädchen vielleicht.

5

Jeden Tag ging sie zum Grab ihrer Mutter und weinte gottserbärmlich, und niemals verfluchte sie den Lieben Gott. Denn ihre Mutter hatte sie auf dem Sterbebett ermahnt, fromm und gut zu bleiben. Nicht einmal, als ihre Stiefmutter ins Haus kam und zwei Töchter mitbrachte, die älter und schöner waren und ihr einen bösen Namen gaben, weil sie neben dem Ofen schlafen musste und deswegen staubig und schmutzig wurde, verlor sie die Hoffnung. Sie sprach mit den Vögeln, und diese halfen ihr beim Lesen der Linsen aus der Asche. So sehr die Stiefmutter sie quälte und beschimpfte, niemals begehrte sie auf oder versündigte sich. Und weil sie voller Demut war, schenkte ihr ein Vogel ein glänzendes Kleid und goldene Schuhe, damit sie zum Fest des Königs gehen konnte, wo der Königssohn mit ihr tanzte und sie keinem anderen Verehrer gönnte. Ihre Stiefschwestern brannten vor Neid und schmeichelten sich beim Königssohn ein, sie fügten sich Schmerzen zu, um in den goldenen Pantoffel zu passen. Aber das

Mädchen hatte zwei Tauben als Schutzengel, und immer, wenn der Königssohn glaubte, er habe die richtige Braut auf seinem Pferd, warnten ihn die Tauben, und er bereute seinen Irrtum. Beinah hätte er die Richtige nie gefunden, denn der Vater des Mädchens verleugnete seine Tochter und nannte sie ein „kleines verbuttetes Aschenputtel". Der Königssohn erkannte sie dennoch und nahm sie mit auf sein Schloss. Und bei der Hochzeit pickten die Tauben den bösen Schwestern die Augen aus. „Und waren sie also", las Ohnmus dem stummen Mädchen am Krankenbett vor, „für ihre Bosheit und Falschheit auf ihr Lebtag gestraft."

6

Im Grünen Kakadu herrschte den ganzen Tag eine königliche Stimmung. Ein Jahr ging zu Ende, ein neues begann, und was immer es bringen würde, es wäre egal. Oder nicht?, riefen die Gäste. Aber ja!, riefen andere. Tine hob ihr Proseccoglas und tanzte mit Aron, den sie am Nachmittag vor Heiligabend kennen gelernt hatte und bei dem sie seither jede Nacht verbrachte. Er wohnte im selben Block wie sie, drei Stockwerke über ihr. Von seinem Fenster aus schaute sie über ein freies Feld bis zu den S-Bahngleisen und der sechsspurigen Straße, die ins Zentrum führte. Ein paarmal hatte er sie geschlagen, mehr aus Versehen, wie sie fand, er war betrunken und sie hatte vergessen, am Vormittag einkaufen zu gehen. Tine war nicht nachtragend, außerdem seit ihrer Kindheit an Schläge gewöhnt. Aron hatte ein schönes Badezimmer mit einem kleinen Fenster, und in seinem Kühlschrank lag kein einziges Lebensmittel mit abgelaufenem Verfallsdatum. So etwas fiel ihr sofort auf. Gegen Abend an diesem 31. Dezember stand unerwartet Pit in der Tür der Kneipe, ihr Exmann. Sie umarmte und küsste ihn und stellte ihm Aron vor, und als der Wirt ihm die Flasche über den Tresen reichte, fragte Pit: „Wie geht's der Kleinen?" Und Tine sagte: „Der geht's gut." Sie stießen an und tranken, und Tine streckte den Arm in die Höhe und sang zur dröhnenden Musik aus den Lautsprechern: *Wie wird das Jahr? Scheiße hoch drei! Wie wird das Jahr? Oweia owei, ist uns doch egal!*

Oder nicht? Aber ja! Eine Minute vor Mitternacht drängten die Gäste vor die Tür in die eisige Nacht. Über der Stadt explodierte der Himmel, tausend Sterne fielen herab, und Tine tanzte barfuss im gefrorenen Schnee. Eine Weile hielt sie das kreisende Blaulicht für ein magisches Silvesterlicht.

7

„Du wirst wieder tanzen und springen im neuen Jahr", sagte er zu dem Mädchen, das in einer großen Abwesenheit vor ihm lag, angeschlossen an Maschinen, die blinkten und sirrende Geräusche machten. Bevor er das Zimmer betrat, hielt Georg Ohnmus jedes Mal für ein paar Sekunden die Luft an. Auf dem Flur saß die Mutter des Mädchens und weigerte sich, ihre Tochter anzuschauen. Ohnmus hatte sie von zwei Streifenpolizisten, die sie gestern schon vom Grünen Kakadu abgeholt hatten, herbringen lassen. Zum ersten Mal seit einer Woche hatte sie die Nacht wieder in ihrer verschimmelten Wohnung im vierten Stock verbracht und nicht bei ihrem Liebhaber drei Etagen darüber. Vermutlich war sie immer noch betrunken. Sie roch nach Alkohol und süßlichem Parfüm. Zu Ohnmus sagte sie nach einer Weile: „Er hat nie Zeit gehabt, mein Ex, niemand hat Zeit gehabt, sie haben alle keine Zeit." Bettina Sandner, die alle Tine nannten, war vierunddreißig und arbeitete in einer Putzkolonne. Das ekelte sie an. „Ich komm mir vor wie ein anatolisches Kopftuch", sagte sie zum Kommissar. Da waren sie bereits im Dezernat, und Ohnmus und seine Kollegen hatten herausgefunden, dass Tine Sandner Patientin bei Dr. Eberhard Fink war. „Der hat meine Tochter nie richtig angeschaut", sagte sie. „Ich soll ihr was Anständiges zum Essen und Anziehen geben, hat er gemeint. Ich allein wär für das Kind zuständig." Dann schrie sie über den Schreibtisch: „Er doch auch! Er ist der Arzt! Ich hab ihm ins Gesicht gesagt, wenn er sich nicht um die Elsa kümmert, bring ich ihn um im Namen meines Kindes. Das verlogene Schwein wollt mich einfach stehen lassen in der Tiefgarage, wo ich extra auf ihn gewartet hab, damit er sich in der Praxis nicht für mich genieren muss." Von Elsas Vaters er-

271

fuhr Ohnmus, dass Tine ihr erstes Kind, einen Sohn von einem anderen Mann, zur Adoption freigegeben hatte. Der Junge war inzwischen zehn Jahre alt und lebte an einem See im Süden der Stadt und würde im nächsten Herbst aufs Gymnasium kommen.

8

Kein Königssohn kam, und ihr Herz hatte die Kraft nicht mehr zu warten. Elsas Vater nahm an der Beerdigung seiner Tochter teil, ebenso Hundert Neugierige, die die Geschichte aus den Medien kannten. Georg Ohnmus stand abseits unter einer mächtigen Buche. Er trug eine dunkle Sonnenbrille, damit man seine Augen nicht sah.

Mechtild Borrmann
Aufnahme

„Hallo ...“ (tiefes Einatmen) „Hallo Frederik ... (Räuspern) ... Lena
hat mir dieses Gerät besorgt, weil ... weil du doch nicht mit mir
sprechen willst, aber ich dir doch was sagen will ...“
Stopp
Nein. Das war nicht gut.
Mit zittrigen Händen legte Margret das Diktiergerät auf den
Küchentisch, schob den alten Holzstuhl, mit der fadenscheini-
gen tannengrünen Polsterung zurück, und ging zum Herd.
Kaffee. Erstmal Kaffee kochen.
*Lena hat gesagt, schreib ihm doch, wenn er deine Besuche nicht
will. Aber was hat man schon geschrieben, in den letzten zwanzig
Jahren. Einkaufszettel und Überweisungen. Zwei Stunden hat das
gedauert. Für eine Seite. Eine Seite, und die dann auch noch voll mit
durchgestrichenen Sätzen. So was schickt man doch nicht.*
Sie füllte den Wasserkessel, stellte ihn auf den Herd und nahm
die Glaskanne, die mal Teil einer Kaffeemaschine gewesen war,
und spülte sie behutsam aus. Die Maschine war ein Geschenk von
Frederik gewesen. Die war lange kaputt, aber die Kanne war ja
noch da und die hielt sie in Ehren. Sie löffelte Kaffeepulver hinein. Ihr Blick wanderte zum Küchentisch, und sie beäugte das kleine, silberne Gerät darauf, misstrauisch.
*Ein Jahr ist das her, dass die alle hier waren. Die von den Zeitun-
gen und vom Fernsehen. Keine Minute Ruhe, nicht mal nachts. Da
konnte man sich nicht mehr auf die Straße trauen. Glauben kann man
so was nicht. Das geht einem über den Verstand. Da denkt man nur:
Das hat der Junge nicht getan. Das muss sich doch aufklären. Und
dann ... dann will der einen nicht sehen, und man weiß nicht warum.*
Das Wasser kochte. Sie nahm den Kessel und schüttete Wasser auf das Kaffeepulver.
*Reden ... alles in das Gerät sagen. Das wird ja nicht so schwer
sein, nicht so wie Briefe schreiben, denkt man. Aber jetzt ... jetzt weiß
man nicht, wie man anfangen soll.*

„Mein lieber Frederik", murmelte sie und strich über die Kaffeekanne.

Nein! Das wird ihm nicht gefallen. Da wird er die Kassette sofort aus dem Apparat reißen und in den Müll werfen. Behandele mich nicht immer wie ein Kind, wird er schimpfen.

Sie stellte den Kessel ab und stützte sich schwer auf die Spüle.

„Frederik, ich hab doch nur noch dich", sprach sie in das Becken. Sie schluckte.

Nein! Nein, das auf keinen Fall.

Das Kaffeepulver hatte sich auf dem Kannenboden abgesetzt. Sie nahm einen Becher aus dem Oberschrank und goss sich ein. Am Küchentisch zündete sie eine der selbst gestopften Zigaretten an und nahm einen tiefen Zug. Bevor sie das Diktiergerät anfasste, wischte sie ihre schweißnassen Hände an dem blassblauen Kittelkleid ab und spulte zurück.

Wenn das doch im Leben auch so ginge. Wenn man doch alles, was man gesagt hat, mit neuen Sätzen wegsprechen könnte.

Sie räusperte sich und legte die Zigarette auf den Aschenbecherrand.

Aufnahme.

„Frederik, ich bin's ... Mama. Ich weiß nicht, warum ich dich nicht besuchen darf. Ich bin ... ich mein, ich versteh das nicht."

Stopp.

Sie stand auf und starrte zum Küchenfenster hinaus. Die Fassade gegenüber war mit Satellitenschüsseln übersät. Auf den kleinen Balkonen standen Wäscheständer und Getränkekisten. Unten auf dem Platz, neben den Glascontainern, stapelten sich Müllbeutel.

Aufnahme.

„Ich hab mir nicht träumen lassen, dass ich hier mal lande. Eigentlich ... ich hätte deinen Vater nicht heiraten dürfen. Das war ein Fehler. Dass der gesoffen hat, hab ich ja gewusst. Aber damals dachte ich, wenn ich ihm einen ordentlichen Haushalt schaff, wird das schon. Ich dachte, der säuft weil er allein ist, wegen der Geselligkeit und so. Und zuerst ging es ja auch nicht schlecht. Zu

Hause hat er keinen Ärger gemacht. Ich dachte, das wird schon. Braucht eben alles seine Zeit."

Stopp.

Über der Spüle hing ein Rasierspiegel an einem Nagel. Sie ging hinüber und starrte in das Spiegelgesicht. Talgig blasse Haut und dunkle Ringe unter den Augen. Die ausgewachsene Dauerwelle, mit Klammern zurückgehalten.

So ist man ja nicht immer gewesen. Damals nicht. Hochhackige Schuhe und Minirock und so. Die Frauen haben getuschelt, wenn man die Straße langging, und die Männer haben gegafft und gepfiffen. Schlange gestanden haben die. Jeden hätte man kriegen können. Aber wenn man jung ist, ist man einfach zu blöd.

Sie nahm die Zigarette aus dem Aschenbecher, rauchte einige Züge.

Aufnahme.

„Als er das erste Mal rumgebrüllt hat, und ich mir eine fing, dass ich die Engel singen hörte, da wusst ich, dass ich mich geirrt hab. Es dauerte nicht lang, da war er jeden Abend besoffen, und ich, ich hab meine Veilchen vor den Nachbarn versteckt ... (tiefes Einatmen) Ich hab doch gemerkt, wie sich alle die Hände gerieben haben ... die Weiber. Und ... und als ich dann schwanger war, da dacht ich ... da hab ich gedacht, jetzt auch das noch."

Stopp!

Sie starrte auf die Tischplatte aus Eichefurnier und drückte die Zigarette im Aschenbecher aus. Auf der linken Seite des Tisches war ein brauner Ring eingebrannt.

Von dem heißen Topf. Damals, als der Frederik in die Küche gestürzt kam. Aber das war später.

Draußen lagen jetzt eckige Schatten auf dem Platz. Direkt gegenüber, im achten Stock, saß ein Mann mit nacktem Oberkörper auf dem Balkon.

Polen und Russen. Der ganze Block voll. Mitte der Neunziger sind die gekommen. Und in den Blocks dahinter die Türken. Aber die waren schon eher.

Aufnahme.

„Du warst ein freundliches Kind, und obwohl ich nicht viel Gutes über deinen Vater sagen kann, eins muss Wahrheit bleiben: Er hat dich gemocht. Wenn er Geld hatte, gab es nichts für den Haushalt. Ich musste sehen, wie ich was auf den Tisch kriegte, aber für dich gab es Geschenke. Einmal sogar ein ferngesteuertes Auto.

Da hat der Preis noch auf der Verpackung geklebt. 119 Mark. Und ich?

Ich kriegte Prügel und musste am nächsten Tag im Lebensmittelladen Mehl und Eier anschreiben lassen. ... (Schlucken) Das bleibt einem nicht in den Kleidern stecken. Das geht tief. Am nächsten Tag hast du rumgequengelt, dass ich neue Batterien kaufen soll. Da hab ich's zertreten, das Auto, und ... (Schlucken) und das hat mir leid getan."

Stopp.

Was einem alles wieder einfällt, wenn man so daher redet. Vielleicht sollte man die letzten Sätze ...? Nein. Wahrheit muss Wahrheit bleiben!

Sie zündete eine neue Zigarette an, nahm mehrere tiefe Züge.

Aufnahme.

„Und dann war er weg. Ich wusste nicht, wie es weitergehen sollte. Da warst du neun und ich weiß, dass sie dich gehänselt haben. Ich hab gehört, wie sie dir hinterher gerufen haben ... (Räuspern) Dein Vater ist mit der Schlampe aus dem Lindenkrug abgehauen, der hat sich blind gesoffen, haben sie gerufen. Und gelacht haben sie. Und du bist mit hängenden Schultern weitergegangen ... du warst ein liebes Kind."

Stopp.

„Ja, das warst du", flüsterte sie zum Fenster hinaus und blies Rauch gegen die Scheibe. Sie lachte auf.

Aufnahme.

„Mir fällt grad ein, einmal hast du behauptet, der alte Köster hätte einem von den Türkenjungen Geld abgenommen. So warst du. Dir konnte man alles weismachen.

Und einmal, da warst du schon elf, wolltest du die Polizei rufen. Mama, hast du gesagt, der Bergmann hat die Wagenreifen von den Aslans zerstochen, das hab ich gesehen. Da hab ich dir eine Ohrfeige verpasst."

Stopp.

Der Bergmann war ein Anständiger. Der hatte seine geregelte Arbeit und trank nicht. Der machte sowas nicht ohne Grund. Aber so war das damals mit dem Frederik. Der konnte einfach nicht unterscheiden.

Sie nahm den letzten Schluck von dem lauwarmen Kaffee und sah zur Küchenuhr.

Gleich sieben. Darunter, am Haken an der Tür, hingen in Plastikfolien verpackt, ihre weiße Bluse, die beige Popelinjacke und sein blauer Anzug.

War nicht billig, die Reinigung, aber auf Gericht will man schließlich ordentlich angezogen sein. Da soll sich der Junge nicht schämen müssen.

Der Kaffee in der Kanne war kalt. Sie goss eine Becherfüllung in einen kleinen Topf und stellte ihn auf den Herd.

Kann man ja nicht wegschütten, nur weil er kalt is. So dicke hat man's ja auch nicht. Vielleicht ... das mit der Ohrfeige, das sollte man vielleicht nicht sagen. Das sollte man besser löschen.

Sie setzte sich und spulte zurück.

„... den Aslans zerstochen."

Stopp.

Aufnahme

„Dann bist du in die Hauptschule gekommen und ich hab die Stelle bei Karstadt gekriegt. Ich dachte, jetzt geht's bergauf. Morgens sind wir zusammen los, du in die Schule, ich mit dem Bus in die Stadt. Da hab ich die Lena kennen gelernt, weißt du noch? Die fuhr auch jeden Tag."

Stopp.

Der fade Geruch von aufkochendem Kaffee breitete sich aus. Sie drückte die Zigarette in dem vollen Aschenbecher aus und goss die braune Brühe in den Becher.

Aufnahme.

„Abends hab ich dir für den nächsten Tag vorgekocht, weil ich doch erst nach sieben zu Hause war. Das erste Jahr ging auch gut, aber dann hast du plötzlich gemeint, brauchst mir nicht mehr kochen, ich ess bei den Kanters mit. Der Matthias Kanter ist mein Freund. Da hab ich mir nichts bei gedacht. War mir sogar recht. Weil ich doch gesehen hab, dass du dich verändert hast, fröhlicher und so. Nicht mehr so verstockt. Und weil mir das lieber war, als wenn du auf der Straße bist.

Gewundert hab ich mich allerdings, als der Matthias das erste Mal vor der Tür stand. Ich hab ja gemeint, der ist in deiner Klasse. Dass der schon erwachsen war, kam mir erst komisch vor. Ich dachte ... (Räuspern) Na, du weißt schon. Ein Erwachsener der sich für kleine Jungs interessiert, so einer eben. Da hab ich die Lena gefragt, weil die ja alle kannte hier. Gelacht hat sie. Der Matthias, da gehen viele von den Jungs hin, hat sie gesagt. Da brauchst du dir keine Sorgen machen.

Der macht Grillabende, geht mit denen bolzen und so. Sogar Ferienlager hat der schon gemacht."

Stopp.

Sie öffnete die Küchenschublade mit dem Backpapier, der Alufolie und den Rechnungen, und zog eine abgegriffene Postkarte hervor. Das Bild zeigte eine Berglandschaft mit Fluss.

Hier ist es schön. Wir angeln und fahren Kanu. Abends machen wir Lagerfeuer. Ich lerne Gitarre. Dein Frederik.

Sie wischte sich verstohlen über die Augen, legte die Karte zurück und stellte das Fenster auf Kipp. Der Mann gegenüber hatte den Fernseher in die Balkontür gestellt. Schwere, runde Worte, russische oder polnische, hallten zu ihr herüber.

Aufnahme.

„Mit vierzehn bist du dann mit auf Freizeit. In die Berge. Alles kostenlos.

Damals hast du mir eine Postkarte geschrieben ... (Räuspern) Da hab ich mich gefreut. Aber als du nach Hause kamst, waren deine schönen Haare ab. Wir haben Streit gehabt wegen der Haare, weißt du noch? Und drei Monate später gab's den nächsten

Krach. Du bist nicht mehr zur Schule und hast gesagt, der Kanter, der hat den Papa gekannt, und der sagt, Papa war ein guter Deutscher."

Stopp.

Sie riss ein Blatt von der Küchenrolle und schnäuzte sich die Nase.

Außer Rand und Band war er damals. Rumgebrüllt hat er. Du hast den Papa immer nur schlecht gemacht, hat er getobt. Dir hat er nie was recht machen können! Du hast ihn aus dem Haus getrieben!

Sie schob das Küchenrollenblatt in die Kitteltasche, nahm einen Schluck Kaffee, der bitter schmeckte und auf der Zunge brannte, und steckte sich eine neue Zigarette an.

Aufnahme.

„Da war ich wütend auf den Kanter, aber gegen den durfte ich ja nichts sagen. Und dann ging's ja auch wieder. Als die mir bei Karstadt gekündigt haben, da hatte der schon die Leiharbeiterfirma und hat dir Arbeit besorgt. Handlanger, Packer und so. Unter der Hand. Und das muss ich sagen, wenn du Geld in der Tasche hattest, hast du immer was abgegeben, für Haushalt, Miete und so. Jedenfalls ... wir sind ja gut zurecht gekommen. Als die vom Amt dich erwischt haben, da hat der Kanter das hingebogen. Da muss man ehrlich sein. Da muss wahr bleiben, was wahr ist.

Das hat der auf seine Kappe genommen. Hat denen gesagt, du wärst erst seit zwei Tagen dabei und er hätte da mit den Papieren geschludert."

Stopp.

Sie inhalierte tief und blies den Rauch weit von sich.

Da muss man schon dankbar sein. Hier am Küchentisch hat er gesessen. Ist doch 'ne Schweinerei, hat er gesagt. Wenn ich den Frederik ordentlich anmelde, sackt der Staat die Hälfte vom Verdienst ein, da kommt ihr doch auf keinen grünen Zweig. Und wo geben die das sauer verdiente Geld von dem Frederik hin? An die Ausländer!

Ist ja nicht falsch. Ist ja so. Mit der Arbeit bei Karstadt hat man kaum mehr gehabt als jetzt auf Hartz IV, und das bisschen, was übrig war, davon musste man das Monatsticket bezahlen, damit man überhaupt hinkam, zur Arbeit. Nein, richtig ist das nicht, wie das hier so ist. Das sagt die Lena ja auch.

Aufnahme.

„Ja, und dann ... dann passierte das mit dem Brandfleck auf dem Tisch. Wegen dem Ordner im Stadion. Du bist in die Küche gestürmt und hast gesagt, Scheiße, Mama, im Fußballstadion da haben sie 'nen Ordner kaputt getreten, und jetzt behaupten die Bullen, ich hätte da was mit zu tun. Hab ich aber nicht."

Stopp.

Immer weiter geredet hat er, ganz aufgeregt. Da kann man die einfachsten Handgriffe nicht mehr, nicht mal mehr Kartoffeln ordentlich abgießen. Ganz durcheinander wird man da. Der Ordner hat um halb sechs auf die Fresse gekriegt, hat Frederik gesagt. Du musst sagen, dass ich schon um fünf wieder hier war, Mama. Das sagst du doch?

Da ist man erschrocken, und dann stellt man den heißen Topf vor lauter Aufregung auf den Tisch, und der brennt sich ein. Und der Brandring bleibt. Den kriegt man nicht wieder weg.

Aufnahme.

„Ganz verschreckt warst du in den Tagen danach, hast sogar geweint und bist abends zu Hause geblieben. Ich dachte, dass wird dir eine Lehre sein. Aber dann kam der Kanter, und du bist wieder losgezogen. Hat nicht lange gedauert, da warst du wieder oben auf. Richtig geprahlt hast du. Mir können die nichts, ich war zu Hause. Stimmt's Mama? Da hab ich's gewusst. ... (schweres Ausatmen) Aber ich hab's trotzdem gesagt. Im Gericht. Auf Eid hab ich's genommen. Um fünf, hab ich gesagt. Und das ..."

Stopp.

Und das war vielleicht falsch. Aber man lässt doch sein eigenes Kind nicht ins Messer laufen. Das tut man doch nicht.

Sie fuhr mit dem Zeigefinger über den braunen Ring.

Und dann kommt der Junge aus dem Gericht und geht mit den anderen weg. Sieht einen nicht mal. Da steht man auf dem langen Flur und denkt, wenn das mal kein Fehler war.

Aufnahme.

„Die Haare hast du wieder wachsen lassen. Nicht lang. So ein Kurzhaarschnitt. Da war ich froh. Hast gut ausgesehen. Dann ... und dann ging das ja auch los mit den Mädchen. Ich hatte mir schon Sorgen gemacht, weil ... (Räuspern) Na ja, da warst du ja schon neunzehn, als das endlich anfing. Von da an hast du hier kein Geld mehr abgegeben, hast alles fürs Ausgehen gebraucht."

Stopp.

Aufnahme.

„Die Lena hat mir damals erzählt, wie du Lokalrunden im Lindenkrug geschmissen hast, und den Mädchen hast du Sekt spendiert und so. Aber sie hat auch gesagt, dass der Wirt sich über dich beschwert hat. Der Frederik, der macht die Deckel rund, und dann kann er nicht zahlen. Da hab ich mich geschämt, als Lena mir das gesagt hat, weil ... weil ... so was tut man nicht."

Stopp.

Sie stellte die leere Kaffeetasse in die Spüle und sah zur Uhr hinauf. Halb neun. Die Luft in der Küche war verraucht.

Sie öffnete das Fenster. Unten auf dem Platz standen die Russen um einen Grill herum. Der Mann von gegenüber war auch dabei.

So sind die. Sobald es schönes Wetter ist, tun die so, als wär das ihr Platz.

Die Abendluft war angenehm. Sie lehnte sich mit dem Rücken an den Fensterrahmen.

Aufnahme.

„Als du mit der Sonja zusammen warst, dachte ich, jetzt wird er vernünftig. Die Sonja hatte einen guten Einfluss auf dich. Aber dann war das von heute auf morgen vorbei. Ein paar Tage später hab ich sie auf der Straße getroffen. Der Frederik säuft, hat sie gesagt. Immer wenn der mit seinen Freunden zusammen ist, säuft er."

Stopp.

Den Blick fest auf den grauen Linoleumboden geheftet, stand sie ganz still.

Unten auf dem Platz war Lachen zu hören. Es mischte sich mit dem Ticken der Küchenuhr und dem Motorengeheul der vorbei rasenden Mopeds.

Aufnahme.

„Ich mein ... ich hab schon gemerkt, dass du manchmal eine Fahne hattest, aber so ... ich mein, dass das jeden Abend war, das ist mir nicht aufgefallen. Und als ich gesagt habe, Frederik, das muss doch nicht immer sein, da bist du wütend geworden. Und da hab ich an deinen Vater denken müssen. Na, wenn der dem das mal nicht vererbt hat, hab ich gedacht."

Stopp.

So was denkt man dann, und ob das alles so richtig ist, mit den Freunden und dem Kanter. Aber da kann man nichts machen. Da redet man gegen Wände.

Aufnahme.

„Was da letzten Herbst passiert ist, weiß ich ja nicht so genau. Ich weiß nur, was die Polizei gesagt hat und der Anwalt. Aber was an dem Abend im Lindenkrug war, da war die Lena ja bei, und die sagt, dass der Neger mit den Rosen rein gekommen ist und du Karten gespielt hast, und dass es ziemlich voll war, an dem Abend. Jedenfalls, als der da mit seinen Rosen stand, hast du gerufen, ich fass es nicht, der traut sich ja was, der Kokosnusspflücker. Alle haben gelacht und der Neger hat wohl begriffen, dass er da nich hingehört. Der wollte gehen und du hast ihn aufgehalten. Alle, hast du gesagt, ich nehm die alle. Und dann hast du die Rosen genommen und sie an die Frauen verteilt. Jede hat eine gekriegt, und ... und eine hast du auf den Tresen gelegt. Die ist für meine Mutter, hast du gesagt, und das hat ..."

Stopp.

Sie schluckte, zog das Stück Küchenpapier aus der Kitteltasche und wischte sich über die Augen und Nase.

Aufnahme.

„Und da hab ich mich gefreut, als die Lena das erzählt hat ... (Räuspern) Zu dem Neger hast du dann gesagt, jetzt mach, dass du raus kommst, Bimbo. Der Boden ist schon ganz dreckig von deinen schwarzen Füßen. Und der ist dann auch bis zur Tür, aber da hat der sich umgedreht und gesagt, du hast Rosen genommen, ohne zu bezahlen. Du bist ohne Ehre. Und dann ist er abgehauen und du bist auch nicht mehr lange geblieben. Ja, und mehr weiß ich eigentlich nicht. Nur noch, dass er dann morgens in der Unterführung gelegen hat. Da war er schon tot. Dein Anwalt sagt, dass kurz nach dir noch drei andere gezahlt haben und gegangen sind ... (Schlucken) Und er meint ... der meint, einer von denen könnte das auch gewesen sein. Der sagt, dass du das warst, ist gar nicht sicher. Aber ich ... ich mein ....“

Stopp.

Minutenlang starrte sie vor sich hin. Dann schüttelte sie den Kopf und spulte zurück.

„... gar nicht sicher.“

Stopp.

Aufnahme

„Ich hab deinen Anzug reinigen lassen. Ich dachte, dass du was Ordentliches hast bei dem Prozess. Dass du dich nicht schämen musst. Ich mein, wenn ich dich besuchen dürfte ... da könnt ich ihn mitbringen.“

Stopp.

Nachwort

Annette von Droste-Hülshoff beteiligt sich an einem Schreib-wettbewerb. Ausgelobt hat ihn der Bielefelder Pendragon Verlag. Es geht darum, eine Kriminalgeschichte zu verfassen, möglichst mit Lokalkolorit. Die Droste reicht „Die Judenbuche" ein. Hat ihr Text eine Chance? Der Verlag bringt die eingesandten Beiträ-ge in dem Buch „So wie du mir" heraus. Alle Leser sind aufgeru-fen, ein Votum abzugeben. „Die Judenbuche" eröffnet den Band. Ein gutes Omen für die Droste? Mag sein, doch die Konkurrenz ist ihr dicht auf den Fersen.

So weit die Fiktion. Aber wäre es nicht ein durchaus reizvol-ler Gedanke, einmal zu spekulieren, wie sich die Droste im heu-tigen Literaturbetrieb schlagen würde? Wäre sie vielleicht sogar eine ernsthafte Kandidatin für den Annette-von-Droste-Hülshoff-Preis? Oder würde ihr Werk – wie einstmals – als zu „merkwür-dig" und „unverständlich" abgelehnt? Die „Judenbuche" jedenfalls hätte Bestand. Der Text ist bis heute lesbar, spannend, modern geblieben. Und besitzt das, was nur große Texte auszeichnet: Ap-pellcharakter, will sagen: Er animiert zum Weiterdenken – wie ein Krimi, bei dem das Ende offen bleibt und man nur zu gerne wissen möchte, wer der Täter ist. Und er animiert zum Weiter-dichten, weil er durch seine Struktur nahezu unendliche neue Spielräume eröffnet.

Dabei scheint es durchaus ein Wagnis, sich auf diese „Meis-ternovelle" einzulassen. Zu verstellt, zu belastet ist die Rezeption. Kaum jemand dürfte – nach seinen Schulerfahrungen – gute Er-innerungen an sie haben. Es fällt schwer, sich diesem Text unbe-fangen zu nähern. Ist die Hemmschwelle jedoch überwunden, kommt man von der mysteriösen, zwielichtigen Geschichte nur schwer wieder los. Mit jeder neuen Lektüre gewinnt sie weitere Facetten.

Nur wenige deutschsprachige Werke des 19. Jahrhunderts kön-nen mit einer ähnlich großen Leserschaft aufwarten. Die Auflage der „Judenbuche" dürfte sich bei etwa sechs Millionen Exemplaren eingependelt haben. Bis 1983 erschienen bereits 159 Buchausgaben in acht Sprachen, manche davon herausragend illustriert.

Hat die Autorin diesen Erfolg geahnt? Nein, sie landete mit der Novelle einen Zufallstreffer. Als sie 1842 vor der Entscheidung stand, welche Texte sie in ihre zweite Werkausgabe aufnehmen sollte, gab sie ihren erbaulich-frommen Versepen den Vorzug. Sie hielt die „Judenbuche" für unreif und unausgegoren. Im Januar 1840, kurz nach der Vollendung, berichtet sie ihrer Freundin Henriette von Hohenhausen: „Geschrieben habe ich eine Erzählung, in der mir Manches gelungen, aber das Ganze noch nicht der Herausgabe würdig erscheint – es ist mein erster Versuch in Prosa, und mit Versuchen soll man nicht auftreten."

Aber noch etwas anderes stand einer Veröffentlichung im Wege: Die Befürchtung der Autorin, ihren Landsleuten auf despektierliche Weise zu nahe zu treten: „Ich habe jetzt eine Erzählung fertig, von dem Burschen im Paderbornischen, der den Juden erschlug, von der Junkmann sagt, die Paderbörner würden mich auch totschlagen, wenn ich sie heraus gäbe", heißt es drei Monate später im Brief an ihre Schwester Jenny. Zuvor schon hatte sie geschrieben: „Ich fürchte meine Landsleute steinigen mich, wenn ich sie nicht zu lauter Engeln mache." In der „Judenbuche" ging sie keine Kompromisse ein.

Die Resonanz auf den Erstdruck im „Morgenblatt für gebildete Leser" in 15 Fortsetzungen im April/Mai 1842 war überaus dürftig. Ganze zwei kurze Hinweise in der Dresdner „Abend-Zeitung" nahmen auf den Abdruck Bezug. Der renommierte Verleger Cotta, Herausgeber des „Morgenblatts" und Inhaber einer der führenden Verlage Deutschlands, hielt dennoch an der ungewöhnlichen Autorin fest. Zwei Jahre später erschien bei ihm ihre zweite Gedichtausgabe.

Die „Judenbuche" aber schlummerte noch länger als dreißig Jahre fast unbeachtet in der Schublade. Auch der erste geschlossene Abdruck in den von Levin Schücking herausgegebenen „Letzten Gaben" (1860) rief so gut wie kein Echo hervor. In den Besprechungen des Bändchens wird die „Judenbuche" nur beiläufig erwähnt. Es überwogen sogar kritische Stimmen, die sich an Mängeln der Komposition und vermeintlichen inhaltlichen Ungereimtheiten stießen. Außerdem ließ sich das Werk nur schwer mit der gängigen Novellentheorie in Einklang bringen.

Erst die Aufnahme in den „Deutschen Novellenschatz" 1876 brach das Eis. Im Vorfeld des Abdrucks hatte es bis zuletzt Vorbehalte gegeben. Es war Theodor Storm, der sich zuletzt und maßgeblich noch einmal für den Abdruck der „Judenbuche" stark machte.

Was nach der Lektüre der „Judenbuche" auch noch nach Jahren hängen bleibt, sind neben Bruchstücken der Handlung ein wie auch immer beschaffener „mysteriöser" Nachhall. Gemeint ist jenes Element des Unheimlichen und Zwielichtigen, dem die Autorin in ihrer Poetologie besonderen Platz einräumte. Gespenstisch, rätselhaft, unwirklich – was ist überhaupt wahr an der Handlung und was ist dichterische Freiheit?

Die Handlung beruht in großen Zügen auf einer tatsächlichen Begebenheit. Wenn es aber am Schluss heißt: „Dies hat sich nach Hauptumständen wirklich so begeben im September 1788", ist das lediglich ein literarischer Topos. Es lässt sich heute ziemlich genau nachvollziehen, wie die Autorin mit der Geschichte bekannt wurde. Sie stützte sich hauptsächlich auf zwei Quellen: Zum einen auf mündliche Überlieferung – Mitteilungen ihres Großvaters Adolph von Haxthausen –, zum anderen auf die ihrerseits fiktionalisierte „Geschichte eines Algierer Sklaven", die ihr Onkel August von Haxthausen 1818 in einer studentischen Literaturzeitschrift „Die Wünschelruthe" veröffentlicht hatte. Aber auch das geriet in Vergessenheit.

Der Stoff rumorte in ihrem Kopf weiter, entfernte sich zusehends von der realen Folie. Als der Autorin der erwähnte Artikel ihres Onkels 1839 noch einmal in die Hände fiel, stellte sie fest, dass „ihr Mergel" inzwischen ein ganz anderer geworden war. Kern ihrer Erzählung war nicht mehr der aktenmäßig erzählte Mord an einem Juden, sondern das Psychogramm des vermeintlichen Mörders, eingebettet in sozio-historische Zusammenhänge. Diese Differenz ließ die Autorin während ihrer weiteren Arbeit am Text bestehen, verstärkte sie sogar noch.

Dass sie die historische Vorlage aus den Augen verloren hatte, war nur von Vorteil. Sie enttrivialisierte den Stoff. Haxthausen hatte aus dem „Burschen", der den Juden im Zorn tötete, ein frommes Kind aus dem Volke gemacht, das nach dem Totschlag den Rosenkranz betend zur Mutter Gottes nach Werl wallfahrtete und ihr den letzten halben Gulden als Opferpfennig schenkte. Bei der Droste ist er, im Widerspruch zur Überlieferung, ein vaterloses Kind, das aus wirtschaftlichen Gründen frühzeitig der Obhut der frommen Mutter entzogen wird.

Auch sprachlich kann Haxthausen in keiner Weise mit dem erzähltechnischen Raffinement der Droste konkurrieren. Sie entfaltete die Handlung so, dass der Leser beständig auf der Hut sein muss. Mehr als einmal „kippt" das Geschehen, nimmt eine neue Wendung. Es kommt, wie beim Krimi, auf jedes Indiz an. Diese geschickte Lesersteuerung trug mit dazu bei, dass die „Judenbuche" heute zu den bedeutendsten Kriminalnovellen deutscher Sprache gezählt wird.

Der Leser ist zunächst darauf gefasst, in die Aufdeckung eines Kriminalfalls eingeweiht zu werden. Dann aber stellen sich zusehends Zweifel ein. Ist der Erzähler wirklich aufrichtig? Weiß er mehr, als er zugibt? Weiß er überhaupt alles? Solche „Verdachtsmomente" wachsen, je tiefer man in die Geschichte eindringt. Es wimmelt nur so von Wenns und Aber. Dies betrifft auch die Kardinalfrage der Erzählung. War Friedrich Mergel wirklich der Mörder des Juden Aaron? Es ist wahrscheinlich, letztlich zu beweisen ist es jedoch nicht. Wie die Editionswissenschaft herausfand, hat die Autorin im Laufe der acht Vorstufen immer mehr Verständnisklippen eingebaut. Es ist diese verwickelte Psychologie der Geschichte, die noch heute fasziniert.

Die Personen sind, wie sich im Lauf der Handlung herausstellt, stark durch ihre landschaftliche Herkunft geprägt. Deshalb auch der eigentliche Titel der Droste „Ein Sittengemälde aus dem gebirgigten Westphalen". Der Titel „Die Judenbuche" stammte

nicht von ihr selbst, sondern vom Redakteur des „Morgenblatt".
„Sittengemälde" hieß im Verständnis der Droste: Die Akteure
sind durch ihre soziale Determination, besonders die herrschen-
den Rechtsverhältnisse, so festgelegt, dass ihr Handlungsspielraum
stark eingeschränkt ist. Eine solche Auffassung war für die dama-
lige Zeit durchaus progressiv.

Und noch eine Fußnote: Ursprünglich sollte die Erzählung
ein Kapitel ihres groß angelegten Westfalenromans „Bei uns zu
Lande" bilden. Die „Judenbuche" sollte die wildromantische „Ver-
schlagenheit" und „Verkommenheit" der Paderborner Landbe-
völkerung exemplifizieren. Auch in den „Westfälischen Schilde-
rungen" der Autorin, die sie 1845 in den „Historisch-kritischen
Blättern" veröffentlichte, wird der Paderborner in kein günsti-
ges Licht gerückt – es hagelte Widerspruch und empörte Leser-
briefe.

Zum Zeitpunkt ihres Todes 1848 war die Autorin weithin unbekannt. Ihre eigentliche Entdeckung erfolgte erst im Kultur-
kampf seit den 1880er Jahren. Man wollte in ihr eine katholisch-
konservative westfälische Dichterin sehen – eine verhängnisvolle
Zuschreibung, die noch heute in der populären Rezeption nach-
wirkt. Es brauchte Jahrzehnte, bis die Modernität der Autorin
erkannt wurde. Hierzu trug auch die Neubewertung der „Judenbuche" bei, über die inzwischen ca. 190 Einzelstudien veröffentlicht wurden. Die Interpretationen weichen dabei oft eklatant
voneinander ab. An einem Umstand aber kann niemand mehr
vorbeisehen: an der elementaren Offenheit des Textes, der mehr
Rätsel aufgibt, als er löst.

Die Autorinnen und Autoren der vorliegenden Anthologie haben sich diese Variationsmöglichkeit produktiv zunutze gemacht.
Sie sind vor der „Meisternovelle" nicht vor Ehrfurcht erstarrt und
ohne Scheuklappen an den Text herangegangen. Das in den Beiträgen entworfene zeitliche Spektrum reicht vom 18. Jahrhundert
bis in die unmittelbare Gegenwart. Die Geschichte wird aus unterschiedlichen Perspektiven beleuchtet, mal aus der Globalpers-
pektive, mal aus Sicht Friedrich Mergels, mal aus der Johannes

Niemands. Manche Beiträger schließen unmittelbar an die historische Fabel und die Bearbeitung der Droste an, andere suchen einen freien, assoziativen Zugang.

In formaler Hinsicht reicht die Varianz vom dokumentarischen Bericht über den inneren Monolog, brieflichen Zeugnissen, einem Romanauszug bis zur Lyrik und Drehbuchadaption. Es überwiegt jedoch – was naheliegt – das Genre der Kriminalerzählung. Michael Weins „Das Loch" ist eine Traumgeschichte mit ausufernden surrealen Gedankenketten, die uns nichts anderes sagen will, als: Die Kausalität dieser Welt ist das eine, das Unberechenbare, plötzlich auf uns Hereinbrechende das andere: „Es gibt nur dieses matte Tappen im Dunkeln." Carlo Schäfer („Ich dich auch") macht ernst mit der Fragwürdigkeit der Erzählperspektive. Wir vertrauen zunächst dem Erzähler, bis wir gewahr werden, dass er an Hirngespinsten leidet und in einer Psychiatrie einsitzen musste. Das von ihm Mitgeteilte widerspricht den Tatsachen eklatant. Karin Irshaid steuert einen beschwörenden, magischen Text bei, der dem Wald mythische, zerstörerische Kräfte zuspricht. Die Betonung des Inszenierten (Kinowelten) stellt den Kunstcharakter des Beitrags heraus.

Tanja Dückers umspielt Elemente des Textes. Während uns ein Erzähler Belangloses über seine musikalische Karriere erzählt, erfahren wir das wirklich Relevante (Zeithistorisches, Verdrängung von Schuld durch vorgeschobenen Pragmatismus) in Nebensätzen. Auch bei ihr kommt ein Friedrich vor (der in Russland gefallen ist; bei Sabine Ernst heißt die Hauptfigur Fritz, bei Mechtild Borrmann zeitgemäßer Frederik). In Hugo Dittbergers sensiblem Protokoll der Begegnung eines Einheimischen mit dem jüdischen kanadischen Arzt, George Bloom, der in hohem Alter noch einmal die Stätten seiner Jugend aufsucht, spürt man das beklemmende Gefühl, das die Generations-, Kultur-, und Glaubensdifferenz auslöst, aus jeder Zeile heraus. Das sind allesamt beeindruckende Antworten auf einen Text, dem hier auch in formaler Hinsicht Neues entgegengesetzt wird.

Darüber hinaus gibt es weitere Gemeinsamkeiten. Das Moment des Schicksalhaften (wie er von dem hebräischen Spruch an der Judenbuche „Wenn du dich diesem Orte nahest, so wird es dir ergehen, wie du mir getan hast." prophezeit wird), spielt wiederholt eine Rolle. Damit zusammenhängend erscheint die Judenbuche mehrfach als „magischer Ort", dessen Einfluss sich die Protagonisten nicht entziehen können. Eine weitere thematische Verwandtschaft besteht hinsichtlich psychologischer Fragestellungen (Zwillingsforschung, Ödipus-Komplex, Motiv der ungleichen Freundschaft, Aberglaube, Gespensterglaube). Mehrfach wird das Geschehen in die Zeit des Nationalsozialismus transformiert und die Verfolgung und Ermordung der Juden zum Hauptgegenstand. Oder das Geschehen wird in ein heutiges prekäres Milieu verlagert (Klaus-Peter Wolf, Friedrich Ani) und – in Analogie zu Friedrichs Mergels Sozialisation – gezeigt, wie Jugendliche unverschuldet auf die schiefe Bahn geraten. Immer wieder klingt der hämische Druck der Öffentlichkeit/Dorfgemeinschaft an, der einhergeht mit Verschweigen, Vertuschen, (Mit)Schuld, Lüge, Wahrung des „guten Tons". Bei Doris Gercke und Mechtild Borrmann wird das Thema Rassismus kontextualisiert.

Zu erwähnen sind ferner jene Texte, die sich weitgehend von der Folie gelöst haben und bei denen inhaltliche Korrespondenzen zur Vorlage nur sehr indirekt zu erkennen sind. Wenn, wie bei Tanja Dückers, das Holz, das die Holzfäller stehlen, in Korrespondenz tritt zum Holz eines Harmoniums, das man von verschleppten und später ermordeten Juden für einen Spottpreis erworben hat, ist das nur ein Beispiel für das erzähltechnische Raffinement, das in vielen Beiträgen zum Vorschein kommt.

Bei Willi Voss und Hellmuth Opitz erlangt der Zufall eine besondere Bedeutung. Judith Kuckarts Beitrag deutet in Analogie zu Friedrich Mergels Jugend an, wie ein Unschuldiger verführt und dadurch zu einem anderen Menschen wird. Bei Jenny Erpenbeck ist das (mit Überraschungen aufwartende) Erzählen vollends zum Selbstzweck geworden. Die Pointe („Erschossen hat er sich halt, sagt da die Maria") lässt den Leser so perplex zurück wie den Leser der „Judenbuche".

All dies zeigt die große Palette an Deutungs- und Gestaltungs-
möglichkeiten, die die „Judenbuche" eröffnet. Der Text animier-
te die Autorinnen und Autoren zu verwegenen Spekulationen.
Hier einige davon:

– auch Förster Brandis kommt als Mörder des Juden Soestman
  in Frage (Robert Hültner)
– Friedrich Mergel entpuppt sich gleichsam als Monster und hat
  drei Morde auf dem Gewissen (Stefan Brams)
– Friedrich Mergel hat Johannes Niemand umgebracht (Renate
  Niemann)
– Johannes Niemand hat Friedrich Mergel systematisch in den
  Tod getrieben (Stefanie Viereck)
– Friedrich ist das Kind Simon Semmlers und Margrets; Semm-
  ler hat seinen Vater Hermann umgebracht (Frank Göhre)

Die 19 Beiträger dieser Anthologie haben ihre Aufgabe offensichtlich sehr ernst genommen und den klassischen Status des
Originals nicht als Ballast empfunden. Sie haben das Original
dekonstruiert und nach eigenen Vorstellungen wieder neu zusammengesetzt – Versuchsanordnungen und Planspiele, die einen jeweils eigenen Reiz bieten und Aspekte des „Urtextes" neu
zum Vorschein kommen lassen. Das Experiment kann als gelungen bezeichnet werden.

   Die Veröffentlichung schreibt frühere Sammlungen mit Wid-
mungstexten an Annette von Droste-Hülshoff produktiv fort –
Hommagen an eine Autorin, der man auch heute noch Anerken-
nung und Respekt entgegenbringt. Vielleicht sind Sympathiebe-
kundungen wie die hier vorgestellte sogar der sichtbarste Beweis
für die Modernität der Autorin – hier nicht wissenschaftlich-
abstrakt zum Ausdruck gebracht, sondern im verwandten Sujet,
von Du zu Du sozusagen.

Walter Gödden

Autorinnen und Autoren

Friedrich Ani
geboren 1959, lebt in München. Für seine Romane um den Vermisstenfahnder Tabor Süden und den Mordermittler Polonius Fischer erhielt er dreimal den Deutschen Krimipreis. Sein Roman „Totsein verjährt nicht" wurde auf die Liste der zehn besten Kriminalromane 2009 gewählt.
www.friedrich-ani.de
Originalbeitrag, © beim Autor.

Mechtild Borrmann
geboren 1960, wuchs am Niederrhein auf und lebt seit 1983 in Bielefeld. Sie arbeitete zunächst 15 Jahre in verschiedensten pädagogischen Bereichen, ging dann für eineinhalb Jahre nach Korsika und wechselte anschließend beruflich in die Gastronomie. Heute arbeitet sie als Geschäftführerin in einem Restaurant in der Altstadt von Bielefeld. Seit 2006 veröffentlicht sie Kriminalromane und Kurzkrimis in Anthologien. Im Pendragon Verlag erschienen die Romane „Morgen ist der Tag nach gestern" 2007 und „Mitten in der Stadt" 2009.
www.mechtild-borrmann.de
Originalbeitrag, © beim Autor.

Stefan Brams
geboren 1962 in Wilhelmshaven, lebt seit 1983 in Bielefeld und leitet die Feuilleton- und Medienredaktion der „Neuen Westfälischen". Für sein Buch „Franziska Spiegel – Monolog" erhielt er den Kulturförderpreis des Kreises Herford.
www.stefanbrams.de
Originalbeitrag, © beim Autor.

Hugo Dittberner

geboren 1944, studierte Germanistik, Geschichte und Philosophie und promovierte 1972 mit einer Dissertation über Heinrich Manns Romankunst. Nach kurzer Lehrtätigkeit an der Universität Karlsruhe ließ er sich 1976 im niedersächsischen Echte nieder, wo er seitdem als freier Schriftsteller lebt. Er ist Mitglied des PEN und der Mainzer Akademie der Wissenschaften und der Literatur. Er veröffentlichte Romane, Erzählungen, Gedichte und Essays; zuletzt den Roman „Das See-Vokabularium".
Originalbeitrag, © beim Autor.

Annette von Droste-Hülshoff

wurde im Januar 1797 auf der westfälischen Burg Hülshoff bei Münster geboren. Sie stammte aus dem westfälischen, katholischen Adel. Nach dem Tod ihres Vaters 1826 wurde der Familienbesitz von ihrem Bruder Werner übernommen, so dass sie mit ihrer älteren Schwester Jenny und ihrer Mutter auf deren Witwensitz, dem Haus Rüschhaus bei Nienberge, übersiedelte. Ab 1841 wohnte sie vorwiegend bei ihrem Schwager auf Schloss Meersburg am Bodensee, wo sie am 24. Mai 1848 verstarb. Annette von Droste-Hülshoff gilt als eine der bedeutendsten deutschen Dichterinnen.

Bei dem Text der „Judenbuche" handelt es sich um eine leicht modernisierte Fassung auf der Grundlage des Erstdrucks im Cotta'schen „Morgenblatt für gebildete Leser", 1842.

Tanja Dückers

geboren 1968 in Berlin, studierte Kunstgeschichte, Amerikanistik und Germanistik an der FU in Berlin. Längere Aufenthalte in den USA, Amsterdam, Barcelona, Prag und Krakau. Sie veröffentlichte zahlreiche Romane, Hörspiele, Erzählungen, Lyrikbände und Essays, zuletzt „Der längste Tag des Jahres" und „Morgen nach Utopia".
www.tanjadueckers.de
Originalbeitrag, © beim Autor.

Sabine Ernst
geboren 1957, lebt in Bielefeld. Sie studierte Geschichte, Slavistik und Literaturwissenschaft. Als Autorin und Texterin arbeitet sie im Kulturbereich. 2008 erschien ihr Krimi „Das kalte Nest". Für „Der Krieger" (2009) wurde sie für den Glauser nominiert. Originalbeitrag, © beim Autor.

Jenny Erpenbeck
geboren 1967 in Ostberlin, lebt als Autorin und Regisseurin in Berlin und Graz. Ihr Prosadebüt „Geschichte vom alten Kind" war ein sensationeller Überraschungserfolg. Sie erhielt dafür mehrere Stipendien und die Empfehlung des „Aspekte Literaturpreises". Zuletzt erschienen „Dinge, die verschwinden" und der Roman „Heimsuchung".
„Frisch und g'sund" aus „Tand", Erzählungen, mit freundlicher Genehmigung des Eichborn Verlag, Berlin, 2001.

Doris Gercke
geboren 1937 in Greifswald, Autorin der Bella Block-Romane. Mit Hannelore Hoger als Bella Block produzierte das ZDF eine der erfolgreichsten Fernsehspiel-Reihen. Doris Gercke ist Preisträgerin des „Ehrenglauser". Sie lebt in Hamburg und in Natendorf. Zuletzt erschien ihr Roman „Pasewalk". Originalbeitrag, © beim Autor.

Walter Gödden
geboren 1955, ist Geschäftsführer der Literaturkommission für Westfalen beim Landschaftsverband Westfalen-Lippe in Münster. Er war langjähriger Redakteur der Historisch-kritischen Droste-Ausgabe. Zudem ist er Herausgeber des Westfälischen Autorenlexikons und der Buchreihe „Literatur in Westfalen. Beiträge zur Forschung". Er ist Geschäftsführer der Arbeitsgemeinschaft Literarischer Gesellschaften Westfalens. Zudem betreut Walter Gödden die Literaturseiten der Zeitschrift „Westfalenspiegel". Originalbeitrag, © beim Autor.

Frank Göhre
geboren 1943, hat als Buchhändler, Bibliothekar und als Lektor
gearbeitet. Seit 1981 lebt er als Roman- und Drehbuchautor (Film
und Fernsehen) in Hamburg. Sein Roman „St. Pauli Nacht" wurde von Sönke Wortmann verfilmt. Für das Drehbuch wurde er mit
dem „Deutschen Drehbuchpreis" ausgezeichnet. 2009 erschien
der Band „Seelenlandschaften – Annäherungen. Rückblicke".
www.frankgoehre.de
Originalbeitrag, © beim Autor.

Robert Hültner
geboren 1950 im bayerischen Inzell, lebt als freier Autor abwechselnd in München und in einem Bergdorf in den südfranzösischen
Cevennen. Er arbeitete als Schriftsetzer, Regieassistent, Drehbuchautor, Dramaturg, Regisseur von Kurzfilmen und Dokumenta-
tionen, zog mit einem Wanderkino durch kinolose Dörfer und
restaurierte historische Filme für das Münchner Filmmuseum.
Robert Hültner veröffentlichte die mehrfach preisgekrönten Romane um den Ermittler Inspektor Kajetan, die in München, bzw.
Bayern der 1920er Jahre spielen. Zuletzt erschien „Inspektor Kajetan kehrt zurück". Er ist zudem Autor des bayerischen Radio-
Tatorts, einer Reihe, die seit 2008 in den öffentlich-rechtlichen
Rundfunkanstalten ausgestrahlt wird. 2009 wurde Robert Hültner mit dem Tukan-Preis der Stadt München ausgezeichnet.
Originalbeitrag, © beim Autor.

Karin Irshaid
geboren in Bayern, studierte Malerei, Grafik und Kunstgeschichte in Hannover, Hamburg, Staatsexamen in Münster. Verschiedene Lehrtätigkeiten und freiberuflich in Münster und Bielefeld,
heute in Feldafing nahe München. Mehrere Buchveröffentli-
chungen und Auftragsarbeiten für das Literaturbüro Detmold,
bei Pendragon erschienen: „Das Hochzeitsessen"
www.irshaid.de
Originalbeitrag, © beim Autor.

Judith Kuckart
geboren in Schwelm, lebt als Schriftstellerin und Regisseurin in Berlin und Zürich. Nach Studium und Tanzausbildung leitete sie von 1986 bis 1998 das Tanztheater Skoronel. Seit 1998 arbeitet sie als freie Regisseurin. Mit ihrem ersten Roman, „Wahl der Waffen" wurde sie 1990 als Schriftstellerin bekannt. 2006 erschien „Kaiserstraße" und 2008 der Roman „Die Verdächtige". Sie wurde mit verschiedenen Preisen ausgezeichnet u.a. Literaturpreis Ruhr 2009, Kranichsteiner Literaturpreis, New York Stipendium, Deutscher Kritikerpreis, Preis Villa Massimo Rom.
www.judithkuckart.de
„Alles schon geträumt" aus „Kaiserstraße" mit freundlicher Genehmigung des DuMont Verlag, Köln, 2006.

Renate Niemann
wurde 1966 in Bremen geboren und hat als Gärtnerin, Lagerarbeiterin, Zeitungsausträgerin und im kulturellen Bereich gearbeitet. Heute ist sie freiberufliche Autorin. Schwerpunkte ihrer Veröffentlichungen sind Verbrechen, Mord und Totschlag. Zum Schreiben ihrer Krimis und Kurzgeschichten zieht sie sich in die Abgeschiedenheit eines lothringischen Dorfes zurück.
2008 erschien mit „Der Graumacher" ihr erster Kriminalroman. Weitere Bücher und Kurzgeschichten von Renate Niemann sind unter dem Namen Renée Pleyter erschienen.
Originalbeitrag, © beim Autor.

Hellmuth Opitz
geboren 1959 in Bielefeld. In der „Stadt, die es nicht gibt" verbrachte er Kindheit und Jugend. Mehrere Aufenthalte in London, Amsterdam und New York. Ab 1991 Texter in einer Werbeagentur, seit 1998 dort als Creative Director und Geschäftsführer tätig. Zuletzt: „Die Sekunden vor Augenaufschlag" (Gedichte, 2006).
www.hellmuth-opitz.de
Originalbeitrag, © beim Autor.

Carlo Schäfer

geboren 1964, lebt und arbeitet in Heidelberg. Von 2002 bis 2007 schrieb er eine dort spielende fünfbändige Krimireihe, die im Rowohlt Verlag erschien. Vier der fünf Romane wurden ins Russische übersetzt, der erste „Im falschen Licht" war für den Glauser Debütpreis nominiert. In der Reihe Kaliber 64 der Edition Nautilus erschien „Kinder und Wölfe". 2010 veröffentlichte er im Verlag an der Ruhr zwei Jugendkrimis.
www.carlo-schaefer.de
Originalbeitrag, © beim Autor.

Stefanie Viereck

geboren 1955 in Hamburg, studierte Volkswirtschaft und arbeitete als Journalistin für Rundfunk und Zeitschriften. Sie veröffentlichte Biographien, u.a. über die Dichterin Ricarda Huch. 1999 erschien der Erzählungsband „Isabel bei den Fischen", 2002 der Roman „Der blaue Grund". Heute lebt Stefanie Viereck als freie Autorin, Lektorin und Übersetzerin in Schleswig-Holstein und Hamburg.
Originalbeitrag, © beim Autor.

Willi Voss

geboren 1944, war Arbeiter, Bibliothekar und Journalist, ehe er nach einem längeren Aufenthalt im Nahen Osten freier Schriftsteller wurde. 1989 wurde er für „Das Gesetz des Dschungels" mit dem Deutschen Krimi-Preis ausgezeichnet. Für das Fernsehen schrieb er eine Reihe von Drehbüchern für Tatort- und Großstadtrevier-Folgen. 2009 erschien sein Krimi „Pforte des Todes", für den er für den Glauser nominiert wurde.
www.willivoss.de
Originalbeitrag, © beim Autor.

Michael Weins

geboren 1971, lebt als Autor und Psychologe in Hamburg. Psychologiestudium (Abschluss Diplompsychologe) an der Universität Hamburg. Mitbegründer von Macht e. V. und Schischischo. Aktuelle Veröffentlichung: „Delfinarium" (2009)
www.michaelweins.de
„Das Loch". LiterturQuickie, Hamburg, 2010
© beim Autor

Klaus-Peter Wolf

geboren 1954, lebt als freier Schriftsteller und Drehbuchautor in Ostfriesland. Er veröffentlichte bislang über 60 Bücher für Kinder und Erwachsene. Den Anne-Frank-Preis erhielt er 1985 für das Buch und den Film „Die Abschiebung". Seine Bücher wurden in 24 Sprachen übersetzt und bereits über 8 Millionen Mal verkauft. Zuletzt: „Samstags, wenn Krieg ist" (2009) und „Ostfriesensünde" (2010)
www.klauspeterwolf.de
Originalbeitrag, © beim Autor.

Pendragon Verlag
gegründet 1981
www.pendragon.de

Gedruckt auf holz- und säurefreiem Naturpapier

Originalausgabe
Veröffentlicht im Pendragon Verlag
Günther Butkus, Bielefeld 2010
© by Pendragon Verlag Bielefeld 2010
Alle Rechte vorbehalten
Lektorat: Eike Birck, Vanessa Vogt
Umschlag: Uta Zeißler
Herstellung: Michael Baltus
Jenny Erpenbeck, „Frisch und g'sund"
Aus: Jenny Erpenbeck, „Tand"
© Eichborn AG, Frankfurt am Main, August 2001
Judith Kuckarth, „Alles schon geträumt"
Aus: Judith Kuckart, „Kaiserstraße"
© DuMont Buchverlag, Köln, 2006
Michael Weins, „Das Loch"
Aus: Michael Weins, „Das Loch"
LiteraturQuickie, Hamburg, 2010
© beim Autor
Hellmuth Opitz, „zbV"
Das Zitat in der Geschichte stammt von Perrypedia
Druck: Aalexx Buchproduktion, Großburgwedel
ISBN 978-3-86532-200-5
Printed in Germany

Mord-Westfalen I

Kriminelle Geschichten aus Ostwestfalen-Lippe

Krimi-Anthologie, Originalausgabe
392 Seiten, Paperback, Euro 12,90
ISBN 978-3-86532-111-4

Raffinierte Geschichten mit bösen Pointen, klug, witzig, abgründig. Und typisch ostwestfälisch: So dunkel wie Schwarzbrot. So gut abgehangen wie Schinken. Und so scharf wie gut gebrannter Korn. Entdecken Sie die Provinz, wo sie am tiefsten ist! Die erste große Krimi-Anthologie mit Schauplätzen in Ostwestfalen-Lippe hat sie alle: Krimi-Preisträger und Krimi-Legenden, einen Großmeister der Kleinkunst und einen Altmeister des „Tatort", einen Drogenfahnder und einen Staatsanwalt.

26 Stories von Horst Bosetzky alias -ky, Dietmar Bittrich, Monika Detering, Sabine Ernst, Erwin Grosche, Nina George, Frank Göhre, Norbert Horst, Sandra Lüpkes, Ulf Miehe, Heinrich-Stefan Noelke, Hellmuth Opitz, Willi Voss, Friedhelm Werremeier u.v.a.

Tatorte sind, neben vielen anderen, Bad Oeynhausen, Bad Salzuflen, Bellersen, Bielefeld, Bünde, Detmold, Gütersloh, Herford, Lippstadt, Minden, Paderborn, die Senne, Versmold, Werther sowie das Hermannsdenkmal, die Externsteine und das Kaiser-Wilhelm-Denkmal.

P E N D R A G O N - Verlag

Mord-Westfalen II

Kriminelle Geschichten aus Westfalen

Krimi-Anthologie, Originalausgabe
392 Seiten, Paperback, Euro 12,90
ISBN 978-3-86532-139-8

Diese Krimi-Anthologie mit Schauplätzen in Ostwestfalen-Lippe und
Westfalen vereint Krimi-Preisträger und Krimi-Legenden, Polizisten
und Kabarettisten zu einer span-
nenden Sammlung von Geschichten, durch die sich wie ein roter
Faden – unausgesprochen natürlich – die westfälische Mentalität
zieht: „Gut, dass wir drüber ge-
schwiegen haben."

Mit Storys von Mechtild Borrmann,
Dietmar Bittrich, Horst Bosetzky
alias -ky, Volker W. Degener, Jürgen
Siegmann, Erwin Grosche, Max von
der Grün, Frank Göhre, Michael Koglin, Sandra Lüpkes, Eva Maaser, Gesa
Pauly, Heinrich Peuckmann, Renée Pleyter, J. Reitermeier/W. Tewes, Stefanie Viereck, Willi Voss, Klaus-Peter Wolf u.v.a.

Tatorte sind, neben vielen anderen, Bielefeld, Bad Salzufelen, Bünde,
Bellersen, Schloß Brakel, Detmold, Dortmund, Gütersloh, Gelsenkir-
chen, Herne, Schloß Holte-Stukenbrock, Kamen, Mönchengladbach,
Münster und Oerlinghausen

P E N D R A G O N - Verlag ——————